KB070454

1인가구
사회

나남
nanam

나남신서 1974

1인가구 사회

일본의 충격과 대응

2018년 8월 25일 발행
2019년 7월 15일 2쇄

지은이   후지모리 가츠히코
옮긴이   김수홍
감수   유재상
발행자   趙相浩
발행처   (주) 나남
주소   10881 경기도 파주시 회동길 193
전화   (031) 955-4601(代)
FAX   (031) 955-4555
등록   제 1-71호(1979. 5. 12)
홈페이지   http://www.nanam.net
전자우편   post@nanam.net

ISBN 978-89-300-8974-6
ISBN 978-89-300-8655-4 (세트)

책값은 뒤표지에 있습니다.

나남신서 1974

1인가구 사회

일본의 충격과 대응

후지모리 가츠히코 지음
김수홍 옮김
유재상 감수

나남
nanam

TANSHIN KYUZOU SHKAI NO KIBOU

Copyright ⓒ Katsuhiko Fujimori, 2017

No Part of this book may be used or reproduced in any manner whatsoever without written
permission except in the case of brief quotations embodied in critical articles and reviews.
Originally published in Japan by Nikkei Publishing, Inc.
Korean Translation Copyright ⓒ 2018 by Nanam Publishing House
Korean edition is published by arrangement with Nikkei Publishing, Inc. through BC
agency.

이 책의 한국어판 저작권은 BC에이전시를 통해 저작권자와 독점계약을 맺은 나남출판에 있습니
다. 저작권법에 의하여 한국 내에서 보호받는 저작물이므로 무단전재와 복제를 금합니다.

추천사

유재상 일본복지대 교수

'일본을 보면 10년 후, 20년 후의 한국을 예측할 수 있다.' '지금 한국 사회가 앉고 있는 많은 과제들은 과거 일본이 경험했던 시행착오를 분석하면, 문제해결을 위한 실마리를 도출해 낼 수 있다.' 이것이 번역서를 기획한 동기이다.

특히, 우리나라가 저출산·고령화시대에 진입하면서 사회보장제도의 개혁방향과 과제에서 일본과 유사한 점이 너무나 많아지고 있다. 2008년부터 시행된 노인장기요양보험제도는 일본의 개호보험제도를 모델로 우리나라 현실에 맞게 수정보완해서 도입한 것이다. 양국이 똑같이 유교의 영향을 받았고, 제도설계에서 기본적인 이념이나 추구하는 목표에 별다른 차이가 없었기 때문에 순조롭게 시행할 수 있었다. 더구나 한국은 일본이 2000년부터 독일의 노인복지제도를 모델로 설계한 개호보험을 운용하면서 축적해온 많은 시행착오와

지식, 현장의 경험을 흡수해서 '중복지 - 저부담'(세계에서 중간 정도 레벨의 복지를 국민들의 적은 부담으로 달성)을 추구할 수 있었다.

대부분의 국가들이 '고복지 - 저부담'(높은 수준의 복지를 국민들의 적은 부담으로 달성)을 목표로 하고 있으나, 실제로는 중동의 일부 산유국을 제외하고는 이 목표를 제대로 실현하고 있는 국가가 거의 없다고 할 수 있다. 스웨덴을 비롯해서 정부가 주체가 되어 높은 수준의 복지를 추구하는 일부 유럽 국가들은 복지에 필요한 재원을 확보하기 위해 국민들에게 많은 부담(고복지 - 고부담)을 요구할 수밖에 없는 실정이다. 의료복지를 비롯하여 사회보장제도를 강화하려면, 재정확보가 필수불가결하고, 국민들의 부담이 늘어날 수밖에 없다는 점을 잊어서는 안 된다.

일본은 6·25전쟁의 특수경기를 발판으로 고도경제성장기에 돌입하였고, 경제가 성장하면서 일반 국민이 질병에 걸리거나 노령화 등으로 빈곤 상태에 빠질 것을 방지하기 위해 1961년에 전 국민 대상 의료보험·전체연금을 실현하였다. 그 후에도 고도경제성장이 지속됨에 따라 사회보장제도를 대폭으로 확충해서 '노인의료비 무료화'를 달성했다. 특히 1973년은 일본에서 '복지원년'이라 불리고 있다. 그러나 오일쇼크 이후 고도경제성장기가 막을 내리면서 국가재정이 악화하기 시작하자 노인의료비 무료화를 포기할 수밖에 없었고, 사회보장제도에 대해서도 다양한 재검토가 이루어졌다. 게다가 현재 일본에서는 세계에서 유례없는 속도로 고령화가 진행되고 있고, 1990년 합계출산율이 사상 최저를 기록한 이후부터는 '핵가족·고령화시대'에 돌입하였다. 일본 노동후생성은 2025년에는 65세 이상 고령자 수가 3,657만 명에 이르고, 75세 이상 고령자가 전체 인구의 25%를 넘을 것으로 예측하고 있다. 또 2015년부터 10조 엔을 초과하기 시작한 개호보험비용이 2025년에는 약 20조 엔으로, 의료비용은 41조 엔(2012년)에서 61~62조 엔 정도(2025년)로 급증할 것으로 예측되고 있다.

한편, 일본경제는 30년 이상 구조적인 불황에서 탈출하지 못하고 있다. 2015년 국민총생산(GDP)은 4조 1,233억 달러로 세계 3위를 유지하고 있으나, 1인당 GDP는 3만 4,612달러로 세계 26위까지 추락하고 말았다. 더욱 심각한 것은 일본정부의 누적적자이다. 2015년에는 드디어 1,000조 엔을 뛰어넘어 1,047조 엔을 기록했다. 2015년에 태어난 아기들까지 전부 포함해서 일본 국민은 1인당 823만 엔의 부채를 갖고 있는 셈이며, 이는 GDP의 220%에 해당하는 금액으로서 G20 선진국 중에서 최악의 상태이다.

이러한 상황에 대처하기 위해 일본정부는 2012년 1월에 '세금과 사회보장 일체개혁(초안)'을 각의에서 정식으로 결정했다. 세입 면에서는 소비세율을 2014년 4월부터 5%에서 8%로, 2015년 10월부터는 10%로 단계적으로 올려서 세입 확대를 추구하고, 세출 면에서는 "사회보장의 중점화와 효율화"를 통해서 사회보장비를 억제하여 세출을 감축한다는 것이 개혁안의 핵심내용이었다. 그러나 심각한 불황이 계속되는 가운데 아베 정권은 소비세율을 10%로 올리는 시기를 이미 두 번이나 연기했고 2019년 10월에나 실시할 예정이다.

이번에 한국어로 번역한 《1인가구 사회: 일본의 충격과 대응》(單身急增社會の希望: 支え合う社會を構築するために)은 일본경제의 장기불황과 더불어 풍선처럼 부풀어 가는 사회보장비용과 재정적자의 근본적 원인이 되고 있는 초고령사회에 초점을 맞추고 있다. 특히, 방대한 통계자료를 활용하여 고령 1인가구가 급증하고 있는 일본 사회의 현상과 그 과제에 대해 정확하게 고찰하고 있다.

제1부에서는 1인가구의 증가 현황과 그 요인을 전국(1장)과 지자체(2장)로 나누어 분석하고 있다. 제2부에서는 1인가구를 근로세대 1인가구(3장), 고령 1인가구(4장), 1인가구 예비군(5장) 등 3유형으로 구분하여 1인가구가 안고 있는 생활리스크에 관해 고찰했다. 6장에서는 고령 1인가구의 생활 실태와 의식에 관해서 해외(미국, 독일, 스웨덴)와 비교검토하고 있다. 제3부에서는 1인가구 급증사회에 대한 대처방안에 대해서 정책 제안을 시도하고 있다. 먼저 1인가구의 주거와 지역사회 만들기(7장)와 일을 계속 할 수 있는 사회(8장)를 제시했고, 다음으로 고령 독신자가 판단능력이 저하한 경우(9장)에 대한 대책을 다루었다. 마지막으로 사회보장기능 강화와 재원확보 필요성(10장)을 역설하고 있다.

이 책은 사회보장제도와 관련된 학자나 연구자를 비롯해서 정부나 공공기관 정책입안자 및 실무담당자, 의료기관 및 노인요양시설 경영자, 언론 관계자들에게도 참고가 될 것으로 기대된다. 올해로 일본

복지대학에 부임한 지 20년이 된다. 1998년 의료복지영역을 대상으로 한 경영대학원(2009년 개설)을 만들고 싶다는 마루야마 사토루(丸山悟, 당시 경영기획실장) 이사장의 뜨거운 열정에 감명을 받아서 어렵게 결심했다. 당시 일본에서는 개호보험을 도입하기 위한 논의가 한창이었는데, "앞으로 의료복지영역은 경영의 시대를 맞이한다"고 하면서 계획경제에 입각한 정책에서 벗어나 자유시장경제체제로의 전환을 시도하고 있었다. 2003년에는 전문대학원의 기초학부로서 일본에서 처음으로 복지경영학부와 의료복지매니지먼트학과를 설립했고, 초대학부장을 맡게 되었다. 2005년부터 연세대학교와 대학간 협력협정(MOU)을 체결해서, 매년 '한·일 의료복지세미나'를 개최해 오고 있다. 그 동안 우리나라의 대학과 연구소를 비롯해서 정부 행정부처 및 연구기관 등 실로 수많은 연구자와 정책입안자, 의료기관 및 노인요양시설 경영자들과 같이 고민하면서 미력하나마 한국사회의 문제해결에 협력해왔다. 이 책을 통해서 '저출산고령사회에서 사회보장제도의 현상과 과제'를 정확하게 이해해서 한국사회가 10년 혹은 20년 후에 경험하게 될 과제에 대처해 주길 바란다. 무엇보다도 '잃어버린 30년', '1억인 중류사회의 붕괴' 등 일본의 쓰라린 실패를 교훈으로 삼아, 우리나라는 일본의 전철을 밟지 않도록 노력해 주기를 간절하게 바란다. 결국 우리나라가 안고 있는 문제는 우리가 스스로 해결할 수밖에 없기 때문이다.

마지막으로 번역서를 출간하는 과정에서 많은 분들의 이해와 협력이 있었다. 우선, 미즈호정보총연(종합연구소)과 후지모리 가츠히코 교수에게 감사의 마음을 전한다. 특히, 후지모리 교수에게는 사회보장정책 전문가로서 앞으로도 사회보장제도 개혁에 대한 세계적으로 훌륭한 연구업적을 기대한다. 번역은 희연병원 김수홍 상임이사가 바쁜 일정에도 불구하고 흔쾌히 맡아 주었다. 이번 경험이 박사학위 논문을 준비하는 데에도 큰 도움이 되길 바란다. 또 〈서울신문〉이 종락 논설위원에게는 기획에서부터 간행에 이르기까지 많은 조언과 협력을 받았다. 진심으로 감사의 말씀을 드린다. 그리고 출판업계의 어려운 경영상황에도 불구하고 출판을 맡아준 나남출판사에도 깊은 사의를 전한다.

한국어판 머리말

일본 1인가구(혼자 사는 가구)의 현상과 대책을 다룬 졸저를 한국어로
번역 출판하게 되어서 놀라움과 함께 그 유용성에 대해서도 재인식하
게 되었다. 필자는 수년 전에 한국 연금제도에 대해 조사한 적이 있
다. 그때 인상적이었던 것은, 한국에는 일본 이상으로 노후를 가족에
의존하고 있는 고령자가 많다는 점이었다. 즉, 고령자의 생활리스크
에 대해서 가족이 큰 역할을 수행하고 있다는 것이다. 그러나 한국에
서도 1인가구가 급증하고 있고 앞으로도 증가할 것으로 전망된다. 한
국 통계청의 〈장래가구추계〉에 의하면, 한국의 총가구수에서 1인가
구가 차지하는 비율은 2015년에 27.2%로 나타났지만, 2045년에는
36.3%에 이를 것으로 추계되고 있다. 특히, 65세 이상 1인가구는
2015년 120만 가구에서 2045년에는 372만 가구로 3배 이상으로 늘어
난다고 지적하고 있다. 이에 비해, 일본의 총가구수에서 1인가구가

차지하는 비율은 2015년에 이미 34.5%에 달했다. 이는 2045년의 한국 1인가구 비율 추계치 36.3%를 약간 밑도는 수준이다. 바꾸어 말하면 일본은 2045년에 한국에서 일어날 상황을 2015년부터 경험하고 있는 셈이다. 심지어 2040년에는 일본 1인가구 비율이 39.3%로 추계되고 있다.

1인가구가 증가하는 가운데 어떻게 사회구성원이 서로 지원해주는 사회를 구축할 수 있을까? 이 문제는 1인가구가 증가하고 있는 일본과 한국의 공통된 과제라고 할 수 있다. 한국보다 훨씬 일찍부터 1인가구가 급증하고 있는 일본의 상황을 이해한다면, 한국사회의 미래 동향이나 대책을 검토할 때 유익한 참고사례가 될 것이다.

기로에 선 가족의존형 복지국가

사회보장정책의 전문가인 저자가 1인가구에 대한 연구를 시작한 것은 일본에서 '가족'이 고령자의 여러 생활리스크에 대해 큰 역할을 수행해 왔기 때문이다. 예를 들어, 일본에서는 2000년에 공적개호보험이 도입되었으나 현재에도 개호가 필요한 고령자가 있는 가구의 70%가 '주요개호자'가 여전히 가족이라고 답한다.

세계 여러 나라를 살펴보면, 북유럽 국가들은 주로 '정부'가 사회보장제도에 의해서 생활리스크에 대처하고 있다. 한편, 미국에서는 가족도 정부도 아닌, 본인이 전액 자기부담으로 '시장'에서 개호서비스를 직접 구입하는 경향이 강하다. 이와 같이 복지서비스를 제공하는 주체로 가족, 정부, 시장이라는 3주체를 생각할 수 있으나, 어떤 주체가 큰 역할을 수행하고 있는지는 국가에 따라 큰 차이가 있다.

일본과 한국은 양국 모두 가족의 역할이 커서 '가족의존형 복지국가'라고 할 수 있다. 그런데, 가족의 지원에 의존하는 구조는 지금 기로에 서 있다. 지금까지 가족이 여러 가지 생활리스크에 대처할 수 있었던 것은, 남편이 정규직으로 일하면서 수입을 벌어들이고 아내는 가정주부로서 부모의 개호리스크 등에 대처하는 종래의 '핵가족모델' 또는 '외벌이모델'을 전제로 해왔기 때문이다. 그러나 현재 이러한 가족형태가 크게 감소하고 대신 1인가구가 급증하고 있다.

1인가구는 가족이 전혀 없는 것은 아니지만 적어도 동거인은 없다. 따라서 가족의 지원 기능이 매우 약하다. 가족의존형 복지국가의 변화가 진전하는 가운데, 앞으로 어떤 지원체제를 구축해야 할까? 이 책에서는 일본에서 1인가구가 증가하고 있는 실태와 1인가구가 가지고 있는 리스크를 고찰한 다음, 1인가구 급증 시대에 필요한 지원체제에 대해서 검토하였다. 다음으로 이 책의 내용을 간략하게 소개하고자 한다.

1인가구의 증가현황

먼저 1인가구수 현황을 보면, 2015년 현재 일본에는 1,842만 명이 혼자 살고 있으며 총인구의 14.5%를 차지하고 있는 상황이다. 1985년에는 1인가구가 총인구의 6.5%였으므로, 최근 30년간 총인구에서 1인가구가 차지하는 비율은 2.2배로 높아졌다. 이렇게 1인가구가 현저하게 증가하는 이유는 고령자나 중장년층이 혼자 살기 때문이다. 예를 들어 80세 이상 여성 중 혼자 사는 사람 비율은 1986년에 9%였는데, 2015년에는 26%로 상승하였다. 80세 이상 여성 4명 중 1명이 1인가구인 것이다. 그리고 1985년에는 혼자 사는 50대 남성 비율이 5%였던 것이, 2015년에는 18%로 증가했다. 50대 남성 5명 중 1명 정도가 혼자 살고 있는 것이다.

앞으로도 50대나 80세 이상에서 1인가구 비율이 증가할 것으로 보인다. 이 책이 발간된 후 발표된 일본의 국립사회보장·인구문제연구소 장래추계(2015년 기준)에서는 2015년부터 2030년까지 80세 이상 1인가구수가 64%, 50대 1인가구수도 40% 증가할 것으로 추계하고 있다.

왜 1인가구는 증가하는가?

왜 중장년층이나 고령자에서 1인가구가 증가하고 있는 것일까? 중장년층에서 1인가구가 증가하고 있는 최대 원인은 미혼자의 증가이다. 미혼자는 배우자가 없기 때문에 1인가구가 되기 쉽다. 한편, 고령자에서 1인가구가 증가하는 이유는 고령 인구 증가와 함께, 배우자와 사별한 고령자가 자녀와 동거하지 않기 때문이다. 또 고령 미혼자 증가도 1인가구 증가의 한 원인이 되고 있다. 특히 주목할 것은 앞으로 결혼하지 않은 고령 독신자가 더욱 증가한다는 점이다. 미혼의 고령 독신자는 배우자와 사별한 고령 독신자와 달라서, 자녀가 없다. 따라서 노후를 가족에게 의지하기가 한층 더 어려울 것이다.

1인가구가 안고 있는 리스크

왜 1인가구 증가는 문제가 되는 것일까? 거론할 필요도 없겠지만 혼자 살 것인지, 결혼을 할 것인지 등은 어디까지나 개인적인 선택의 문제이다. 앞으로 각자가 자신의 가치관에 따라 다양한 라이프스타일을 선택할 것이고, 라이프스타일을 선택할 수 있는 폭이 넓어진다는 것은 사회로서 환영할 일이다. 그러나 생활리스크를 고려하면, 1인가구는 만일의 상황에 도와줄 수 있는 동거가족이 없기 때문에, 리스크 대처능력이 약하다.

구체적으로는 아래의 3가지 리스크를 생각할 수 있다.

첫째, 빈곤이다. 2인 이상 가구라면 일자리를 잃거나 장기입원을 할 경우에 다른 배우자가 어떻게든 빈곤에 빠지지 않도록 지원하는 것이 가능하지만 1인가구는 불가능하다. 실제로 가구유형별로 분석해 보면, 1인가구가 빈곤에 빠지는 비율이 높다.

둘째, 개호가 필요하게 되는 경우의 리스크이다. 1인가구는 개호가 필요하게 된 경우에 의지할 수 있는 동거가족이 없다. 따라서 1인가구의 60% 정도가 '주요개호자'를 사업자로 하고 있다. 그리고 1인가구가 증가함에 따라 개호서비스에 대한 수요는 높아지지만, 개호서비스 인력이 부족하기 때문에 적절하게 서비스가 공급될지 문제가 될 것이다.

셋째, 사회적 고립이다. 예를 들어 고령 독신남성 6명 중 1명은 2주에 1번 정도밖에 대화를 하지 않을 정도로 사회적 고립 상태에 빠져 있다는 지적이 있다.

1인가구 사회에 대한 대책

1인가구 증가에 어떻게 대응해야 하는 것인가?

첫째, 사회보장 기능을 강화하는 방법이다. 가족으로부터 지원을 기대하기 어려울 경우에는 정부가 재원을 확보하여 사회보장 기능을 강화할 필요가 있다. 정부가 재원을 확보하기 위해서는 세금이나 사회보험료 인상이 불가피하지만, 이에 대한 국민의 반발은 만만치 않을 것이다. 그러나 사회보장은 가족이 수행해 왔던 '개인적 부양'을 사회 전체가 지원하는 것이다. 만약 사회보장을 억제하게 된다면, 가족의 부담이 증가할 뿐이다. 또 정부의 역할을 줄인다고 하더라도 부담의 주체가 바뀔 뿐이지, 개호서비스에 대한 수요가 감소하는 것은 아니다.

다행히 일본의 국민부담률(GDP에서 차지하는 조세와 사회보험료 부담비율 합계)은 주요 선진국에 비해 낮은 수준이므로 세금과 사회보험료를 인상할 수 있는 여지가 남아있다. 다만, 일본정부가 대규모 재정적자와 부채를 안고 있기 때문에 원금과 이자 상환의 부담이 크다. 험난한 길이 되겠지만, 세금과 사회보험료 인상으로 '재정재건'과 '사회보장 기능 강화'를 동시에 추진할 수밖에 없는 상황이다. 필자는 현재의 상황이라면 두 가지 목표를 동시에 추진하는 것이 가능하고 사회보장 강화에 따라 국민의 생활수준이 더욱 향상될 것이라고 생각한다.

둘째, 지역사회 네트워크의 형성이다. 친척이 없는 고령 독신자라도 안심하고 정든 지역에서 독립된 생활을 영유할 수 있도록 의료와 개호, 생활지원 등을 제공할 수 있는 네트워크를 형성하는 것이 필요하다. 또 주민들에 의한 네트워크 형성도 중요하다. 각 지역마다 주민들끼리 교류하며 서로 지원해주는 관계를 어떻게 구축할 수 있을까? 특히, 앞으로 75세 이상 고령 독신자가 급증하는 지역은 대도시권이다. 대도시권 대규모 단지나 아파트 등에서는 이웃끼리 인간관계가 형성되지 않기 때문에, 어떻게 주민들 간의 네트워크를 형성해 갈 것인가가 큰 과제가 되고 있다.

셋째, 고령자가 되더라도 일을 지속할 수 있는 체제를 구축하는 것이다. 고령 1인가구가 안고 있는 빈곤이나 사회적 고립 리스크에 대처하기 위해서는 고령자라도 일을 계속 할 수 있는 체제를 구축하는 것이 중요하다. 고령자가 일을 지속하게 되면 단순히 수입을 얻을 뿐만 아니라 사회적 고립 문제에도 도움이 될 것이다. 하지만, 모든 고령자가 일할 수 있는 것은 아니다. 일을 지속하는 것이 곤란한 고령자들에게는 사회적 안전망을 강화하고 지역에서 거처를 제공하는 것이 필요하다.

'서로가 지원해주는 사회의 구축'은 경제 성장의 기반

사회보장 기능을 강화하기 위해 세금과 사회보험료를 동시에 인상하면 경제성장의 발목을 잡는 것이 아니냐는 비판도 있을 수 있다. 그러나 사회보장은 경제성장을 뒷받침하는 기능을 가지고 있다. 예를 들어 국민들이 사회보장 기능에 불안을 느끼면, 미래에 대한 불안 때문에 저축을 중시하고 소비를 줄일 가능성이 있다. 또 사회보장 기능이 약해지면, 노동인구 감소를 초래할 수도 있다. 예를 들어 개호서비스

기능을 억제하면, 가족의 개호 때문에 일을 그만두는 경우가 증가할 것이다. 그리고 사회보장 기능을 강화해서 소득 재분배를 확대하면 중산층이 증가할 것이다.

마지막으로, 한국어판을 간행하는 데 많은 분들의 도움이 있었다. 특히, 필자가 근무하고 있는 일본복지대학 유재상 교수가 한국어판 의 기획에서 감역 및 감수까지 담당해주셨다. 그의 도움이 없었다면 졸저를 한국어로 출판하는 것은 불가능했을 것이다. 진심으로 감사 의 말씀을 드린다. 또 미즈호정보총연(종합연구소)의 상사와 동료, 한국어판 출판을 맡아준 나남출판사에도 감사한 마음을 전하고 싶 다. 미력하나마 일본 1인가구의 실태와 그 대책이 한국에서도 참고가 되기를 간절하게 바란다.

2018년 8월

후지모리 가츠히코

1인가구 사회

일본의 충격과 대응

차례

제 1 부 1인가구 실태

1 장 1인가구가 증가하는 실태와 그 요인

2 장 지방자치단체별로 본 1인가구 실태

제 2 부 유형별로 본 1인가구에 대한 고찰

6 장 해외의 고령 1인가구와의 비교

제 3 부 1인가구 리스크에 대한 사회의 대응

7 장 1인가구의 주거와 지역사회 만들기

8 장 1인가구와 취업

1인가구
실태

제1장

1인가구가 증가하는
실태와 그 요인

이 장에서는 일본 1인가구 실태에 관해서 고찰하겠다. 구체적으로는
1인가구의 전체적인 증가현황(1절), 1인가구를 형성하는 것은 어떤
사람들인가(2절), 1인가구는 어떤 연령대에서 증가해 왔나(3절), 왜
1인가구는 증가한 것인가(4절), 미혼과 별거의 증가 상황(5절), 향후
1인가구의 동향(6절)을 알아보겠다.

또한 총무성에서 실시한 〈2015년 국세조사〉를 기준으로 최근 실
태를 살펴보겠다. 필요에 따라 2005년부터 2015년의 변화도 언급하
고자 한다.[1]

---

1 총무성 〈국세조사〉는 5년마다 실시되어 2015년 데이터가 1인가구에 관한 분석으로는
가장 최근 데이터이다. 이 책에서는 1인가구 실태를 분석하기 위해 기본적으로 2015
년 데이터를 사용하였다.

1. 1인가구의 전체적인 증가 상황

1) 1인가구의 증가는 예상보다 5년이나 빠르다

먼저 2015년을 기준으로 혼자서 생활하는 1인가구는 일본에 어느 정도 존재하고, 과거와 비교하여 어느 정도 증가했는지, 그리고 지금까지의 추세가 이어질 경우 향후에는 어떻게 변화할 것인지 간략하게 살펴보겠다. 2015년 일본에는 1,824만 명이 혼자 살고 있으며, 전 인구의 14.5%를 차지한다(〈도표 1-1〉). 즉, 전국에서 7명 중 1명이 혼자서 살고 있는 상황이다.

2010년 1인가구수는 1,678만 가구(전 인구의 13.1%)였고, 2010년부터 2015년까지 5년간 1인가구는 160만 가구, 9.8% 증가하였다. 하지만 국립사회보장·인구문제연구소(이하 사인연) 2010년 기준 장래추계에서는 2015년 1인가구수가 1,764만 가구, 2020년은 1,827만 가구로 추계되었다.[2] 즉, 2015년 1인가구수(1,842만 가구)는 2010년 기준 추계(1,764만 가구)를 크게 넘어섰고, 2020년에 도달할 것으로 추계된 1,827만 가구도 초월한 것이다. 다시 말하면, 2015년 1인가구수(실적치)는 2010년 기준 추계를 5년이나 빨리 넘어서고 있다.

---

[2] 사인연(2013b). 이 추계는 총무성, 〈2010년 국세조사〉를 기준으로 한 '2010년 기준 추계'이다.

장래추계의 의미

설명을 덧붙이자면, '사인연의 예측이 빗나갔다'는 것은 아니다. 장래추계는 '맞다', '틀리다'라는 '예측'(forecast)이 아니라 인구와 가족구성의 변동 등 2010년까지의 추세에 따라 장래의 모습을 스크린에 비춰 '투영'(projection)한 것이다. **3** 따라서 2015년 실제 1인가구수가 추계치(2010년 기준)를 크게 앞지른 것은 2010년부터 2015년까지 실제 1인가구 증가의 흐름이 2010년까지의 추세보다 빠르게 진행되고 있는 것을 의미한다.

조금 더 장기적 관점에서 보면, 1인가구수는 1970년부터 점차적으로 증가하고 있다. 〈도표 1-1〉의 꺾은선그래프에서 총인구 중 1인가구 비율을 보면 1985년부터 기울기가 점점 높아진다. 이것은 인구 증가와는 별도로 미혼의 증가, 부모와 자식 간의 별거 등 가구형성 형태의 변화에 따라 1인가구가 증가하기 시작한 것을 의미한다. 그래서 이 책에서는 과거와의 비교가 필요한 경우, 가구형성 형태의 변화가 크게 시작된 1985년을 중심으로 비교할 것이다. 또 과거 10년간의 변화를 살펴보기 위해 필요할 경우 2005년과도 비교할 것이다.

1985년부터 2015년까지의 변동을 보면, 1인가구수는 789만 가구(1985년)에서 1,842만 가구(2015년)로 2.3배가 되었다. 그리고 총인구에서 차지하는 1인가구 비율도 1985년 6.5%에서 2015년에는 14.5%에 이르러 약 2.2배로 늘어났다.

---

3 즈야 노리코(津谷典子)·히구치 요시오(樋口美雄)(2009), 89p. 참고.

〈도표 1-1〉 1인가구의 변화 추이: 1970년 이후 장기 추계

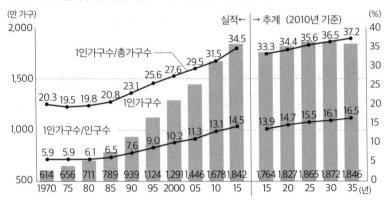

주. 2010년 기준 추계는 총무성의 〈2010년 국세조사〉 실적치에 기초한 장래추계로 2015년
   실적치와 직접 연결되지 않는다.
자료. 2015년까지의 실적치는 총무성 국세조사. 2015년 이후의 추계치는 사인연(2013b)의
   〈일본 가구수의 장래추계(전국)〉 및 사인연(2012a), 〈일본의 장래추계인구〉에 기초하여
   작성.

2030년의 1인가구수

사인연의 장래추계(2010년 기준)를 보면, 2030년 1인가구수는 1,872
만 가구가 될 것으로 보고 있다. 그런데 2017년 1월 현재, 사인연은
〈2015년 국세조사〉에 근거한 '2015년 기준 추계'를 발표하지 않았
다. 2015년 기준 추계가 발표된다면, 2030년 1인가구수는 '2010년
기준 추계'보다 많을 것으로 예상된다.

   하지만 2010년 기준 추계에 따르면 1인가구수는 2015년부터 2030
년까지 불과 1.6% 증가할 것으로 나타났다. 앞으로 1인가구수는 거
의 증가하지 않기 때문에 사회에 미치는 영향은 적을 것이라고 생각
할 수도 있으나, 실상은 그렇지 않다. 왜냐하면, 자세한 것은 후술하

겠지만, 젊은 사람 중에서는 혼자서 생활하는 사람이 적어지고 중년 층과 고령자에서 독신 생활자가 많아지는 등 연령대에 따른 증감이 달라지기 때문이다. 따라서 전체적인 증가율보다도 사회에 미치는 영향이 크다.

2035년에 1인가구수는 1,846만 가구가 되어 2030년의 1,872만 가 구보다 약간 감소한다. 이것은 인구감소에 따라 1인가구수도 감소 국 면에 들어가기 때문이다. 그러나 총인구에서 차지하는 1인가구 비율 은 계속 상승하여 2030년 16.1%, 2035년 16.5%로 추계된다. 2015 년에 7명 중 1명이 1인가구였으나, 2030년에는 6명 중 1명이 1인가 구가 되는 셈이다.

전체 가구 중 1인가구 비율은 '표준가구'를 넘어섰다.

전체 가구수에서 1인가구가 차지하는 비율 추이도 살펴보자. 1인가 구는 가구원의 수가 1명인 가구이기 때문에, 가구수와의 비교도 가능 하다. 총가구수에서 각 가구유형이 차지하는 비율 추이를 보면, 1인 가구는 1985년 20.8%에서 2015년에는 34.5%로 크게 증가했다 (〈도표 1-2〉). 거꾸로 이 시기에 크게 감소한 부부와 자녀로 구성된 가구는 1985년 40.0%에서 2015년에는 26.8%까지 감소했다.

부부와 자녀로 구성된 가구는 사회보장제도를 포함하여 다양한 공 적 제도에서 '표준가구'로 이용되어 왔다. 그러나 1인가구는 이미 표 준가구를 제치고 총인구에서 차지하는 비율이 가장 높은 가구유형이 되었다.

〈도표 1-2〉 가구유형별 비율 추이

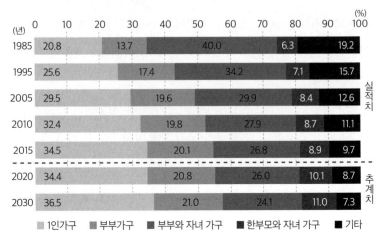

주. 2015년까지는 총무성 〈국세조사〉 실적치. 2020년과 2030년은 사인연(2013b), 2010년 기준 추계. 연도별 10월 1일 현재.

〈도표 1-3〉 성·연령대별 인구 대비 1인가구 비율: 1985~2030년

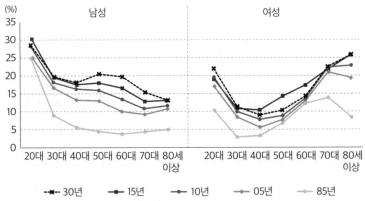

주. 1985년, 2005년, 2010년, 2015년은 실적치. 2030년은 추계치(2010년 기준)
자료. 1985년, 2005년, 2010년, 2015년 수치는 총무성 〈국세조사〉, 2030년은 사인연 (2013b)
에 따라 작성.

앞으로도 이러한 경향은 지속될 것이다. 2030년에 부부와 자녀로 구성된 가구 비율은 24.1%까지 감소하고, 1인가구 비율은 36.5%로 늘어날 것으로 보인다. 1985년 부부와 자녀로 구성된 가구(40.1%)와 1인가구(20.8%)의 비율은 이후 꾸준히 역전되는 방향으로 변화하고 있다.

연령대가 높을수록 1인가구 비율이 높아진다

성·연령대별로 살펴보면, 1985년부터 2015년에 이르기까지 총인구에서 1인가구가 차지하는 비율은 연령대가 높을수록 더 많이 증가하고 있다(〈도표 1-3〉). 다시 말하면, 고연령대 1인가구 비율이 과거와 비교하여 확실히 높아지고 있다. 특히 주목할 점은 50대, 60대 남성에서 1인가구 비율이 높아지고 있다는 것이다. 예를 들어, 50대 남성을 보면 1985년 1인가구 비율은 4.6%였지만 2015년에는 18.0%로 13.4%나 상승했으며 2030년에는 20.6%에 이를 것으로 보인다.

한편 여성의 경우 주목할 점은 80세 이상 여성의 1인가구 비율의 증가이다. 1985년의 80세 이상 여성의 1인가구 비율은 8.6%였지만 2015년에는 25.9%가 되어 17.3%나 상승했다. 80세 이상 여성 4명 중 1명이 1인가구를 이루고 있는 셈이다. 장래추계를 보면, 2030년 80세 이상 여성 중 1인가구가 차지하는 비율은 26.0%가 되어 거의 제자리걸음을 할 것으로 보인다. 다만, 이것은 2010년 기준 추계로서 2015년을 기준 추계라면 이보다 높아질 가능성이 있다.

이와 같이, 연령대가 높아질수록 1인가구 비율이 높아지고 있다.

지금 가족과 함께 살고 있는 사람이라고 하더라도 중년기와 고령기에는 1인가구를 이루어 혼자 살게 될 가능성이 높다.

2) 1인가구란

지금까지는 1인가구를 '혼자 생활하는 사람'이라는 의미로 활용해 왔다. 그러나 엄밀히 말하면 1인가구는 ① 자기 집에서 혼자 살고 있는 사람, ② 다른 사람과 같은 집에 살더라도 별도로 생계를 유지하며 혼자 사는 세입자나 하숙인 등 ③ 회사·관공서 등의 사택·독신 기숙사 등에서 혼자 거주하는 사람을 일컫는다. 이는 이 책에서 1인가구를 분석할 때 주로 사용하는 일본 총무성, 〈국세조사〉의 정의이다.

이 중에서 '세입자나 하숙인', '회사 등의 사택이나 독신 기숙사에 거주하는 사람'을 1인가구라고 하면 의아하게 느낄 수도 있다. 그러나 실제로 1인가구 대부분은 '자기 집에서 혼자 사는 사람'이라 생각해도 좋다. 2015년의 전체 1인가구 중 '세입자·하숙인' 비율은 1.9%이고, '사택이나 독신 기숙사의 거주자'는 3.3%이다.**4** 두 유형을 합산해도 5.2%에 지나지 않으며 1인가구의 90% 이상은 자기 집에서 혼자 생활하는 사람들이다.

한 가지 주의할 점은, 고령자 등이 혼자 '노인홈' 등의 사회시설에 입소하거나 혼자 병원에 입원하여도 1인가구에는 포함되지 않는다는

---

4 총무성, 〈2015년 국세조사〉, 인구 등 기본집계, 표 7.

점이다. 1인가구는 구성원이 1명인 일반가구로 정의되어 있고, 병원·요양원에 입원한 사람, 노인홈 등 사회시설 입소자, 학교기숙사에서 생활하고 있는 사람 등은 '시설 등의 가구'에 속한다.[5] 이러한 사람들은 1인가구에 해당되지 않는다.

또 1인가구 구성원은 1명이기 때문에 가구를 기준으로 보면 '1인가구'이지만, 개인을 기준으로 보면 '독신자', '혼자 사는 사람'이 된다. 이 책에서는 가구로 볼 것인가, 개인으로 볼 것인가에 따라 '1인가구', '독신자', '혼자 사는 사람'으로 3가지 용어를 사용하지만, 동일 대상을 의미한다.

---

[5] 총무성, 〈2015년 국세조사〉, 가구·가족의 속성에 관한 용어 참고.

2. 어떤 사람들이 1인가구를 형성하고 있나

1) 1인가구 형성은 생애주기에 따라 변화한다.

1인가구를 형성하고 있는 1,842만 명(2015년)의 사람들은 어떤 사람들일까? 당연한 일이지만, 태어나서부터 죽을 때까지 모든 기간 동안 계속 혼자서 사는 사람은 없다. 생애주기별로 보면 유소년기에는 부모와 거주하는 것이 일반적이다. 고등학교를 졸업할 때까지는 부모와 함께 생활한 후에 대학 진학이나 취직을 하면 혼자서 살기 시작하는 젊은이가 많다. 그 후에, 결혼하여 배우자와 동거를 시작하면 우선 독신 생활이 끝난다. 그리고 고령기에 들어가서 부부 중 한 명이 먼저 사망하고 나서 자녀 등과 동거하지 않으면 다시 독신이 될 가능성이 있다. 특히 여성은 남성보다 평균수명이 길기 때문에 고령기에 1인가구를 이루기 쉽다.

　이 점에 대해서는 성·연령대별 1인가구수와 그 배우관계로부터 확인하도록 하자. 배우관계에는 ① 미혼(아직 한 번도 결혼하지 않은 사람), ② 사별(남편 또는 아내와 사별하여 독신인 사람), ③ 이혼(남편 또는 아내와 이혼하여 독신인 사람), ④ 유배우(신고의 유무에 관계없이 남편 또는 아내가 있는 사람)의 4종류가 있다. 또한 유배우의 1인가구란 직장 등에서 단독 부임을 하여 독신이 되거나 고령부부 중 한 쪽이 노인홈에 입소하여 상대 배우자가 독신이 되는 경우 등이 있다고 볼 수 있다.

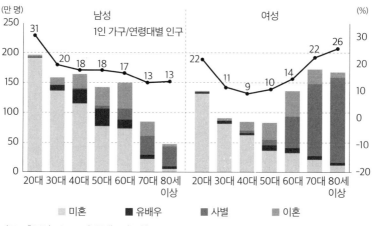

〈도표 1-4〉 성 · 연령대별 1인가구와 배우관계 (2015년)

자료: 총무성, 〈2015년 국세조사〉 참고.

독신남성의 배우관계

남성의 경우, 1인가구수가 가장 많은 연령대는 20대로 196만 명 정도이다(〈도표 1-4〉).**6** 꺾은선그래프는 각 연령대별 인구에서 1인가구가 차지하는 비율을 나타내고 있는데 20대 남성의 31%가 1인가구로서 전 연령대 중 가장 높은 비율을 차지하고 있다. 그리고 20대 독신남성의 배우관계를 보면 98%가 미혼이다. 20대에서 미혼 1인가구가 많은 것은 진학이나 취직 등을 하면 부모로부터 독립을 시작하는 젊

---

6 총무성 〈2015년 국세조사〉(인구 등 기본집계, 표 8-3)에서는 1,842만 1인가구 중에서, 연령 불상(연령과 배우관계 불상 또는 배우관계는 파악되지만 연령은 불상)이 5.7%, 배우관계 불상(연령은 파악되지만 배우관계는 불상)이 12.5%였다. 1인가구 중에서 20% 가까이가 연령이나 배우관계가 명확하지 않기 때문에 국세조사의 수치와 일치하지 않는다.

은이가 많기 때문으로 생각된다.

20대 이후에는 중장년 시기와 차이는 다소 있지만 대체로 1인가구 비율이 낮아지며 연령대가 올라감에 따라 1인가구수는 감소한다.[7] 이러한 경향이 나타나는 가장 큰 이유는 연령대가 올라가면 결혼하여 2인 이상의 가구를 형성하는 사람이 늘기 때문이다. 이는 20대부터 40대까지 미혼 독신남성이 감소하는 것으로 나타나고 있다.

한편, 20대부터 40대에 걸쳐서 미혼 독신자가 감소하는 것과는 반대로 30대 이후 서서히 이혼한 독신자가 늘어간다. 또한 40대와 50대는 유배우 1인가구 비율도 높다. 이 중 많은 수는 단독 부임 등에 따른 것으로 추정된다. 그리고 60대 이후가 되면 부인과 사별한 독신남성이 늘어간다. 이렇듯 독신남성의 배우관계는 연령대에 따라 크게 달라진다.

독신여성의 배우관계

여성의 경우, 20대부터 50대까지 1인가구수가 감소하지만 60대부터 70대까지는 반대로 증가로 돌아선다. 20대와 70대를 정점으로 두 개의 산이 있는 형태로 남성 그래프와 비교하면 그 형태가 다르다.

여성 1인가구가 60대 이후에서 증가하는 것은 남편과 사별하여 독

---

7 2010년 남성의 연령대별 1인가구수를 보면 큰 변동 없이 연령대가 높아짐에 따라 감소한다(〈도표 1-17〉 참고). 2015년은 중장년 남성에서 1인가구화가 진행되는 시기에 들어갔다고 보인다.

신이 되는 여성이 많아지기 때문이다. 이것은 여성의 평균수명이 남성보다 긴 것과 부부의 평균연령을 비교하면 남편보다 부인의 연령이 낮기 때문이라고 생각할 수 있다. 그리고 70대 여성 1인가구는 170만을 넘어서 여성의 모든 연령대 중에서 가장 많다. 70대 독신여성의 71%는 남편과 사별한 독신자이다. 그리고 80세 이상 독신여성은 70대 다음으로 많고 86%가 남편과 사별한 독신자이다.

40대부터 60대의 독신여성 중에서는 이혼한 독신자도 늘어나고 있다. 부모가 이혼한 미성년 자녀들은 아버지보다 어머니와 함께 사는 경우가 많지만, 자녀들이 성장해서 취직이나 진학으로 집을 떠나는 연령대가 되면 이혼 여성도 1인가구가 되기 때문이다.

각 연령대별 인구에서 독신여성이 차지하는 비율을 보면 20대에서는 22%로 높으나 40대에서는 9%까지 낮아진다. 50대부터는 다시 높아져서 70대는 22%, 80세 이상은 26%에 이르러 80세 이상 여성의 4명 중 1명이 1인가구를 이루고 있다.

1인가구와 '근거리 가족'

그런데 '혼자서 산다'고 말하면 가족이 없는 사람을 떠올릴 수도 있다. 이것은 가족을 어떻게 정의하느냐에 따라 다르지만, 별거 가족도 가족에 포함한다면, 혼자 사는 사람이 반드시 부모나 자녀 등의 가족이 없는 사람은 아니다. 실제로 내각부(2015) 조사에 따르면, 65세 이상 고령 독신자의 74.9%는 자녀가 있다.[8] 또한 20대부터 40대 독신자의 다수는 부모가 있다. 즉, 독신자는 '동거인이 없는 것'이지 반

<도표 1-5> 65세 이상 1인가구와 자녀의 거주지

	근거리(편도 1시간 이내)인 경우						근거리가 아닌 경우	
		같이 살고 있음	같은 건물· 부지 내	도보 5분 정도인 장소	편도 15분 미만인 장소	편도 1시간 미만인 장소		편도 1시간 이상인 장소	다른 가구가 없음
1998년	44.5	0.7	1.4	4.0	11.0	27.5	55.5	24.5	31.0
2008년	47.1	0.8	4.8	7.1	12.1	22.4	52.9	24.9	28.0
2013년	49.3	4.4		8.4	12.9	23.6	50.7	23.4	27.8

주. '불상'을 제외하고 계산.
자료. 총무성의 1998년, 2008년, 2013년 〈주택·토지통계조사〉에 근거하여 작성

드시 '가족'이 없는 것은 아니다.

자녀와 가까운 곳에 독신 부모가 거주하는 경우도 상당하다. 고령자가 혼자 살더라도 자녀가 가까이에 살고 있으면 병에 걸리거나 개호가 필요한 상태가 되었을 때 별거 가족으로부터 지원을 받기 쉽다.

그러면 고령 독신자 중에 자녀가 가까이 살고 있는 '근거리 가족'을 둔 1인가구는 어느 정도 있을까? 총무성의 〈2013년 주택·토지통계조사〉에 따르면, 65세 이상 고령 독신자의 49.3%는 편도 1시간 이내 장소에 자녀가 살고 있다(〈도표 1-5〉). 편도 1시간 이내라면 고령 독신자가 개호를 필요로 하는 상태가 되어도 자녀가 가족개호로 대응할 수 있는 가능성도 있다. 다시 말해서 고령 독신자의 약 50%는 편도 1시간 이내에 자녀가 없든지 원래 자녀가 없다는 것이다.

---

8 내각부(2015), 5p.

또한 고령 독신자와 자녀와의 거처의 추이를 보면, 자녀와 1시간 이내의 거리에 살고 있는 고령자는 1998년에 44.5%였으므로, 최근 15년간 4.8% 정도 증가하였다. 그리고 자녀와 1시간 이내의 거리에 살고 있는 고령자들을 세부적으로 보면, '도보 5분 정도'가 1998년 4.0%에서 2013년에는 8.4%로 증가하고 있다. 이른바 '국이 식지 않을 거리'에 자녀가 살고 있는 고령 독신자가 증가하고 있다.

2) 중장년 독신자 중에서 미혼율이 높아지고 있다.

최근 1인가구의 특징 중에서 주목할 점은 중장년 독신자 중에서 미혼자의 비율이 급증하고 있다는 것이다. 미혼은 한 번도 결혼한 적이 없다는 것을 말한다. 일본에서는 혼인관계를 맺지 않은 채 자녀를 양육하는 것이 드물기 때문에 미혼인 중장년 독신자가 고령이 되면 배우자뿐만 아니라 자녀도 없는 경우가 많다. 노후를 가족에게 의지하는 것이 더욱 어려워질 것이다.

〈도표 1-6〉은 성·연령대별로 독신자 배우관계의 추이를 본 것이다. 연도별로 4개 유형의 배우관계 비율을 합산하면 100%가 된다. 독신남성에서 주목할 것은 40~70대에서 미혼율이 급상승하고 있다는 점이다. 예를 들어 60대 독신남성의 미혼율을 보면, 1985년에 13.1%에서 2015년에는 48.4%로 30년간 35% 이상 상승하였다. 반대로 배우자와 사별한 60대 독신남성의 비율은 1985년 42.2%에서 2015년에는 11.6%로 하락하였다. 60대 독신남성의 경우, 사별 비

〈도표 1-6〉 성·연령대별 1인가구의 배우관계 비율 추이

		남성				여성			
		미혼	우배우	사별	이혼	미혼	우배우	사별	이혼
20대	1985년	98.6	0.9	0.0	0.5	98.1	0.8	0.1	1.0
	2005년	98.1	1.0	0.0	0.8	98.1	1.3	0.0	0.6
	2010년	97.7	1.5	0.1	0.8	97.6	1.7	0.2	0.5
	2015년	97.7	1.6	0.0	0.7	97.7	1.8	0.1	0.5
30대	1985년	84.2	7.6	0.4	7.8	81.2	3.5	1.1	14.3
	2005년	87.9	4.9	0.2	7.1	89.2	4.1	0.5	6.2
	2010년	86.7	5.8	0.2	7.3	89.1	4.4	0.5	5.9
	2015년	86.5	6.3	0.2	7.0	89.7	4.9	0.4	5.1
40대	1985년	48.8	27.9	2.2	21.2	54.4	7.2	10.5	27.9
	2005년	63.9	18.5	0.7	16.9	66.4	7.4	3.5	22.7
	2010년	67.4	16.2	0.6	15.8	71.4	6.5	2.8	19.3
	2015년	69.2	14.5	0.6	15.7	73.0	6.1	2.2	18.7
50대	1985년	24.2	36.4	11.7	27.7	29.1	8.0	38.4	24.5
	2005년	50.2	21.2	4.0	24.5	33.1	10.4	19.6	36.9
	2010년	53.4	21.3	3.0	22.4	37.4	11.6	15.5	35.5
	2015년	54.0	21.2	2.4	22.5	42.2	11.6	11.5	34.7
60대	1985년	13.1	19.9	42.2	24.7	11.1	4.1	71.9	12.9
	2005년	33.3	10.5	21.5	34.6	17.8	4.2	54.2	23.8
	2010년	43.2	10.3	14.7	31.8	21.3	5.3	44.5	29.0
	2015년	48.4	10.1	11.6	29.9	22.7	5.9	39.0	32.5
70대	1985년	5.3	12.2	69.9	12.6	4.1	2.3	88.4	5.2
	2005년	13.6	8.3	57.1	21.0	10.9	2.5	76.9	9.8
	2010년	19.3	8.0	47.6	25.1	11.0	2.8	74.6	11.6
	2015년	25.2	8.0	39.0	27.7	11.5	3.1	70.5	14.9
80세 이상	1985년	3.4	8.2	83.6	4.7	2.6	1.3	93.3	2.9
	2005년	4.0	10.3	79.5	6.3	5.5	1.7	88.4	4.5
	2010년	5.6	10.5	76.5	7.4	6.9	2.0	86.0	5.1
	2015년	6.9	11.1	73.1	8.9	6.6	2.2	86.0	5.1

주. 배우관계 불상을 제외. 미혼, 유배우, 이혼, 사별을 합산하면 100%가 된다.
자료. 총무성, 〈국세조사〉 1985년, 2005년, 2010년, 2015년 결과에 따라 작성.

율이 하락하고 그 대신 미혼 비율이 상승하고 있다. 70대 독신남성도 1985년 미혼율은 5.3%였지만 2015년에는 25.2%가 되었다.

한편, 독신여성도 동일하게 20대를 제외하고 모든 연령대에서 미혼 비율이 증가하고 있다. 특히, 40대 독신여성의 미혼율은 1985년에 54.4%이었지만 2015년에는 73.0%로 올라갔다. 미혼율뿐만 아니라 이혼율도 1985년부터 2015년까지 상승하고 있다. 특히 70대 독신남성과 50~70대 독신여성의 이혼율이 크게 높아지고 있다. 예를 들어 70대 독신남성의 이혼율은 1985년 12.6%였지만 2015년에는 27.7%로 2배를 넘었다.

혼자 사는 기간의 장기화

혼자 사는 기간도 장기화되고 있다. 내각부(2015) 조사에 따르면, 65세 이상 독신자가 혼자 살게 된 연령을 보면 40대 이전(40대 포함)이라는 응답은 1999년 15.8%, 2002년 19.2%, 2014년 22.8%로 꾸준히 증가하고 있다. 그리고 2014년에는 고령 독신자의 20% 이상이 40대 이전부터 혼자서 살고 있다.[9] 그 배경에는 미혼인 채로 혼자 살면서 고령기를 맞는 사람이 증가한 영향인 것으로 추정된다. 미혼인 중장년 독신자가 지속적으로 증가하고 있으므로 혼자 사는 기간의 장기화는 앞으로도 계속될 것으로 보인다.

---

[9] 내각부(2015), 4p. 2002년과 2014년의 조사대상은 65세 이상 혼자 사는 남녀이지만, 1999년도에는 60세 이상 혼자 사는 사람을 조사대상으로 하고 있다.

3. 1인가구는 어느 연령대에서 증가해 왔나

그럼, 1인가구는 어느 연령대에서 증가해 왔을까?

먼저 1985년과 2015년 남성의 연령대별 1인가구수를 비교하면, 20대를 제외한 모든 연령대에서 1인가구수가 크게 증가하였다(〈도표 1-7〉). 2005년과 2015년을 비교해도 20대를 제외한 모든 연령대에서 2015년 1인가구수가 2005년을 웃돌고 있다. 더욱이 2005년에는 50대 독신남성이 다른 연령대보다 눈에 띄게 많아서 혹과 같은 형태를 보인다. 이는 2005년 베이비붐세대[10]가 50대에 들어선 영향이라 생각된다. 2015년에는 베이비붐세대가 60대가 되면서 그 수가 60대로 이동하였다. 2015년에는 40대에서도 독신남성의 수가 많아졌는데 이것은 베이비붐 주니어[11]가 40대가 된 영향이라 생각된다.

한편, 1985년과 2015년 여성의 1인가구수를 비교하면, 모든 연령대에서 1인가구가 증가하였다. 1985년에는 60대를 피크로 하는 작은 산 모양이 보였는데, 2015년에는 70대가 피크가 됨과 동시에 80세 이상의 1인가구수가 증가하였다. 그리고 2015년에는 70대 여성 1인가구수가 20대를 웃돌고 있다.

---

[10] 베이비붐세대는 1947년부터 1949년에 태어난 제1차 베이비붐세대를 말한다. 연도별로 베이비붐세대가 속한 연령대는 1985년 30대, 2005년 50대, 2010년과 2015년에는 60대이다.

[11] 베이비붐 주니어는 1971년부터 1974년에 태어난 제2차 베이비붐세대이다. 베이비붐 주니어는 2005년과 2010년에는 30대, 2015년에는 40대이다.

〈도표 1-7〉 성·연령대별 1인가구 추이

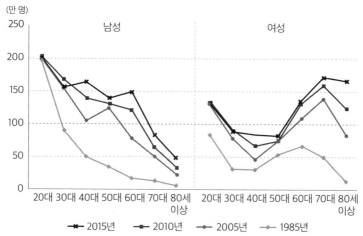

주. 2015년은 불상을 안분하였기 때문에 국세조사의 수치와 일치하지 않는다.
자료. 1986년, 2005년은 총무성 〈국세조사〉, 2010년은 사인연(2013b), 표 2, 2015년은 총무성, 〈2015년 국세조사〉에 따라 작성.

〈도표 1-8〉 2015년 1인가구의 성·연령대별 증가율(1985년, 2005년 = 1배)

		2015년(배율)						
		20대	30대	40대	50대	60대	70대	80세 이상
1985년 대비	남성	0.96	1.74	3.36	4.16	9.10	7.02	11.02
	여성	1.62	2.86	2.80	1.55	2.03	3.49	13.70
2005년 대비	남성	0.96	1.00	1.56	1.13	1.91	1.71	2.09
	여성	1.03	1.15	1.84	1.08	1.26	1.24	1.99

주 1. 2010년은 불상을 안분한 〈국세조사〉의 수치와 반드시 일치하지는 않는다.
  2. 음영은 1985년과의 비교에서는 3.0배 이상. 2005년과의 비교에서는 1.5배 이상.
자료. 1985년과 2005년은 총무성, 〈국세조사〉. 2010년은 사인연(2013b), 표 2. 2015년은 총무성, 〈국세조사〉에 따라 작성.

성·연령대별 1인가구 증가율

1985년부터 2015년까지 연령대별 1인가구 증가율을 보면, 남성은 40 대 이상, 여성은 70대 이상에서 3배 이상으로 증가하고 있다. 특히 남성의 경우, 60대는 9.1배, 80세 이상은 11.0배를 넘어 증가율이 매우 높다. 또한 여성의 경우에는, 80세 이상이 13.7배로 크게 늘어 났다. 반면, 20대 남성의 경우, 증가율이 1배에 미치지 못해 1인가구 수가 감소하고 있다(〈도표 1-8〉).

마찬가지로, 2005년부터 2015년까지 연령대별 1인가구 증가율을 보면, 1.5배를 넘은 연령대는 남성의 경우 40대와 60대 이상, 여성의 경우 40대와 80세 이상이다. 한편, 20대 남성의 경우에는 증가율이 1 배를 넘지 못하고 약간이지만 1인가구수가 감소하고 있다.

4. 왜 1인가구는 증가한 것인가

1) 1985년~2015년 인구 증가의 영향

1인가구는 왜 증가한 것일까? 이하에서는 1인가구 증가 원인을 '인구요인'과 '비인구요인'으로 나누어서 연령대별로 살펴보도록 하자.

인구요인에 의한 증가란 인구 증가를 원인으로 한 1인가구의 증가이다. 어느 시대에나 연령대별 인구에서 일정 비율의 1인가구가 존재한다고 가정할 경우, 인구가 증가하면 1인가구수도 함께 증가한다. 예를 들어 베이비붐세대는 세대의 인구 규모가 크기 때문에 그 세대가 60대가 되면 인구의 증가에 따라 60대의 1인가구수도 저절로 증가하는 것이라고 생각할 수 있다. 이것은 가구형성 형태의 변화를 동반하지 않는 양적인 변화라고 할 수 있다. 구체적으로는 '연령대별 인구의 증가율에 따라 각 연령대의 1인가구수도 증가한다'는 가정에 의거해서 추계한 증가이다.

반대로 비인구요인에 의한 증가란 사람들의 가구형성 형태의 변화에 따라 발생한 1인가구의 증가이다. 예를 들어 미혼자의 증가나 부모와 자식의 별거 등으로 인해 1인가구가 증가하는 경우이다. 이러한 요인들은 연령대별 인구가 증가하지 않아도 1인가구가 증가하는 원인이 된다. 즉, 질적인 변화에 따른 1인가구의 증가를 보여주고 있다. 따라서 인구요인에 따른 1인가구 증가율과 비인구요인에 따른 증가율을 합산하면 그 연령대의 증가율이 된다.

1985~2015년 1인가구 증가율 분석

〈도표 1-9〉는 1985~2015년 연령대별 1인가구 증가율을 인구요인과 비인구요인으로 나누어, 각 요인이 증가율 전체에 얼마나 영향을 미치고 있는지(기여도)를 분석한 것이다. 〈도표 1-8〉의 '배수'에서 증가분을 퍼센트로 표시한 것이다. 예를 들어 80세 이상 여성 1인가구의 수는 1985년부터 2015년까지 1,270%(인구요인과 비인구요인의 합)의 증가율을 보이는데, 이것은 〈도표 1-8〉에서 나타내는 13.70배와 같은 것이다. 〈도표 1-9〉를 보면 50대까지는 비인구요인이 크게 영향을 미치고 60대 이후 연령대에서는 인구요인의 영향이 높아지고 있다.

이를 보다 명확하게 보기 위해 각 연령대의 증가배율 전체를 100이라고 할 때, 두 요인의 영향도(기여율)를 보면, 인구요인의 영향도가 비인구요인보다 높은 연령대로 80세 이상의 남녀를 들 수 있다. 구체적으로는 80세 이상 남성의 인구요인 기여율은 59%, 80세 이상 여성의 인구요인 기여율은 56%로서, 비인구요인보다 약간 높다. 또한 60대 여성과 70대 여성에서도 인구요인 기여율은 각각 77%, 61%로서 비인구요인보다 높다. 인구요인의 내용으로는 고령화에 따라 고령자 인구가 증가한 영향이라고 생각할 수 있다.

그 외의 연령대에서의 인구요인 기여율은 비인구요인보다 낮다. 70대 남성의 경우 인구요인 기여율은 49%, 60대 남성은 37%가 된다. 40대와 50대에서는 남녀가 모두 인구요인 기여율은 10%보다 낮아져 90% 이상이 비인구요인의 영향이다. 20~30대에서는 남녀 모두 인구요인에 의한 증가율이 마이너스가 되어 1인가구수 증가율이 오로지 비인구요인의 영향에 따른다. 인구요인에 의한 증가율이 마이너스인 것은 저출산의 영향으로 1985~2015년에 20대와 30대의 인구가 감소하였기 때문이다.

〈도표 1-9〉 1985~2015년 1인가구 증가배율에 대한 기여도 분석

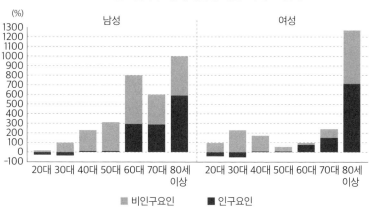

■ 비인구요인   ■ 인구요인

주 1. 인구요인과 비인구요인의 산출방법은 아래와 같다(20대 남성의 경우)
　　A: 1985년 20대 남성의 연령대별 인구. B: 2015년 20대 남성의 연령대별 인구
　　a: 1985년 20대 남성의 1인가구수,　b: 2015년 20대 남성의 1인가구수
　　· 1인가구수의 증가 = (b-a) = 인구요인 + 비인구요인
　　　　　　　　　　　　= [(B-A)x1/2(a/A+b/B)]+[1/2(B+A)x(b/B-a/A)]
　　· 우측 제1항은 인구요인의 증가수를 나타내고 있고 수식은 [(연령대별 인구의 증가수)
　　　x(두 시점의 1인가구 비율의 평균치)]를 의미한다.
　　· 우측 제2항은 비인구요인의 증가수를 나타내고 있고 수식은 [두 시점의 연령대별 총
　　　인구수의 평균치)x(두 시점의 1인가구 비율의 증가폭)]을 의미한다.
　　· 위 식에서 1인가구의 증가에 대한 인구요인과 비인구요인의 기여율을 산출하여 1인
　　　가구수의 증가율에 충당하여 기여율을 구하였다.
　2. 인구요인과 비인구요인의 산출방법은 야마우치 마사카즈(2012), 95p, 참고. 요인분해법의
　　원전은 Kitagawa(1955).
　3. 2015년은 총무성, 〈국세조사〉에 기초하여 연령 불상분을 안분하였다.
자료. 1985년, 2015년은 총무성, 〈국세조사〉에 기초하여 작성.

〈도표 1-10〉 2005~2015년 1인가구 증가율에 대한 기여도 분석

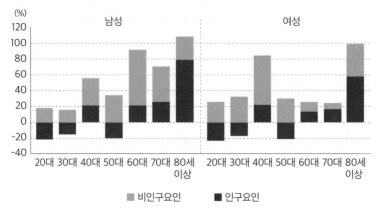

주. 인구요인과 비인구요인의 산출방법은 〈도표 1-9〉의 주 1을 참고.
자료 1. 2005년, 2015년은 총무성, 〈국세조사〉에 기초하여 작성
　　 2. 2015년은 연도 불상을 안분하였다.

2005년부터 2015년에 걸친 변화

같은 방식으로 2005년부터 2015년의 1인가구 증가율에 대한 인구요인과 비인구요인의 영향을 분석해보면 유사한 경향을 발견할 수 있다. 인구요인의 기여율이 비인구요인보다 높은 연령대는 80세 이상의 남녀와 60대 여성과 70대 여성이다(〈도표 1-10〉). 그 외의 연령대에서는 인구요인보다 비인구요인의 기여율이 높다. 특히, 20대와 30대, 50대에서는 남녀 모두 인구요인이 마이너스가 되기 때문에, 이들 연령대에서는 1인가구 증가율이 오로지 비인구요인에 따른 것이다. 또 남녀 모두 50대의 인구요인이 마이너스가 되는 것은 인구규모가 큰 베이비붐세대가 2005년에는 50대였지만 2015년에는 60대가 된 영향이라고 볼 수 있다.

2) 비인구요인을 보는 관점

그럼, 비인구요인이란 무엇일까? 이하에서는 1인가구 증가를 가져온 비인구요인에 관해 두 가지 관점으로부터 고찰하고자 한다.

첫 번째 관점은 배우관계로부터의 분석이다. 미혼, 사별, 이혼, 유배우의 4가지 배우관계 중 미혼, 사별, 이혼은 배우자가 없는 경우이다. 배우자가 없다는 점에서 1인가구를 이루기 쉽다고 할 수 있다.[12] 따라서, 연령대별 인구에서 차지하는 미혼자·사별자·이혼자 비율의 증가는 1인가구화를 촉진하는 하나의 원인이라 생각할 수 있다. 그래서 아래에서는 미혼, 사별, 이혼 비율의 변화를 중심으로 고찰하도록 하겠다.

두 번째 관점은 부모 또는 자녀와의 동거/별거 관계로부터의 분석이다. 예를 들어, 배우관계가 미혼·이혼·사별이라고 하더라도 부모나 자녀와 동거하고 있으면 1인가구가 되지는 않는다. 이 점에서 배우관계와는 별도로 부모 또는 자녀와의 동거/별거 관계를 고찰해야 할 필요성이 있다.

이런 관점에서 볼 때, 기본적으로 1인가구를 이루는 사람은 ① 배우자가 없고(미혼·이혼·사별), 동시에 ② 부모·자녀와 동거하지

---

12 유배우의 경우, 배우자와 동거하고 있는 경우가 많기 때문에 일반적으로 1인가구를 형성하는 것을 억제한다고 말할 수 있다. 그러나 유배우라 하더라도 단독부임 등으로 1인가구가 되는 경우가 있을 수 있다.

않는다고 할 수 있다.

다만, 위 ①과 ②에 해당되더라도 반드시 1인가구가 형성되지 않는 경우에 유의해야 한다. 첫째로 배우자가 없는 사람이 부모 또는 자녀와 별거하고 있더라도 입원 혹은 노인홈 등의 시설에 입소한 경우에는 통계상으로 1인가구에 포함되지 않는다. 두 번째로 배우자가 없는 사람이 부모・자식과 동거하지 않아도 친구나 형제・자매와 동거하여 1인가구가 되지 않는 경우를 들 수 있다. 세 번째로 유배우라고 하더라도 단독 부임 등으로 1인가구가 되는 경우를 생각할 수 있다. 특히, 50대 독신남성의 배우관계를 보면, 유배우 비율이 21.1%로 미혼 54.0%, 이혼 22.5%에 이어 높게 나타난다.

위와 같이, 배우자가 없는 사람이면서 부모나 자식과 동거하지 않는 사람이라고 하더라도 반드시 1인가구를 이룬다고는 할 수 없지만 대략적인 경향은 파악할 수 있다. 그래서 이하에서는 상기의 두 가지 관점에 따라 어떤 요인 때문에 1인가구가 증가했는지를 검토하도록 하겠다.

3) 배우관계를 통해 본 1인가구 증가 요인

먼저 배우관계에 관해서는, 연령대별 인구에서 미혼자, 사별자, 이혼자가 차지하는 비율의 변화를 살펴보겠다. 〈도표 1-11〉은 1985년, 2005년, 2010년, 2015년에 각 연령대별 인구에서 미혼자, 이혼자, 사별자가 차지하는 비율의 추이를 나타낸다. 앞서 제시한 〈도표

1-6〉은 1인가구의 성·연령대별 배우관계의 비율 추이를 나타낸다.

1985년과 2015년에서 10% 이상 상승한 것은 미혼자의 비율이다. 30~50대 남성, 20~40대 여성에서 미혼율이 10% 이상 상승했다. 특히, 30대와 40대 남성, 20대와 30대 여성에서는 20% 전후로 미혼율이 증가하고 있다. 2005년부터 2015년, 10년간의 변화를 보더라도 40~60대 남성, 40대 여성에서 5% 이상 상승하고 있다.

50세 시점에 한 번도 결혼한 적이 없는 사람의 비율을 '생애미혼율'이라고 하는데 남성의 생애미혼율은 1985년까지 1~3%대였지만 1990년 이후 급격히 상승하기 시작해서 2015년에는 23.4%가 되었다(〈도표 1-12〉). 그리고 2030년에는 남성의 생애미혼율이 27.6%가 될 것으로 예측되고 있다. 여성의 생애미혼율도 2015년의 14.1%에서 2030년에는 18.8%로 높아질 것으로 예측되고 있다. 미혼율이 상승함에 따라서 앞으로도 중장년층에서 1인가구가 증가할 것이라고 예측할 수 있다.

〈도표 1-11〉의 이혼자 비율을 보면, 1985년부터 2015년까지 50대와 60대 남성, 40~60대 여성에서 4% 이상의 증가율을 보이고 있다. 그러나 미혼율만큼 가파른 증가율은 아니다.

마지막으로, 사별자 비율을 보면, 1985년부터 2015년까지 남녀 모두 고령자에서 사별자가 차지하는 비율이 큰 폭으로 감소하고 있다. 남성의 80세 이상에서는 17.5% 감소하고, 여성의 60대부터 80세 이상에서는 19.3~31.4%나 감소하고 있다. 이는 평균수명 연장의 영향에 따라 부부가 함께 장수하게 되었기 때문이라고 볼 수 있다.

<표 1-11> 연령대별 인구 중 미혼자 · 이혼자 · 사별자 비율 추이

단위: %

		남성						
		20대	30대	40대	50대	60대	70대	80세 이상
미혼자	1985년	76.7	20.6	6.1	2.6	1.4	0.8	0.7
	2005년	81.8	39.0	19.6	11.8	4.9	2.0	1.0
	2010년	79.6	39.9	25.1	15.9	8.3	3.1	1.3
	2015년	83.3	40.3	27.7	18.3	10.6	3.7	1.2
	85년과 15년의 차	6.6	19.8	21.5	15.6	9.2	2.9	0.6
	05년과 15년의 차	1.5	1.3	8.0	6.5	5.8	1.7	0.3
이혼자	1985년	0.3	1.8	2.8	2.5	1.8	1.4	1.0
	2005년	0.7	2.8	4.8	5.6	4.7	2.5	1.2
	2010년	0.7	2.8	5.2	6.2	5.8	3.5	1.5
	2015년	0.6	2.6	5.0	6.8	6.4	4.1	1.6
	85년과 15년의 차	0.2	0.7	2.2	4.3	4.6	2.8	0.6
	05년과 15년의 차	-0.1	-0.2	0.2	1.2	1.8	1.6	0.4
사별자	1985년	0.0	0.2	0.7	2.0	5.4	14.8	37.7
	2005년	0.0	0.1	0.4	1.5	4.0	9.8	24.8
	2010년	0.0	0.1	0.3	1.3	3.6	8.9	23.1
	2015년	0.0	0.1	0.3	1.0	3.3	7.8	20.3
	85년과 15년의 차	0.0	-0.1	-0.4	-1.0	-2.1	-7.1	-17.5
	05년과 15년의 차	0.0	0.0	-0.1	-0.4	-0.7	-2.0	-4.5

단위: %

		여성						
		20대	30대	40대	50대	60대	70대	80세 이상
미혼자	1985년	56.5	8.4	4.6	4.4	3.0	1.5	0.9
	2005년	72.9	25.5	10.2	5.6	4.0	3.9	2.6
	2010년	72.4	27.8	14.8	7.4	5.0	4.0	3.4
	2015년	75.6	28.7	17.6	9.9	5.3	3.7	3.0
	85년과 15년의 차	19.1	20.4	13.0	5.5	2.3	2.2	2.1
	05년과 15년의 차	2.7	3.2	7.4	4.3	1.3	-0.2	0.4
이혼자	1985년	0.9	3.6	4.5	4.3	3.8	2.3	1.6
	2005년	1.8	5.9	8.0	8.1	6.0	4.0	2.7
	2010년	1.7	5.6	8.9	8.9	7.5	4.6	3.0
	2015년	1.5	5.2	9.1	10.0	8.6	5.6	3.2
	85년과 15년의 차	0.6	1.6	4.6	5.7	4.7	3.3	1.6
	05년과 15년의 차	-0.3	-0.6	1.1	2.0	2.5	1.7	0.5
사별자	1985년	0.1	0.7	3.2	10.2	30.5	61.4	86.6
	2005년	0.0	0.3	1.5	5.2	15.7	38.0	74.5
	2010년	0.1	0.3	1.2	4.4	12.8	34.1	68.5
	2015년	0.0	0.2	0.9	3.6	11.2	30.0	65.9
	85년과 15년의 차	0.0	-0.5	-2.2	-6.6	-19.3	-31.4	-20.7
	05년과 15년의 차	0.0	-0.1	-0.5	-1.6	-4.5	-8.0	-8.6

주 1. 차이는 2015년 값에서 1985년 값을 뺀 수치 및 2015년 값에서 2005년 값을 뺀 수치.
　2. 미혼자와 사별자에서 음영은 차이가 10% 이상
　3. 이별자에서 음영은 차이가 4% 이상
　4. 미혼자에서 음영은 차이가 5% 이상
자료. 총무성, 〈국세조사 시계열 데이터〉, 표 4 및 〈2015년 국세조사〉로부터 작성.

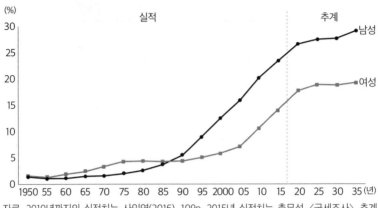

〈도표 1-12〉 생애미혼율의 추이

자료. 2010년까지의 실적치는 사인연(2016), 109p. 2015년 실적치는 총무성, 〈국세조사〉. 추계
    치는 사인연(2013b)에 기초하여 작성.

    사별자의 비율이 낮아지는 것은 기본적으로 독신자의 증가를 억제
하는 방향으로 작용한다. 그럼에도 70세 이상의 연령대에서 남녀 모
두 비인구요인 증가율이 높아지고 있다. 이것은 부모와 자녀의 별거/
동거관계도 영향을 주고 있기 때문이라고 생각할 수 있다.

4) 배우자와 사별한 고령자가 자녀와 동거하는 비율

두 번째 관점인 부모·자녀와의 동거관계 비율 또한 통계상의 제약으
로 인해 1995년부터 2010년의 추이밖에 알 수 없기 때문에 이하에서
는 1995년, 2005년, 2010년의 변화에 대해 살펴보겠다. 13

---

13 부모와 자식 간의 동거 등 가구 현황에 관해서는 1995년 총무성 〈국세조사〉에서 조사

〈도표 1-13〉 배우자와 사별한 부모와 자녀의 동거율 추이

	남성(부모의 연령)			여성(부모의 연령)		
	60대	70대	80세 이상	60대	70대	80세 이상
1995년	53.0	57.3	66.6	58.0	62.9	69.7
2005년	46.4	46.4	54.0	52.6	52.7	57.8
2010년	42.8	40.4	48.2	50.2	48.1	52.4
95년과 10년 차	-10.1	-16.9	-18.4	-7.8	-14.8	-17.3
05년과 10년 차	-3.6	-6.0	-5.9	-2.5	-4.6	-5.4

주. 음영은 1995~2010년, 2005~2010년에 걸쳐서 감소폭이 10% 이상
자료. 총무성, 〈국세조사〉, 제 3차 집계 표 24(2005년), 특별집계 표 8(1995년), 직업 등 기본
집계 표 31(2010년)에 따라 작성.

배우자와 사별한 60대 이상 고령자가 자녀와 동거하는 비율을 보면
모든 연령대에서 동거율이 낮아지고 있다(도표 〈1-13〉). 예를 들어,
1995년에는 남편과 사별한 80세 이상 여성의 69.7%가 자녀와 동거
하고 있었으나, 2010년에는 52.4%로 하락하고 있다. 단 15년 만에
남편과 사별한 80세 이상의 여성과 자녀의 동거율이 17%나 감소한
것이다. 2005~2010년에도 동거율 하락폭이 5% 정도로 크게 낮아지
고 있다.

배우자와 사별한 노인과 자녀의 동거율 하락은 1인가구 비율을 증
가시키는 방향으로 작용한다. 따라서 고령자 인구에서 차지하는 사
별자의 비율이 낮아지고 있음에도 불구하고 1인가구 비율이 높아지

가 시작되었다. 또 2015년 현황은 총무성 〈국세조사〉에서 조사되었으나, 2017년 9
월에 공표될 예정이다. 이 책을 집필하고 있는 2016년 11월 현재에는 공표되지 않았
기 때문에 2010년 데이터(총무성, 〈2010년 국세조사〉)를 이용하였다.

는 것은 배우자와 사별한 노부모와 자녀와의 동거율이 하락한 영향이 크다고 할 수 있다.

중장년의 미혼자 · 이혼자와 부모의 동거

미혼자 · 이혼자가 부모와 동거하는 비율은 남녀 모두 40~60대의 미혼자에서 크게 상승하고 있다(도표 〈1-14〉). 특히, 50대 미혼 남녀에서 증가폭이 크다. 50대 미혼 남성이 부모와 동거하는 비율은 1995년에 23.3%에서 2010년 39.7%로 16.4%나 증가하고 있다. 그리고 50대 미혼 여성도 1995년에는 26.6%가 부모와 동거하고 있었으나, 2010년에는 40.0%로 13.4% 증가하고 있다.

이혼자와 부모의 동거율도 대부분의 연령대에서 상승하고 있다. 특히, 50대 남녀에서 상승폭이 크다. 부모와 동거하는 중장년 미혼자와 이혼자의 증가는 1인가구화를 억제하는 방향으로 작용한다. 그럼에도 불구하고 중장년에서 비인구요인에 따른 1인가구 증가율이 높은 것은 미혼자와 이혼자가 부모와 동거하는 비율이 상승하는 것 이상으로 각 연령대별 인구에서 차지하는 미혼자와 이혼자의 비율이 높아지고 있는 것이 큰 원인이라고 추정된다.

5) 중장년 독신자는 배우관계의 영향, 고령 독신자는 동거관계의 영향

지금까지 배우관계, 부모와 자녀의 동거관계의 관점에서 1인가구 증가에 관해 질적인 측면을 고찰해왔다. 흥미로운 것은 중장년 독신자

〈도표 1-14〉 연령대별 미혼자·이혼자와 부모의 동거율 추이

단위: %

		남성(자녀의 연령)					
		20대	30대	40대	50대	60대	70세 이상
미혼자	1995년	64.0	58.9	47.2	23.3	8.0	1.0
	2005년	63.6	60.3	56.2	36.2	11.1	1.6
	2010년	64.2	61.5	55.9	39.7	14.9	1.6
	95년과 10년 차	0.2	2.7	8.7	16.4	6.9	0.6
	05년과 10년 차	0.6	1.2	-0.3	3.5	3.8	0.0
이혼자	1995년	44.4	42.1	32.0	16.0	6.0	0.7
	2005년	57.0	46.8	40.5	25.6	7.9	1.2
	2010년	57.5	46.4	39.6	28.6	10.6	1.0
	95년과 10년 차	13.0	4.3	7.5	12.6	4.6	0.3
	05년과 10년 차	0.5	-0.4	-0.9	3.0	2.7	-0.2

		여성(자녀의 연령)					
		20대	30대	40대	50대	60대	70세 이상
미혼자	1995년	76.0	64.9	48.1	26.6	9.9	1.3
	2005년	71.0	65.3	56.8	36.7	12.8	1.4
	2010년	70.4	64.7	56.4	40.0	15.7	1.2
	95년과 10년 차	-5.6	-0.2	8.3	13.4	5.8	0.0
	05년과 10년 차	-0.6	-0.6	-0.5	3.3	2.9	-0.2
이혼자	1995년	42.3	32.1	19.7	10.7	4.7	0.7
	2005년	45.7	32.8	25.0	15.6	5.5	0.6
	2010년	46.5	35.0	26.0	18.2	7.3	0.5
	95년과 10년 차	4.2	3.0	6.4	7.5	2.5	-0.2
	05년과 10년 차	0.8	2.2	1.0	2.7	1.8	-0.1

주. 음영은 5% 이상.
자료. 총무성, 〈국세조사〉, 특별집계 표 9(1995년), 제3차 집계 표 25(2005년), 직업 등 기본집계 표 31(2010년)에 따라 작성.

의 증가는 상대적으로 미혼·이혼이 증가한 영향이 큰 데 반하여, 고령 독신자의 증가는 노부모가 자녀와 동거하지 않게 된 것의 영향이 크다는 점이다. 즉, 중장년 1인가구 증가는 미혼 증가 등 배우관계 변화의 영향이 큰 데 반하여, 고령 1인가구 증가는 부모와 자녀의 별거 증가 등 동거관계의 변화가 크다고 할 수 있다.

그러나 이상에서 고찰한 데이터에서 배우관계는 1985~2015년의 변화인 데 반해, 동거관계는 1995~2010년의 변화를 나타낸다. 따라서 1995년부터 2010년의 동거관계의 변화가 1985~2015년에서도 똑같은 경향이 계속된다고 가정한 경우의 추론이다. 또 앞서 언급한 바와 같이, 이 데이터에는 병원이나 시설 입원·입소자가 포함되어 있는 등 1인가구 형성에 직결하지 않는 경우가 있다는 점에 유의할 필요가 있다.

5. 미혼과 별거의 증가 상황

앞 절에서 고찰한 바와 같이, 1인가구를 증가시키는 질적인 변화(비인구요인)로는 젊은 층에서 중장년까지 미혼자와 이혼자가 증가한 것과 고령기에 노부모가 자녀와 동거하지 않게 된 것을 들 수 있다. 전자의 배우관계에서는 이혼 증가보다 미혼 증가의 영향이 크다. 그럼, 미혼은 왜 증가하고 있는 것일까? 또 노부모가 자녀와 동거하지 않게 된 배경에는 어떠한 원인이 있을까?

1) 왜 미혼이 증가하는가?

라이프스타일의 다양화

미혼이 증가하는 원인으로 여러 가지를 들 수 있지만, 여기에서는 4가지의 원인을 지적하겠다.

첫째, 라이프스타일의 다양화이다. 여성의 사회 진출 등으로 이전보다 '결혼하지 않는' 라이프스타일을 선택하기 쉬워진 것을 들 수 있다. 18~34세 미혼자의 결혼의사를 조사한 결과에 따르면(2010년), 남성의 86.3%, 여성의 89.4%는 언젠가 결혼할 예정이라고 응답하고 있다.[14] 1992년에 동 비율은 남성 90.0%, 여성 90.2%였으니, 이전보다 낮아지기는 했으나 여전히 대다수의 미혼자가 결혼의사를

---

[14] 사인연(2012b), 16p.

<도표 1-15> 성·연령대별 노동자 중 비정규직의 비율

단위: %

	남성			여성		
	25~34세	35~44세	45~54세	25~34세	35~44세	45~54세
1990년	3.2	3.3	4.3	28.2	49.7	44.8
1995년	2.9	2.4	2.9	26.8	49.0	46.9
2000년	5.7	3.8	4.2	32.0	53.3	52.0
2005년	13.2	7.1	9.1	38.3	54.4	56.7
2010년	13.3	8.2	7.9	41.6	51.1	58.0
2016년	15.9	9.5	9.3	40.6	54.1	59.5

주. 1990~2000년 2월의 값. 2005~2016년은 1~3월의 평균값.
자료. 총무성, 〈노동력 조사〉에 따라 작성.

<도표 1-16> 취업형태별 미혼율(2010년)

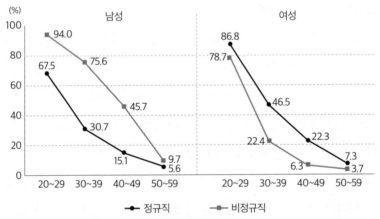

자료. 후생노동성, 〈2010년 사회보장 유지 세대의 의식 등 조사보고서〉에 따라 작성.

가지고 있다.

'왜 독신으로 머물고 있는가?'라는 질문에 25~34세의 미혼자는 미혼 남성의 46.2%, 미혼 여성의 51.3%가 적당한 상대를 만나지 못했기 때문이라고 응답했다.15 과거에 비해 적당한 상대가 급격히 감소한 것은 아닐 것이다. 미혼이 증가한 이유는 아마도 적당한 상대를 만나기까지 기다릴 수 있게 된 것이 아닐까? 즉, 여성의 사회 진출이 제한되었던 시대에는 여성은 결혼을 함으로써 생활이 안정되는 면이 있었지만, 지금은 경제력을 가진 여성이 많아지고 있다. 다양한 라이프스타일이 가능하게 된 것은 사회로서는 환영해야 할 것이다.

비정규직 노동자의 증가

두 번째로 1990년대 이후 남성을 중심으로 한 비정규직 노동자의 증가이다. 예를 들어 25~34세의 남성 노동자에서 비정규직 노동자의 비율을 보면 1990년에 3.2%였지만 2016년에는 15.9%까지 상승했다(〈도표 1-15〉).

그리고 남성의 경우, 비정규직 노동자는 정규직 노동자에 비해서 결혼하기 어려운 것이 현실이다. 예를 들어, 30대 남성 정규직 노동자의 미혼율은 30.7%임에 반해서, 비정규직 노동자는 75.6%로 2배 이상의 수준이다(〈도표 1-16〉).

여성의 경우, 남성과는 달리 정규직 노동자의 미혼율이 비정규직

---

15 사인연(2012b), 53p.

노동자보다 높다. 이는 여성의 경우 결혼과 육아를 위해 퇴직을 하고 그 후에 비정규직 노동자로서 일하기 시작하는 사람이 상당 정도 있는 것이 영향을 미치고 있다고 할 수 있다.

남성의 비정규직 노동자가 미혼율이 높은 배경에는 대출을 받기 어렵고 고용이 안정적이지 못한 경제적 원인이 있다고 할 수 있다. 특히, 자녀의 교육비와 주택 대출 상환은 비정규직 노동자에게 커다란 부담이 될 수 있다.

남녀의 교제 풍속도 변화

세 번째로 남녀의 교제 풍속도가 변화한 것을 들 수 있다. 사토(佐藤, 2010)는 다음과 같이 지적한 바 있다.

> 1960년대 후반부터 1970년대 초반의 고도성장기에는 맞선결혼이 대폭 감소하였지만, 1970년대에는 그 감소폭을 보완하는 방편으로 직장 내 결혼이 증가하였다. 그러나 1970년대에 활발했던 직장 내 결혼은 1980년대 이후는 감소하였다. 일반직 여성이 담당하고 있는 업무에서는 파견직 사원을 활용하는 등 아웃소싱이 진행되고, 사내의 동호회 등 비공식적 활동도 쇠퇴하는 등 미혼 남녀가 동일 기업 내에서 만날 수 있는 기회를 갖는 것이 어렵게 되었다. 한편, 직장 내에서 만남의 기회가 감소하는 것을 보완할 수 있을 만큼 직장 밖에서 만남의 기회가 늘어나지 않고 있는데, 이러한 상황이 미혼의 증가를 촉진시키고 있다. [16]

남녀의 교제 풍속도는 고도경제성장기에는 중매결혼에서 직장 내 결혼으로 원활히 옮겨졌다. 그러나 1980년대 이후 직장 내 결혼이 감소하는 상황에서 남녀의 새로운 교제 문화를 찾아내지 못하고 있는 것이다.

사회 인프라의 향상

네 번째로 사회 인프라의 향상도 원인이라 할 수 있다. 칼로리가 계산된 도시락을 판매하는 편의점이 늘어나면서 요리를 하지 않아도 간단히 식사를 해결할 수 있게 되었다. IT기기가 보편화되고 게임 소프트웨어도 다양해져서 혼자서 시간을 즐길 수 있게 되었다. 건강하게 일할 수 있는 동안에는 굳이 결혼하지 않아도 혼자서 생활하는 것이 그다지 불편하지 않은 상황인 것이다.

노부모와 성인 자녀의 별거

다음으로 노부모와 자녀의 별거가 증가하는 이유를 알아보자. 이 현상의 배경으로 시어머니와 며느리의 관계 문제 등으로 인해 자녀 세대가 프라이버시를 중시하여 별거가 증가하는 경향을 들 수 있다.

한편, 고령 독신자 중에서도 자녀와의 동거를 바라지 않는 사람의 비율이 높다. '앞으로 누구와 함께 살고 싶은가?'(단수응답)라는 질문에 대한 65세 이상 고령 독신자들의 응답결과에서 상위 3개의 답변은

---

16 사토 히로키(佐藤博樹, 2010), 184p.

① '지금처럼 혼자 살고 싶다'가 76.5%, ② '자녀(와 동거)'가 13.4%
③ '모르겠다'가 3.7%이었다.[17] 80% 미만의 고령 독신자가 독신생
활을 계속하길 바라고 있다. 이 비율은 2002년과 비교하면 5% 정도
상승하였다. 또 자녀가 있는 고령 독신자에 한정해도 73.9%는 계속
해서 혼자 생활하기를 바라고 있다. 4장에서 다시 논의하겠으나, 고
령 독신자는 혼자 생활하는 것에 대해서 여러 가지 불안을 안고 있지
만 그래도 계속 혼자 생활하고 싶다는 의향이 강하다. 리스크가 높아
도 혼자 생활하는 것이 더 매력적인 것이다.

6. 향후 1인가구의 동향 – 2030년까지의 장래추계

그럼 1인가구는 앞으로 어떤 추이로 변화할 것인가? 여기에서는 총
무성의 〈2015년 국세조사〉와 사인연(2013)의 〈일본 가구수의 장래
추계(전국)〉(2010년 기준)를 근거로 하여 2015년부터 2030년까지 1
인가구수의 변화를 살펴보도록 하겠다.

1) 2015~2030년 1인가구수의 변화

먼저 전체적인 동향을 보면 1인가구수는 2015년 1,842만 가구에서

---

17 내각부(2015), 30p.

2030년에는 1,872만 가구로 1.6%(30만 가구) 증가할 것으로 추계되고 있다(〈도표 1-1〉). 또한 총인구에서 독신자가 차지하는 비율은 2015년 14.5%에서 2030년에는 16.1%로 높아진다.

성·연령대별로 본 1인가구수의 변화

2015년부터 2030년까지 15년간 1인가구 증가율이 1.6%라면 '사회에 미치는 영향은 크지 않다'고 생각할 수도 있다. 그러나 각 연령대에서의 1인가구수의 증감은 그보다 크기 때문에 거시적으로 본 전체 증가율보다도 사회에 미치는 영향이 크다.

구체적으로는, 남성의 경우 2015년에 모든 연령대 중에서 1인가구수가 가장 많은 연령대는 20대였으나, 2030년에는 저출산의 영향으로 20대 남성의 1인가구수가 크게 감소한다(〈도표 1-17〉). 2030년에 1인가구수가 가장 많은 연령대는 50대로, 2015년의 상황과는 크게 달라진다. 여성의 경우, 2015년에는 20대와 70세 이상을 정점으로 하고 있었지만, 2030년에는 80세 이상을 정점으로 30대까지 감소하는 절구모양으로 변화한다.

2015년부터 2030년까지 1인가구수가 증가하고 있는 것은 50대 남녀, 70대 남성, 80세 이상의 남녀이다(〈도표 1-18〉). 특히 주목할 것은, 80세 이상에서 독신 남녀가 증가하는 점이다. 80세 이상의 독신 남성은 2015년에 46만 명인데, 2030년에는 77만 명으로 1.7배 수준까지 증가한다. 또 80세 이상의 독신여성도 2015년에는 167만 명이었으나, 2030년에는 256만 명으로 1.5배로 증가한다.

〈도표 1-17〉 성 · 연령대별 1인가구수의 추이

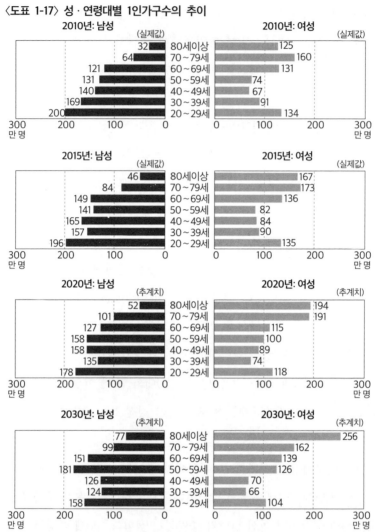

주 1. 2010년과 2015년은 실적치. 2020년과 2030년은 사인연의 2010년 기준 추계.
  2. 2015년은 총무성, 〈국세조사〉에 기초해 연령 미상을 안분하여 〈국세조사〉 수치와 일치하
    지 않음.
자료. 사인연(2013b), 〈일본 가구수의 장래추계(전국)〉, 총무성, 〈2015년 국세조사〉에 따라
    작성.

〈도표 1-18〉 성·연령대별 1인가구수의 증가율(2015~2030년)

		2030년						
		20대	30대	40대	50대	60대	70대	80세 이상
2015년 대비	남성	0.8	0.8	0.8	1.3	1.0	1.2	1.7
	여성	0.8	0.7	0.8	1.5	1.0	0.9	1.5

주. 2015년을 1로 할 때 2030년의 1인가구 증가율(2030년 연령대별 1인가구수/2015년 연령대별 1인가구수). 음영은 1배 이상.
자료. 2015년은 총무성, 〈2015년 국세조사〉. 2030년은 사인연(2013b), 〈일본 가구수의 장래 추계(전국)〉에 따라 작성.

〈도표 1-19〉 1인가구의 증가율에 대한 기여도(2015~2030년)

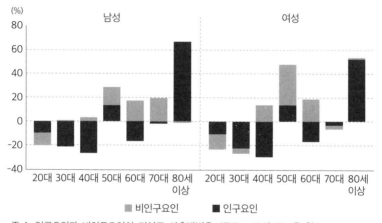

주 1. 인구요인과 비인구요인의 기여도 산출방법은 〈도표 1-9〉의 주 1을 참고.
  2. 2015년은 총무성, 〈2015년 국세조사〉에 기초하여 연령 미상을 안분함.
  3. 2030년은 사인연의 2010년 기준 추계.
자료. 2015년은 총무성, 〈2015년 국세조사〉. 2030년은 사인연(2013b), 〈일본 가구수의 장래 추계(전국)〉에 따라 작성.

2) 1인가구는 왜 증가하는가?

이상과 같이, 2015년부터 2030년까지 50대 남녀, 70대 남성, 80세 이상 남녀 1인가구가 증가할 것으로 보인다. 그럼, 어떤 요인으로 인해 이들 연령대의 1인가구수가 증가하는 것일까? 여기에서도 인구요인과 비인구요인으로 나누어 살펴보겠다.

먼저 80세 이상의 남녀에서 1인가구수가 크게 늘어나는 것은 대부분 인구요인에 따른 것이다(〈도표 1-19〉). 2030년에는 베이비붐 세대가 80세 이상이 되는 것의 영향이 크다. 한편, 70대 남성에서 1인가구수가 늘어나는 것은 오로지 비인구요인의 영향이다. 또 50대 남성에서 1인가구가 늘어가는 것은 인구요인과 비인구요인이 비슷한 정도로 플러스 영향을 미친다. 50대 여성은 인구요인보다 비인구요인이 크고, 두 가지 요인에 의해서 1인가구가 증가할 것으로 보인다.

또 남녀 모두 20대부터 40대까지 인구요인이 마이너스가 된다. 이것은 저출산에 따른 인구 감소의 영향이라 생각할 수 있다. 그리고 남녀 모두 60대에서 인구요인이 마이너스가 된다. 이것은 인구규모가 큰 베이비붐세대가 2015년에는 60대였지만 2030년에는 80세 이상이 되는 것으로 인하여 60대 인구가 감소하기 때문이라고 할 수 있다. 한편, 남녀 모두 50대에서 인구요인이 플러스가 되는데, 이는 2030년에는 베이비붐 주니어가 50대가 되어서 50대 인구가 증가하기 때문이라고 할 수 있다.

3) 미혼의 독거생활 고령자가 증가

인구요인이 플러스로 기여하는 것은 50대 남녀와 80세 이상 남녀이다. 한편, 비인구요인이 플러스로 기여하는 것은 40대·50대·60대 남녀와 70대 남성이다. 그럼, 비인구요인은 어떤 내용일까?

50대와 60대의 비인구요인으로는 미혼자의 증가를 지적할 수 있다. 예를 들어, 50대와 60대 인구에서 미혼자 비율을 보면, 남녀 모두 2015년부터 2030년까지 크게 증가한다(〈도표 1-20〉). 또 60대 남녀와 70대 남성의 경우, 앞으로도 노부모와 자녀의 별거가 증가할 것으로 예상된다.

2030년까지 미혼 고령자가 급증한다.

더욱이 현재의 중장년 미혼자가 2030년에 고령기에 접어들면서 미혼인 고령 독신자도 늘어날 것으로 보인다. 〈도표 1-21〉은 2015년과 2030년 65세 이상 고령자의 인구, 독신자수, 미혼자수를 성별을 구분하여 보여주고 있다. 65세 이상 인구는 남성이 7.5%, 여성이 9.9% 증가하는 것으로 추계되고 있다. 한편, 65세 이상 독신자는 남성이 18.1%, 여성이 15.9% 늘어날 것으로 보인다.

65세 이상 미혼자 증가율을 보면, 미혼 남성에서는 164.8%(2.6배), 미혼 여성에서는 101.2%(2.0배) 증가율을 보인다. 또한 65세 이상 남성 인구에서 미혼자 비율을 보면, 2015년에는 4.6%였지만 2030년에는 11.3%를 차지한다. 한편, 65세 이상 여성 인구에서 미

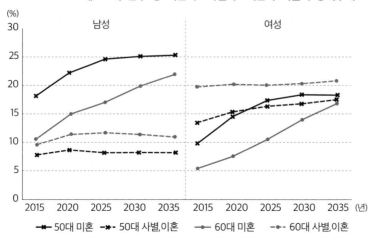

〈도표 1-20〉 50대, 60대 인구 중 미혼자·사별자·이혼자 비율의 장래추계

주 1. 50대, 60대 인구에서 미혼자·사별자·이혼자가 차지하는 비율을 나타낸 것임.
  2. 2015년은 실적치. 2020년 이후는 사인연의 추계치
자료. 총무성, 〈2015년 국세조사〉 및 사인연(2013b), 〈일본 가구수의 장래추계(전국)〉, 표 4에
  기초하여 작성.

〈도표 1-21〉 성별 고령 미혼자수와 고령 독신자수(2015년과 2030년)

	남성			여성		
	2015년	2030년	증가율	20105년	2030년	증가율
65세 이상 인구 ①	1,468만 명	1,578만 명	7.5%	1,916만 명	2,107만 명	9.9%
1인가구수 ② (②/①)	206만 명 (14.0%)	243만 명 (15.4%)	18.1%	420만 명 (21.9%)	487만 명 (23.1%)	15.9%
미혼자수 ③ (③/①)	67만 명 (4.6%)	178만 명 (11.3%)	164.8%	68만 명 (3.6%)	137만 명 (6.5%)	101.2%

주 1. 2015년의 1인가구수는 연령 미상을, 2015년의 미혼자수는 연령 미상, 배우관계 미상을
  안분하였다. 따라서 〈국세조사〉 수치와 일치하지 않는다.
  2. 2015년의 실적치는 총무성, 〈2015년 국세조사〉. 2030년 1인가구수는 사인연(2013b),
  〈일본 가구수의 장래추계(전국)〉. 또, 2030년 65세 이상 인구 및 미혼자수의 장래 추계
  는 사인연(2012a), 〈일본의 장래추계인구〉에 기초하여 작성.

혼자가 차지하는 비율은 2015년에는 3. 6%였지만 2030년에는 6. 5%가 될 것이라 보고 있다.

　미혼 고령자 전체가 1인가구가 되지는 않지만 형제·자매 등과 살지 않으면 상당수가 1인가구가 될 가능성이 높을 것이다. 그리고 〈도표 1-21〉에서 주목할 점 두 가지를 지적할 수 있다. 첫째로, 지금까지 1인가구 증가는 고령 여성에게 한정되는 문제라고 생각됐는데, 앞으로는 고령 남성에서도 1인가구가 크게 증가할 것이다. 둘째로, 앞으로 미혼인 고령 독신자가 늘어간다는 것이다. 앞서 말한 대로, 미혼인 고령 독신자는 배우자뿐만 아니라 자녀도 없기 때문에 노후를 가족에게 의지하는 것이 훨씬 어려워질 것이다.

1장 주요내용

— 1985년부터 2015년까지 남성에서는 40대 이상, 여성에서는 70대 이상 연령대에서 1인가구가 3배 이상 늘어났다. 특히, 80대 이상에서 증가가 현저한데 80세 이상 남성 1인가구는 1985년의 11.0배, 80세 이상의 여성은 13.7배가 되었다.

— 1985년부터 2015년까지 80세 이상 남녀에서 1인가구가 크게 증가한 것은 수명 연장에 따라 이 연령대의 인구가 증가한 것, 배우자와 사별한 노인들이 자녀와 동거를 하지 않게 된 것 등을 배경으로 들 수 있다.

— 1985년부터 2015년까지 50대 · 60대 남성에서 1인가구 증가율이 높아진 것은 이 연령대의 인구 증가와 함께 미혼자나 이혼자가 증가한 영향이 크다. 특히, 50대 남성에서 1인가구가 증가한 것은 미혼자의 증가가 주요인이라고 할 수 있다.

— 2015~2030년의 장래추계를 보면, 앞으로도 80세 이상 남녀, 70대 남성, 50대의 남녀에서 1인가구가 늘어날 것으로 예측된다. 특히, 80세 이상 남녀 1인가구의 수는 2015년의 1.5배를 넘는 수준이 된다. 이것은 장수화의 영향과 베이비붐세대가 80세 이상이 됨에 따라 80세 이상 인구가 늘어나는 것이 주요인이다.

― 2015~2030년의 장래추계에서 50대 독신남성은 1.3배, 50대 독신여성은 1.5배로 증가한다. 중장년 독신자가 증가하는 것은 미혼이 증가하는 영향이 크다. 그리고 미혼인 중장년 독신자가 고령기를 맞이하면 배우자뿐만 아니라 자녀도 없기 때문에 노후를 가족에게 의지하는 것이 더욱 더 어렵게 될 것이다.

지방자치단체별로 본
1인가구 실태

앞 장에서는 일본의 1인가구 증가 실태와 그 원인에 관해서 알아보았다. 그럼 1인가구는 어떤 지역에서 많이 증가했고, 향후에는 어떤 지역에서 증가할까? 이 장에서는 지방자치단체별로 1인가구 현황과 장래 상황을 살펴보겠다.

이 책에서는 인구밀도가 높은 지자체(2015년 기준 1km²당 인구 1,000명 이상인 지자체)를 대도시권으로 구분하기로 한다. 대도시권에는 도쿄도, 사이타마현, 지바현, 가나가와현, 오사카부, 아이치현, 후쿠오카현 7개의 지자체가 해당된다. 1

---

1 총무성, 〈2015년 국세조사〉, 인구 등 기본집계, 표 1 참고.

1. 1인가구는 주로 대도시권에 거주한다

1) 인구집중지역에 거주하는 1인가구

지자체별 분석에 앞서 인구집중지역에 거주하는 1인가구 비율을 보기로 하자. 인구집중지역이란 도시 지역 또는 시가지를 가리킨다. 구체적으로는, 지자체에서 인구밀도가 4,000명/km² 이상의 기본단위 구역이 서로 인접해 있고, 인접한 지역의 인구가 5,000명 이상인 지역을 말한다. 작은 도시라고 하더라도 일정 규모의 인구가 모여 있는 시가지가 있으면 인구집중지역이다. [2]

2015년 현재 전체 가구의 68.8%가 인구집중지역에 거주하고 있다. 그러나 1인가구 중 인구집중지역에 거주하는 1인가구 비율은 80.5%에 이른다. 가구유형별로 보면, 부부와 자녀가 함께 사는 가구에서는 72.2%, 부부 가구에서는 70.2%, 부부와 자녀, 부모가 함께 사는 가구에서는 35.0%가 인구집중지역에 거주한다. [3] 1인가구는 인구집중지역에 거주하는 경향이 있다.

---

[2] 과거에는, '도시부'는 대도시·중도시, '정'은 소도시, '촌'은 농촌과 같은 지역이라는 구분이 있었으나 '쇼와 대합병'에 따라 시에도 농촌지역이 포함되었다. 그래서 1960년 국세조사부터 '인구집중지역'이 설정되었다.

[3] 총무성, 〈2015년 국세조사〉, 인구 등 기본집계, 표 6.

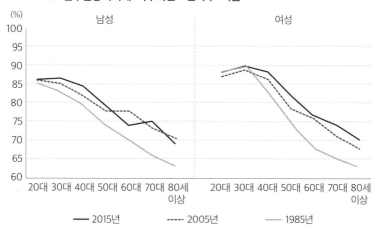

〈도표 2-1〉 인구집중지역에 거주하는 1인가구 비율

주 1. 1985년, 2005년, 2015년 1인가구 중 인구집중지역에 거주하는 1인가구 비율을 연령대별
　　로 비교한 것
　 2. 2015년은 연령 미상을 안분하였기 때문에 〈국세조사〉 수치와 일치하지 않는다.
자료. 총무성, 1985년, 2005년, 2015년 〈국세조사〉에 따라 작성.

연령대별 인구집중지역에 거주하는 1인가구 비율

다음으로 연령대별로 인구집중지역에 거주하는 1인가구 비율을 보면, 남성 1인가구에서는 20~40대, 여성 1인가구에서는 20~50대의 80~90%가 인구집중지역에 거주하고 있다(〈도표 2-1〉). 이 연령대에서 많은 1인가구가 인구집중지역에 거주하는 배경으로는, 도시에는 대학이나 기업 등이 있기 때문에 부모로부터 독립해서 생활하는 젊은이가 모이기 쉽다는 점을 들 수 있다. 또 도시 지역에 편의점 등 유통업이나 외식 산업이 발달하는 등 혼자서 생활하는 데 적합한 인프라가 갖춰진 것도 영향을 주고 있는 것으로 보인다. 그리고 연령이 올라감에 따라서 인구집중지역에 거주하는 1인가구 비율은 감소하여

80세 이상 1인가구의 약 70%가 인구집중지역에 거주하고 있다.

2005년과 2015년에 인구집중지역에 거주하고 있는 1인가구 비율을 비교해보면, 2015년에는 40대 남성 1인가구에서 인구집중지역에 거주하는 사람이 2.6% 정도 상승하고 있다. 후술하는 바와 같이 2005년부터 2015년까지 오사카부나 후쿠오카현 같은 대도시권이나 효고현, 교토부 같은 정령지정도시를 가지고 있는 지자체에서 40대 남성 1인가구 증가율이 높은 점이 영향을 끼친 것으로 보인다. 거꾸로 60대 남성 1인가구에서는 인구집중지역에 거주하는 사람의 비율이 3.9% 감소하고 있다. 이것도 후술하는 바와 같이 2005년부터 2015년까지 60대 남성 1인가구는 비대도시권(후쿠시마현, 시마네현, 니가타현, 미야기현, 사가현 등)에서 증가율이 높은 것과 일치한다.

한편, 2015년 인구집중지역에 거주하는 여성 1인가구 비율을 보면, 모든 연령대에서 2005년보다 1~3% 정도 올라가고 있다. 여성 1인가구는 남성 1인가구에 비해서 대도시권에서 증가율이 높은 점이 영향을 끼친 것으로 보인다.

2) 지자체별로 본 1인가구 분포 현황

2015년 기준 일본 전체 1인가구수(1,842만) 대비 지자체별 1인가구 분포현황을 보면, 상위 10개 지자체는 ① 도쿄도 17.2%, ② 오사카부 8.0%, ③ 가나가와현 7.6%, ④ 아이치현 5.6%, ⑤ 홋카이도 4.9%, ⑥ 사이타마현 4.9%, ⑦ 지바현 4.6%, ⑧ 후쿠오카현

4.5%, ⑨ 효고현 4.1%, ⑩ 교토부 2.4%이다. 상위 10개 지자체에서 전체 1인가구의 63.7%를 차지하고 있다. 그리고 상위 10개 지자체 중에서 7개 지자체가 이 책에서 구분한 인구밀도가 높은 대도시권에 해당한다. 여기에서 벗어나는 효고현, 교토부도 오사카부에 인접한 도시로서 1인가구 대부분은 대도시권에 거주한다.

지자체별 1인가구 분포는 전체적으로 총인구의 분포현황에 가깝다. 즉, 대도시권은 인구가 많기 때문에 그에 따라 1인가구도 많다. 그러나 주목할 것은 도쿄도이다. 총인구에서 도쿄도 인구가 차지하는 비율은 10.6%인 것에 비해 전체 1인가구수에서 도쿄도 1인가구가 차지하는 비율은 17.2%로 6.6%나 높다. 1인가구는 대도시권에 많으며 이러한 경향은 특히 도쿄도에서 두드러지게 나타난다.

2. 지자체별 인구 대비 1인가구 비율

1) 지자체별 총인구 대비 1인가구 비율

다음으로 지자체별 총인구에서 1인가구가 차지하는 비율을 보도록 하자. 일본 총인구 대비 1인가구 비율은 14.5%인데, 평균보다 이 비율이 높은 지자체는 ① 도쿄도 23.4%, ② 홋카이도 16.9%, ③ 교토부 16.9%, ④ 오사카부 16.6%, ⑤ 후쿠오카현 16.1%, ⑥ 고치현 15.9%, ⑦ 가고시마현 15.6%, ⑧ 가나가와현 15.4%, ⑨ 히로시마현 14. 7%, 9개 지자체이다.

　여기에서도 도쿄도는 비율이 두드러진데, 도쿄도 주민의 4명 중 1명 정도가 1인가구를 이루고 있는 것이다. 또 6위와 7위는 고치현, 가고시마현 등 비대도시권 지자체이다. 뒤에서 살펴보겠지만 고치현이나 가고시마현에서는 고령 1인가구 비율이 높다.

2) 남성 1인가구 비율은 대도시권이 속한 지자체에서 높다

〈도표 2-2〉는 성·연령대별로 2015년 총인구 대비 1인가구 비율 상위 5개와 하위 5개 지자체를 기록한 것이다. 먼저 남성의 경우 총인구 대비 1인가구 비율 상위 5개 지역을 보면 전체적으로 대도시권 지자체가 많다. 특히, 도쿄도는 80세 이상을 제외한 모든 연령대에서 1위이다. 도쿄도는 1인가구수가 많을 뿐만 아니라 각 연령대별 인구에서 차지하는 독신남성의 비율도 높다.

　구체적으로는 도쿄도에 사는 20대 남성의 45. 9%, 30대 남성의 35. 2%가 1인가구이다. 일본 전체 20대 남성 인구에서 1인가구가 차지하는 비율이 30. 7%, 30대 남성에서는 19. 6%인 점을 고려하면 도쿄도의 1인가구 비율은 매우 높다. 또한 도쿄도에서는 중장년 남성에서도 높은 1인가구 비율을 볼 수 있다. 예를 들어 전체 50대 남성의 1인가구 비율은 18. 0%였지만 도쿄도에서는 25. 8%에 이른다. 마찬가지로, 일본 전체 60대 남성 1인가구 비율은 16. 7%인 데 비해 도쿄도 60대 남성 1인가구 비율은 25. 1%이다. 도쿄도에 사는 50대·60대 남성의 4명 중 1명은 혼자서 살고 있는 것이다.

		남성												
		20~29세		30~39세		40~49세		50~59세		60~69세		70~79세		80세 이상	
전국 평균		30.7		19.6		17.5		18.0		16.7		13.0		13.3	
상위	1위	도쿄	45.9	도쿄	35.2	도쿄	27.1	도쿄	25.8	도쿄	25.1	도쿄	19.8	오사카	18.4
	2위	교토	39.3	가나가와	24.1	홋카이도	20.4	오사카	21.1	오사카	22.0	오사카	17.6	도쿄	17.9
	3위	히로시마	34.9	아이치	21.3	가나가와	19.9	홋카이도	20.3	오키나와	20.2	오키나와	16.8	가고시마	17.3
	4위	미야기	34.1	오사카	20.7	오사카	19.0	후쿠오카	19.5	고치	19.7	고치	16.1	교토	15.4
	5위	후쿠오카	33.6	홋카이도	20.7	후쿠오카	18.3	가나가와	19.4	가나가와	18.3	가고시마	14.5	고치	15.4
하위	43위	야마가타	20.4	와카야마	10.6	도야마	11.1	사가	12.6	후쿠이	11.8	사가	8.9	사가	9.1
	44위	사가	20.0	후쿠이	10.5	사가	10.6	아키타	12.3	도야마	11.6	기후	8.7	후쿠이	9.1
	45위	오키나와	17.5	사가	9.6	야마가	10.5	기후	11.9	야마가타	11.2	니가타	8.6	도야마	8.7
	46위	와카야마	16.9	야마가타	9.4	나라	10.4	야마가타	11.6	나라	11.1	도야마	8.2	니가타	8.3
	47위	나라	15.6	아키타	9.1	아키타	10.3	나라	11.3	기후	11.0	야마가타	8.2	야마가타	7.6

		여성												
		20~29세		30~39세		40~49세		50~59세		60~69세		70~79세		80세 이상	
전국평균		22.0		11.5		9.1		10.4		14.5		22.5		25.9	
상위	1위	도쿄	37.7	도쿄	24.4	도쿄	17.4	도쿄	16.3	도쿄	20.5	도쿄	28.8	도쿄	37.4
	2위	교토	32.6	홋카이도	14.1	홋카이도	11.9	홋카이도	14.5	오사카	18.3	오사카	28.0	가고시마	36.8
	3위	홋카이도	27.1	교토	13.6	후쿠오카	11.1	후쿠오카	13.1	홋카이도	18.2	가고시마	28.0	오사카	34.8
	4위	미야기	26.9	후쿠오카	13.4	오사카	10.3	오키나와	12.8	후쿠오카	18.2	고치	27.5	고치	31.5
	5위	후쿠오카	26.1	오사카	13.2	오키나와	10.0	고치	12.7	고치	17.9	홋카이도	26.7	교토	31.2
하위	43위	후쿠시마	13.8	사가	6.0	이바라키	5.5	시가	6.7	니가타	9.8	도야마	16.7	후쿠시마	17.5
	44위	도야마	13.6	도야마	5.9	야마가타	5.4	야마가타	6.4	기후	9.8	후쿠이	16.4	도야마	17.4
	45위	나라	12.7	후쿠이	5.9	야마나시	5.3	기후	6.4	후쿠이	9.5	나가노	16.3	후쿠이	16.6
	46위	후쿠이	12.0	야마나시	5.6	후쿠이	5.2	후쿠이	6.1	도야마	9.2	니가타	15.3	니가타	15.5
	47위	와카야마	10.6	와카야마	5.6	도야마	4.9	도야마	6.1	야마가타	8.8	야마가타	13.6	야마가타	13.2

주 1. 전국 평균은 전국 성·연령대별 인구에서 1인가구가 차지하는 비율.
　 2. 음영은 면적 1km²당 1,000명 이상. 7개의 지자체가 해당된다.
　 3. 1인가구수 중 연령 미상은 안분하였다.
자료. 총무성, 2015년 〈국세조사〉에 따라 작성.

70대와 80대 남성 1인가구 비율 상위 1위와 2위는 도쿄도와 오사카부가 차지하고 있다. 고령 1인가구의 문제는 대도시에서 두드러진 문제로 보인다. 그러나 상위 5개 지자체에 고치현, 가고시마현, 오키나와현 등 비대도시권도 포함되어 있고 비대도시권에서도 고령 1인가구 비율이 높은 지역이 있다는 점은 유의해야 한다.

남성 1인가구 비율 하위 5개를 보면, 모든 연령대에서 모두 비대도시권 지역이 차지했다. 특히, 야마나시현은 모든 연령대에서 하위 5개에 들어가 있고 1인가구 비율이 낮은 현으로 되어 있다.

3) 여성 1인가구 비율은 대도시권이 아니더라도 높다

다음으로 지자체별 여성 1인가구 비율을 보면, 모든 연령대에서 도쿄도가 1위이다. 80세 이상 여성 1인가구 비율을 보면, 가고시마현이 도쿄도 다음으로 높은데, 가고시마현의 80세 이상 여성 36.8%가 혼자 살고 있다. 가고시마현의 70대 여성 1인가구 비율이 28.0%로 3위이지만 1위 도쿄도(28.8%), 2위 오사카부(28.0%)와 거의 동일한 수준이다. 앞에 서술한 바와 같이, 가고시마현은 70대, 80세 이상 남성 1인가구 비율에서도 상위 5개 지자체에 포함되어 있다.

가고시마현에서 고령 1인가구 비율이 높은 것은 지역에서의 고용이 적어 자녀들이 타 지역에서 취업하기 때문으로 지적되고 있다. **4**

---

4 〈남일본신문〉(2011년 12월 11일), "밭농사·은거분가에서 소가족 - 가고시마현의

예를 들어 2016년 3월 지자체별 고교생의 타 지역 취업률에서 전국 평균은 19.0%인 데 비해 가고시마현은 45.8%로 전국에서 가장 높은 수준이었다.[5] 또한 가고시마현에는 '은거분가'(隱居分家) 관행이 남아 있는 점도 들 수 있다. 은거분가란, 자식이 결혼하면 분가시키는데 마지막에 결혼하는 자녀가 집을 상속받고 부모는 외부에 독립가구를 형성하는 관행이다. 독립가구를 형성한 부모 중 한 사람이 사망하면 고령 1인가구가 된다고 할 수 있다. 가고시마현에서 분가나 독립을 통해 가구 규모를 축소시키는 이유는 벼농사에 비해 동일 면적당 부양력이 낮은 밭농사 중심의 지역경제 특성 때문이다.[6]

여성의 연령대별 1인가구 비율에서 하위 5개 지자체는 남성의 경우와 같이 모두 대도시권이 아니다. 특히 야마나시현은 여성 1인가구 비율에서도 20대와 30대를 제외하고는 모든 연령대에서 하위 5개에 포함된다.

고령 독신자, 왜 많은가"

[5] 문부과학성(2016), 〈대학 등 졸업자 및 고교 졸업자의 취업상황 조사〉, 2016년 5월 20일.

[6] 〈남일본신문〉(2011년 12월 11일) 및 나이토 칸지(內藤莞爾, 1985), 42~49p 참고.

3. 지자체별 1인가구 비율의 차이는 왜 발생한 것일까

그럼, 지자체별 1인가구 비율의 차이는 어디서 오는 것일까? 1인가구는 주로 ① 배우자가 없는 사람(미혼자, 이혼자, 사별자)의 비율이 높고(배우관계), ② 배우자가 없는 사람이 부모 또는 자녀와 동거하지 않는(동거관계) 두 가지 요인의 조합에서 형성된다고 할 수 있다. [7] 이 두 가지 요인은 각 지방자치단체의 1인가구 비율에 어떤 영향을 끼치고 있을까?

여기에서는 50대 남성, 30대 여성, 70세 이상 남성(70대와 80세 이상의 합계), 70세 이상 여성의 4개 연령대를 대상으로, 배우관계와 동거관계 요인에 따른 차이가 지방자치단체별로 어떻게 나타나는지 살펴보도록 하겠다.

일본 총무성은 〈2015년 국세조사〉에서 지자체별 부부의 동거관계에 대해서는 2016년 11월까지 공표하지 않았다. 따라서 〈2010년 국세조사〉에 의거해서 2010년 배우관계와 동거관계의 실태를 분석하고자 한다.

---

7 또 1장 4절에서 지적한 바와 같이 ①과 ②라도 꼭 1인가구가 되는 것은 아니다. 즉, (1) 시설에 입소한 경우에는 1인가구에 포함되지 않고, (2) 부모와 자녀가 동거하지 않아도, 형제, 자매나 친구와 동거하면 1인가구가 되지 않으며, (3) 유배우라도 단독 부임 등으로 1인가구가 되는 경우가 있기 때문이다.

1) 50대 독신남성의 지자체별 차이

먼저 지자체별 50대 남성의 미혼율과 50대 미혼 남성 중 부모와 동거하는 사람의 비율(동거율)을 살펴보자. 이 두 가지 자료를 이용해서 50대 1인가구 비율이 미혼율의 영향을 크게 받는지(배우관계의 영향) 혹은 부모와의 동거율의 영향이 큰 것인지(동거관계의 영향)에 관해서 각 지자체의 대략적인 특징을 파악할 수 있다.

　50대 독신남성의 배우관계에는 미혼 이외에도 이혼, 사별, 유배우가 있기 때문에 위의 두 가지 자료만 가지고 지자체별 1인가구 비율 전체를 설명할 수는 없다. 그러나 2010년 일본 전체 50대 독신남성의 배우관계를 보면, 53.4%는 미혼자이고(이혼 22.4%, 유배우 21.3%, 사별 3.0%), 가장 높은 비율을 차지한다.8 따라서 어느 정도의 경향은 파악할 수 있을 것이다.

　한 가지 유의할 점은 통계상 제약으로 두 자료에서 미혼자에는 노인홈에 입소한 사람이나 병원에 입원하고 있는 사람 등 '시설 등의 가구'에 속한 사람도 포함되어 있다는 것이다. 지자체별 1인가구 비율의 순위는 '구성원이 1명인 일반 가구' 순위이기 때문에, 원래는 시설 등의 가구에 속한 미혼자는 제외해야 하지만, 통계상 제외하는 것이 불가능하다.9 이 점은 50대 남성에 한정된 것이 아니라, 후술할 다른

---

8 총무성, 〈2010년 국세조사〉, 인구 등 기본조사, 표 8-1에서 배우관계 불상을 제외한 계산.

연령대에서도 마찬가지이다.

따라서 지자체별 1인가구 비율의 순위와 미혼율 및 동거율로 표시한 도표의 상관관계가 명확하지 않은 부분도 있지만, 지자체마다 대략적인 경향을 파악하는 것은 가능하다.

높은 미혼율, 낮은 동거율의 지자체

〈도표 2-3〉은 미혼율과 동거율을 두 축으로 지자체의 특징을 표시함과 동시에 50대 남성 1인가구 비율 상위 10개와 하위 10개의 지자체 순위(2010년)를 나타낸 것이다. 또 50대 남성 미혼율과 부모와의 동거율을 전국 평균치[10]를 기준으로 4개 영역으로 구분하였다.

좌측 상부의 영역은 50대 남성의 미혼율이 전국 평균 이상이고 부모와의 동거율이 전국 평균에 미치지 못하는 영역이다. 즉, '높은 미혼율×낮은 동거율'의 영역이기 때문에 두 가지 요인이 모두 1인가구 비율을 높이는 요인이 된다. 이 영역에는 1인가구 비율 상위 10개 지자체 중 도쿄도(1위), 오사카부(2위), 가나가와현(3위), 지바현(8위)이 해당된다. 특히, 도쿄도에 거주하는 50대 독신남성의 미혼율은 21.6%로 전국 평균(16.1%)을 크게 웃돌고 있다. 반면, 부모와의 동거율은 29.3%로 전국 평균(39.7%)에 크게 미치지 못하였다.

---

9 2010년 전국의 50대 미혼남성 중, '시설 등의 가구'에 속한 사람의 비율은 9.9%(총무성, 〈2010년 국세조사〉, 표 8-1). 2005년의 동 비율은 6.8%였다.

10 전국평균은 일본 전체의 '50대 남성의 미혼율'과 '50대 미혼남성과 부모의 동거율'을 나타낸 것으로 47개 지자체의 평균이 아니다.

대도시권에서 미혼자의 비율이 높은 것은, 전술한 바와 같이, 다양한 라이프스타일이 발달하고 있는 것과 외식 산업 등 독신자의 생활을 지원할 수 있는 인프라가 정비된 것 등의 이유가 크다.

한편, 대도시권에서 미혼자와 부모의 동거율이 낮은 것은 부모를

〈도표 2-3〉 지자체별 50대 남성의 미혼율과 미혼자-부모의 동거율(2010년)

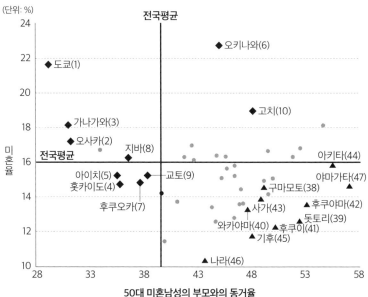

주 1. 50대 남성의 '미혼율'이란, 50대 남성 인구에서 차지하는 미혼자의 비율. 50대 미혼 남성의 부모와의 동거율은 50대 미혼남성 중 부모와 동거하고 있는 사람의 비율.
2. 2010년 50대 남성 미혼율 전국평균은 16.1%. 50대 미혼남성의 부모와의 동거율의 전국평균은 39.7%.
3. 괄호 안 수치는 각 지자체 50대 남성 인구에서 차지하는 1인가구 비율. 2010년 수치이기 때문에 〈도표 2-2〉와는 일치하지 않는다.
4. 통계상 제약이 있어 미혼율, 동거율과 함께 미혼자에는 일반가구뿐만 아니라 시설 등 가구에 사는 50대 남성도 포함하였다.
자료. 총무성, 〈2010년 국세조사〉, 제3차 기본집계에 따라 작성.

지방에 남겨 두고 대도시에서 취직한 사람이 많은 것과11 주택이 좁기 때문에 지방보다 부모와 동거하기가 어려운 것 등의 영향이 있다.

높은 미혼율이 50대 남성의 1인가구 비율을 높이는 지역: 오키나와, 고치, 가고시마

우측 상부의 영역은 '높은 미혼율×높은 동거율'의 영역이다. 높은 미혼율은 1인가구 비율을 높이는 반면, 높은 동거율은 1인가구 비율을 낮추는 방향으로 작용한다. 1인가구 비율 상위 10개 지자체 중 이 영역에 해당하는 지역은 오키나와현(6위), 고치현(10위)으로 모두 높은 미혼율이 1인가구 비율을 상승시키는 요인이라 생각할 수 있다. 실제로, 2010년 오키나와현의 50대 남성 미혼율은 22.7%로 전국에서 가장 높다. 고치현 50대 남성 미혼율은 19.0%로 오키나와현, 도쿄도(21.6%)에 이어 전국 3위 수준이다.

〈도표 2-3〉에서는 미혼율만 표시되었지만 오키나와현이나 고치현에서는 50대 남성에서 이혼자 비율(이혼율)도 높다. 구체적으로는, 2010년 전국 50대 남성의 이혼율이 6.3%였으나 고치현은 8.6%로 전국 2위, 오키나와현은 8.3%로 전국 3위이다.12 높은 이혼율이 1인가구 비율을 상승시키는 요인이다.

---

11 다카시오 준코(高塩純子, 2007), 85p.
12 2010년 50대 남성 이혼율의 전국 최고치는 미야자키현의 8.6%. 고치현의 50대 남성 이혼율보다 약간 높은 수준이다(총무성, 〈2010년 국세조사〉).

낮은 동거율이 50대 남성 1인가구 비율을 상승시키는 지역

홋카이도(4위), 아이치현(5위), 후쿠오카현(7위), 교토부(9위)는, '낮은 미혼율×낮은 동거율'의 영역이다. 낮은 미혼율은 1인가구 비율을 억제하는 요인이기 때문에 이런 지자체에서 50대 1인가구 비율이 높은 것은 부모와의 동거율이 낮은 것이 큰 요인으로 생각된다.

1인가구 비율이 낮은 지자체는 미혼율이 낮고 동거율이 높다

우측 하부의 영역은 '낮은 미혼율×높은 동거율' 영역으로, 두 요인 모두 1인가구 비율의 상승을 억제한다. 이 영역에는 50대 남성 1인가구 비율의 하위 10개 지자체(38~47위)가 모두 해당된다.

야마나시현(47위)과 같이 50대 미혼 남성의 동거율(56.9%)이 전국 평균(39.7%)보다 훨씬 높은 지역도 있지만, 나라현(46위)과 같이 50대 남성의 미혼율(10.4%)이 전국 평균(16.1%)보다 매우 낮기 때문에 1인가구 비율이 낮아진 지역도 있다.

2) 지자체별 30대 여성 1인가구의 비율 차이

다음으로 30대 여성에서 1인가구 비율의 요인에 관해서 알아보도록 하자. 앞에서 살펴본 50대 남성의 경우와 같이, 〈도표 2-4〉는 30대 여성의 미혼율과 부모와의 동거율을 두 축으로 각 지자체의 특징을 표시하고 1인가구 비율의 순위(2010년)를 기입한 것이다. 30대 독신 여성의 미혼율은 89.1%로 배우관계(이혼자 5.9%, 유배우자 4.4%,

사별자 0.5%) 중에서 가장 높은 비율을 차지하고 있다. **13**

　먼저 '높은 미혼율×낮은 동거율'의 좌측 상부 영역에 1인가구 비율 상위 10개 지자체 중 5개의 지자체가 해당된다. 구체적으로는 도쿄도

〈도표 2-4〉 지자체별 30대 여성의 미혼율과 부모와의 동거율(2010년)

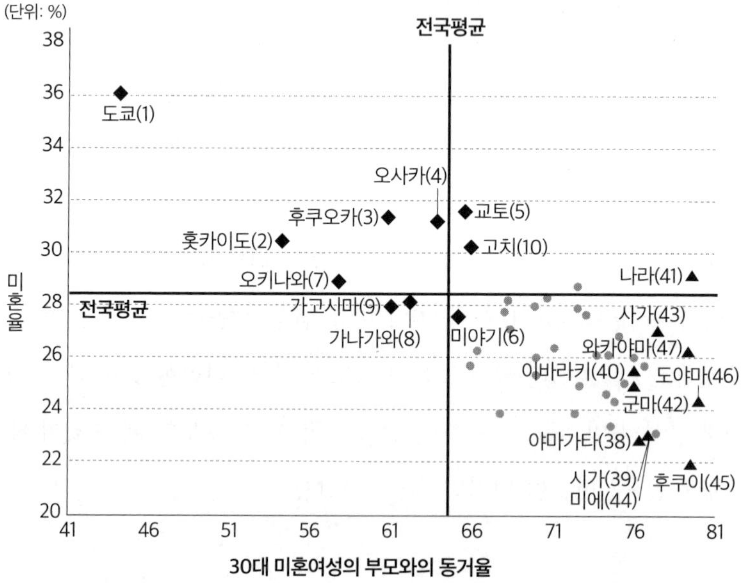

(단위: %)

세로축: 미혼율
가로축: 30대 미혼여성의 부모와의 동거율

주 1. 미혼율이란, 30대 여성 인구에서 차지하는 미혼자의 비율. 30대 미혼여성의 부모와의 동거율은 지자체 30대 미혼여성 중 부모와 동거하고 있는 사람의 비율.
　2. 2010년 30대 여성 미혼율의 전국평균은 28.5%. 부모와의 동거율의 전국평균은 64.7%.
　3. 괄호 안 수치는 각 지자체의 30대 여성 인구에서 차지하는 1인가구 비율. 2010년 수치이기 때문에 〈도표 2-2〉와는 일치하지 않는다.
　4. 통계상 제약이 있어 미혼율, 동거율과 함께 미혼자에는 일반가구뿐만 아니라 시설 등 가구에 사는 30대 여성도 포함하였다.
자료. 총무성, 〈2010년 국세조사〉, 제3차 기본집계에 따라 작성.

---

13 총무성, 〈2010년 국세조사〉, 인구 등 기본조사, 표 8-1에서 배우관계 불상을 제외한 저자 계산.

(1위), 홋카이도(2위), 후쿠오카현(3위), 오사카부(4위), 오키나와현(7위)이다. 그중 도쿄도는 30대 여성 미혼율(36.1%)이 전국 평균(28.5%)을 크게 웃돌고 있으며, 이와 반대로 30대 미혼 여성과 부모의 동거율(44.2%)은 전국 평균(64.7%)을 크게 밑돌고 있다.

'높은 미혼율×높은 동거율'과 '낮은 미혼율×낮은 동거율'의 지자체

한편, 1인가구 비율 상위 10개 지역 중에서 교토부(5위)와 고치현(10위)은 우측 상부의 '높은 미혼율×높은 동거율'의 영역에 들어간다. 교토부의 동거율은 전국 평균을 약간 웃돌아 1인가구의 증가를 억제하는 방향으로 작용하나, 높은 미혼율이 30대 여성 1인가구 비율을 높이고 있다.

이에 비해 가나가와현(8위), 가고시마현(9위)은 '낮은 미혼율×낮은 동거율'의 좌측 하부 영역에 해당된다. 이들 지자체의 미혼율은 전국 평균보다 조금 낮은 수준이라서 낮은 동거율이 1인가구 비율을 높이는 요인이라 할 수 있다.

미야기현(6위)은 30대 여성 미혼율이 전국 평균보다 낮고, 또한 30대 미혼 여성과 부모의 동거율은 전국 평균보다 조금 높은 수준이다. 따라서 미야기현의 30대 여성 1인가구 비율은 미혼율과 부모와의 동거율로는 설명할 수 없다.

1인가구 비율이 낮은 지자체는 모두 '낮은 미혼율×높은 동거율'의 영역

'낮은 미혼율×높은 동거율'을 나타내는 우측 하부의 영역에는 30대 여성 1인가구 비율 하위 10개 지자체 중 나라현(41위)을 제외한 9개의 지자체가 해당된다. 30대 여성의 미혼율의 경우 전국 평균(28.3%)을 조금 웃도는 나라현(29.3%)에서부터 전국 평균보다 6.5% 정도 낮은 후쿠이현(22.0%, 45위)까지 차이가 있다. 한편, 30대 미혼여성과 부모와의 동거율을 보면, 하위 10개 지자체는 모두 전국 평균(64.7%)보다 10% 이상 높다.

3) 70세 이상 독신남성의 지자체별 요인 분석

다음으로 70세 이상의 독신남성에 대해서 살펴보기로 하자. 〈도표 2-5〉는 70세 이상 남성 중 사별자·이혼자·미혼자의 합계 비율(사별·이혼·미혼율)[14]을 세로축으로 하고 70세 이상의 사별자·이혼자·미혼자에서 자녀와 동거하는 사람의 비율(동거율)을 가로축으로 한 것이다. 세로축은 사별·이혼·미혼으로 아내가 없는 70세 이상 남성의 비율이다. 사별자뿐만 아니라 이혼자나 미혼자를 합산한 비율을 사용한 것은 70세 이상 독신남성에서는 대도시권을 중심으로 미혼자나 이혼자의 비율도 상당히 높은 수준이기 때문이다. 구체적으로는 사별 57.6%, 이혼 19.0%, 미혼 14.6%, 유배우 8.9%이다.[15]

---

[14] 즉, (70세 이상 남성 중 사별자＋이혼자＋미혼자)/70세 이상 남성 인구.

〈도표 2-5〉를 보면, 좌측 상부의 '높은 사별·이혼·미혼율×낮은 동거율'의 영역에 70세 이상 남성 1인가구 비율 상위 10개의 지자체가 대부분 해당된다. 예외인 효고현(6위), 교토부(7위), 가나가와현(9위)은 '낮은 사별·이혼·미혼율×낮은 동거율'의 영역에 해당되어

〈도표 2-5〉 지자체별 70세 이상 남성 중 사별자·이혼자·미혼자의 비율과 자녀와의 동거율(2010년)

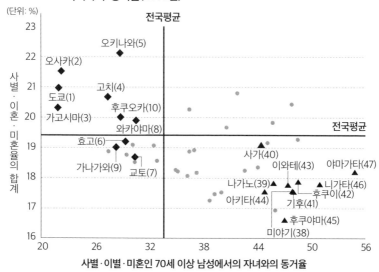

(단위: %)

세로축: 사별·이혼·미혼율의 합계

가로축: 사별·이별·미혼인 70세 이상 남성에서의 자녀와의 동거율

주 1. 세로축은 각 지자체 70세 이상 남성인구 중 사별자·이혼자·미혼자(합계)의 비율. 2010년 전국 평균은 19.5%.
   2. 가로축은 사별자·이혼자·미혼자의 70세 이상 남성의 자녀와의 동거율. 2010년의 전국 평균은 34.5%.
   3. 괄호 안 수치는 70세 이상 남성 인구 중 1인가구 비율의 상위부터의 순위.
   4. 통계상 제약이 있어 사별자·이혼자·미혼자에는 일반가구뿐만 아니라 시설 등 가구에 사는 사람도 대상으로 하고 있다.
자료. 총무성, 〈2010년 국세조사〉, 제3차 기본집계에 따라 작성.

---

15 총무성, 〈2010년 국세조사〉.

낮은 동거율이 70대 남성 1인가구의 비율을 높이고 있다고 할 수 있다. 한편, 1인가구 비율 하위 10개 지자체는 모두 우측 하부의 '낮은 사별·이혼·미혼율×높은 동거율'의 영역에 있다.

흥미로운 것은 동거율에서 지역 차가 크다는 점이다. 동거율이 가장 낮은 가고시마현에서는 배우관계가 사별·이혼·미혼인 70세 이상 남성의 22.0%만 자녀와 동거하고 있는 것에 반해서, 동거율이 가장 높은 야마나시현에서는 54.9%가 자녀와 동거를 하고 있다.

4) 70세 이상 독신여성의 지자체별 요인 분석

같은 방법으로 '70세 이상 여성의 사별·이혼·미혼율의 합계'를 세로축으로 하고 '70세 이상 여성의 사별·이혼·미혼자와 자녀와의 동거율'을 가로축으로 하여 70세 이상 여성 1인가구 비율 순위를 살펴보자. 참고로 70세 이상 독신여성의 배우관계는 사별 79.6%, 미혼 9.2%, 이혼 8.7%, 유배우 2.5%이다.[16]

좌측 상부의 '높은 사별·이혼·미혼율×낮은 동거율'인 영역에는 1인가구 비율 상위 10개 지자체 중 도쿄도를 제외한 9개의 지자체가 해당된다(〈도표 2-6〉). 가고시마현(1위)에서는 사별·이혼·미혼인 70세 이상 여성의 28.5%만이 자녀와 동거하고 전국 평균인 46.7%와 비교해서 동거율이 두드러지게 낮다. 한편, 도쿄도(2위)는 사별·이혼·미혼율이 57.9%로 전국 평균(58.1%)과 비슷하지만 동거율

---

16 총무성, 〈2010년 국세조사〉.

이 36. 4％로 전국 평균보다 10. 3％나 낮다.

한편 1인가구 비율 하위 10개 지자체는 도야마현(43위), 이와테현(40위), 후쿠이현(44위)을 제외하면 모두 사별·이혼·미혼율이 낮고 동거율이 높은 우측 하위 영역에 해당된다. 전체적으로 높은 동거율에 의해서 1인가구 비율이 억제되고 있다고 볼 수 있다.

〈도표 2-6〉 70세 이상 여성 중 사별자 · 이혼자 · 미혼자의 비율과
자녀와의 동거율(2010년, 지자체별)

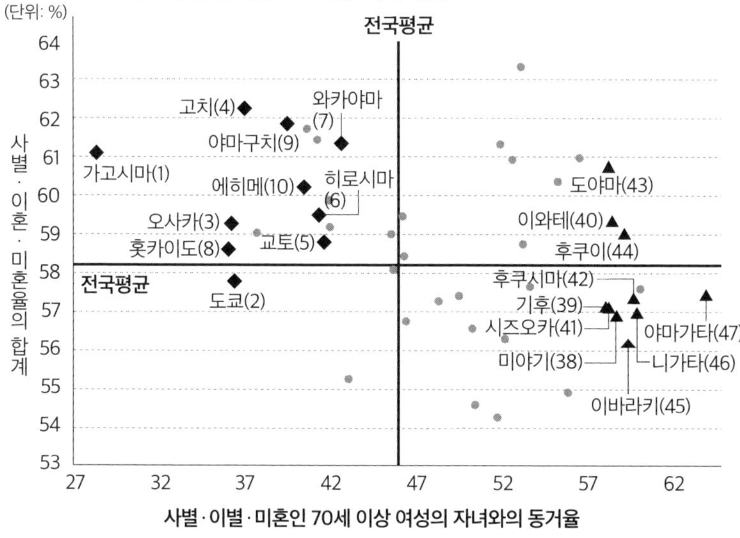

주 1. 2010년 70세 이상 여성인구 중 사별자 · 이혼자 · 미혼자(합계)의 비율의 전국 평균은 58.1%.
 2. 2010년 사별자 · 이혼자 · 미혼자인 70세 이상 여성의 자녀와의 동거율의 전국 평균은 46.7%.
 3. 괄호 안 수치는 70세 이상 여성 인구 중 1인가구 비율의 상위부터의 순위.
 4. 통계상 제약이 있어 사별자 · 이별자 · 미혼자에는 일반가구뿐만 아니라 시설 등 가구에 사는 사람도 포함하고 있다.
자료. 총무성, 〈2010년 국세조사〉, 제 3차 기본집계에 따라 작성.

4. 지자체별 1인가구 증가율

그럼, 2005년부터 2015년까지 10년간 어떤 지자체에서 1인가구가 늘어났을까? 1인가구 증가율에 대해서 성·연령대별로 살펴보자.

먼저 성별 증가율을 살펴보면 남성 1인가구는 여성 1인가구에 비해서 비대도시권에서 증가율이 높다(〈도표 2-7〉). 특히 20대, 60대, 80세 이상의 남성 1인가구에서 증가율 상위 5개 지자체는 모두 비대도시권이다. 60대에서 상위 5개 지자체는 2005년부터 2015년까지 156~169%로 높은 증가율을 보였다. 또한 80세 이상에서 상위 5개 지자체도 모두 비대도시권인 지역으로 약 146~169%로 높은 증가율을 기록했다.

남성 1인가구 증가율 하위 5개 지자체를 보면, 전체적으로 중소도시권이 많다. 그러나 60대에서는 가나가와현, 사이타마현, 오사카부, 도쿄도와 같은 대도시권 지자체가 하위 5개에 해당된다. 또한 80세 이상에서는 도쿄도가 하위 5개에 해당된다. 2015년에는 60대와 80세 이상에서 도쿄도와 오사카부가 1위와 2위를 차지하였다. 그러나 2005년부터 2015년까지 도쿄도와 오사카부의 해당 연령대 1인가구의 증가율은 상대적으로 낮다.

다음으로 여성 1인가구 증가율을 보면, 전체적으로 대도시권이 상위 5개 지자체에 포함되었다. 특히, 지바현은 50대를 제외하고 모든 연령대에서 상위 5개 지자체에 포함되었다. 또 사이타마현은 50대와 60대를 제외하고 모든 연령대에서 상위 5개 지자체에 포함되었다.

〈도표 2-7〉 지자체별 1인가구의 증가율(2005년~2015년)

		남성											
		20~29세		30~39세		40~49세		50~59세		60~69세		70~79세		80세 이상	
전국평균		-4.1		0.2		55.5		13.2		91.2		70.8		108.6	
상위	1위	와카야마	14.3	도쿄	14.5	효고	72.1	미야기	39.1	후쿠시마	164.2	지바	120.1	시가	169.4
	2위	나가사키	8.3	오이타	12.7	오사카	71.4	후쿠시마	37.1	시마네	161.9	미야기	113.6	미야기	169.0
	3위	야마구치	7.2	오키나와	10.1	교토	69.4	오키나와	26.7	니가타	159.0	후쿠시마	109.2	기후	154.8
	4위	효고	6.7	구마모토	9.9	시가	66.9	시가	23.8	미야기	156.8	이바라키	107.9	후쿠시마	151.1
	5위	오이타	5.1	후쿠오카	8.2	후쿠오카	66.3	후쿠오카	21.7	사가	156.7	사이타마	104.6	시즈오카	145.7
하위	43위	홋카이도	-14.7	아오모리	-12.9	야마가타	23.2	도치기	4.8	가나가와	79.3	와카야마	40.5	히로시마	88.7
	44위	고치	-15.7	나라	-15.1	나가사키	23.1	시즈오카	4.0	사이타마	77.5	오이타	39.6	나가사키	87.6
	45위	야마가타	-15.7	후쿠이	-15.4	아오모리	17.8	니가타	4.0	와카야마	72.3	야마구치	38.6	가고시마	77.9
	46위	가고시마	-17.7	나가노	-20.4	가고시마	15.4	야마구치	-1.2	오사카	58.4	나가사키	37.7	고치	75.9
	47위	야마나시	-18.0	야마나시	-27.6	아키타	12.9	고치	-5.7	도쿄	57.3	가고시마	31.6	도쿄	69.7

		여성											
		20~29세		30~39세		40~49세		50~59세		60~69세		70~79세		80세 이상	
전국평균		1.1		16.6		46.9		-1.2		21.3		15.5		48.6	
상위	1위	사이타마	25.9	교토	27.5	사이타마	120.5	도쿄	27.9	오키나와	70.0	사이타마	77.4	사이타마	152.3
	2위	와카야마	18.2	도쿄	26.2	시가	114.1	오키나와	27.1	미야기	49.2	지바	66.8	지바	143.6
	3위	지바	14.3	후쿠오카	26.1	지바	109.9	가나가와	23.6	이바라키	45.8	이바라키	47.3	가나가와	139.5
	4위	도쿄	14.2	지바	24.4	가나가와	108.7	시가	18.9	지바	43.4	가나가와	45.8	미야기	130.2
	5위	미에	11.3	사이타마	22.5	효고	105.0	미야기	18.7	시가	38.8	아이치	43.4	아이치	129.8
하위	43위	아오모리	-20.8	에히메	-5.1	에히메	45.0	오이타	-10.7	고치	15.6	나가사키	-3.7	사가	65.0
	44위	후쿠이	-21.0	시즈오카	-9.0	사가	39.4	후쿠야마	-12.1	오사카	12.7	미야자키	-6.7	나가사키	62.9
	45위	후쿠시마	-22.6	고치	-9.0	미야자키	38.4	고치	-13.1	도야마	12.7	고치	-7.8	시마네	62.6
	46위	고치	-25.3	나가노	-13.6	아오모리	36.3	아오모리	-13.3	와카야마	6.1	시마네	-8.5	고치	60.0
	47위	아키타	-26.3	야마나시	-21.7	나가사키	31.1	야마구치	-13.9	야마구치	6.0	가고시마	-21.4	가고시마	41.4

주 1. '전국평균'은 전국 연령대별 1인가구 증가율.
　2. 음영은 면적 1km² 당 1,000명 이상. 7개의 지자체가 해당된다.
　3. 1인가구수 중 연령 미상은 안분하였다.
자료. 총무성, 〈2015년 국세조사〉에 따라 작성.

여성 1인가구 증가율 하위 5개 지자체를 보면 60대에서는 오사카부를 제외하고는 모두 중소도시권이다. 70대와 80대 이상에서는 하위 5개 지자체에 고치현과 가고시마현이 포함되었다. 2015년의 70대와 80세 이상 여성 1인가구 비율을 보면, 가고시마현과 고치현이 상위 5개에 포함되었으나, 2005년부터 2015년까지 가고시마현과 고치현에서 이들 연령대의 증가율은 상대적으로 낮아지고 80대에서는 감소하고 있다.

5. 2030년 지자체별 1인가구 현황

앞으로 지자체별 1인가구 비율은 어떻게 변화할까? 사인연의 장래추계를 토대로 2030년의 지자체별로 성·연령대별 1인가구 비율을 대략적으로 살펴보도록 하자. [17]

하지만 2016년 11월 현재 사인연은 아직 총무성 〈2015년 국세조사〉를 기준으로 한 장래추계를 공표하지 않았다. 따라서 2030년 장래추계에 관해서는 총무성 〈2010년 국세조사〉를 기준으로 한 '2010년 기준 추계'를 근거로 하였다.

---

[17] 사인연(2014), 〈일본 가구수의 장래추계(지자체)〉.

1) 2030년 도쿄도 50대 · 60대 남성의 약 30%가 혼자 생활

지자체별로 2030년의 성·연령대별 1인가구 비율을 보면, 남성의 경우 상위 5개 지자체는 2015년과 거의 같다(〈도표 2-8〉). 도쿄도는 모든 연령대에서 1인가구 비율 1위를 기록했다. 그리고 2위도 2015년과 거의 같은 지자체이며 50대 이후는 오사카부가 2위이다.

주목할 것은 2030년 도쿄도 50대와 60대 남성 1인가구 비율이다. 2030년에 도쿄도 50대 남성 1인가구 비율은 28.5%(2015 25.8%), 60대 남성은 28.7%(2015 25.1)로 추계된다. 2030년에는 도쿄도에 사는 50대·60대 남성의 약 30%가 1인가구가 된다.

2030년 도쿄도와 오사카부의 80세 이상 남성 1인가구 비율은 도쿄도가 18.0%(2015년 17.9%), 오사카부가 17.6%(2015년 18.4%)로 추계되어 2015년 1인가구 비율과 큰 차이를 보이지 않았다. 다음으로 남성 1인가구 비율 하위 5개 지자체를 보면, 2015년과 같이 모두 비대도시권이다. 또 연령대마다 일부 새로운 지자체가 등장하지만, 2010년과 비교하면 커다란 변화는 없다.

2) 2030년 여성 1인가구 비율 상위 5개 지자체

2030년 여성 1인가구 비율 상위 5개 지자체도 2015년과 거의 같다. 2015년에 모든 연령대에서 여성 1인가구 비율 1위는 도쿄도였지만 2030년에는 70대에서 오사카부가 1위로 추계되었다.

〈도표 2-8〉 2030년 지자체별 1인가구 비율(장래추계)

		남성						
		20~29세	30~39세	40~49세	50~59세	60~69세	70~79세	80세 이상
전국평균		27.9	19.7	18.1	20.6	19.9	15.5	13.2
상위	1위	도쿄 41.5	도쿄 33.6	도쿄 26.0	도쿄 28.5	도쿄 28.7	도쿄 23.4	도쿄 18.0
	2위	교토 33.2	가나가와 23.6	가나가와 20.5	오사카 24.9	오사카 25.6	오사카 21.9	오사카 17.6
	3위	가나가와 32.1	홋카이도 21.8	홋카이도 20.4	가나가와 22.3	오키나와 23.5	오키나와 18.2	가고시마 17.4
	4위	히로시마 30.9	아이치 20.7	오사카 19.9	홋카이도 21.5	고치 22.9	고치 17.3	교토 15.3
	5위	아이치 30.6	오사카 20.6	후쿠오카 18.6	아이치 21.2	가나가와 21.4	효고 17.1	고치 15.1
하위	43위	사가 18.6	도야마 12.3	도야마 12.4	사가 14.5	야마가타 13.6	이와테 10.8	이와테 8.9
	44위	아키타 17.9	후쿠이 12.3	기후 11.6	기후 13.9	기후 13.6	아키타 10.2	아키타 8.9
	45위	와카야마 16.3	사가 11.8	사가 11.4	아키타 13.9	사가 13.4	도야마 10.1	니가타 8.5
	46위	오키나와 16.2	야마가타 11.0	아키타 11.2	나라 13.8	도야마 13.1	니가타 10.0	도야마 8.3
	47위	나라 15.9	아키타 10.9	야마가타 11.0	야마가타 12.6	나라 13.1	야마가타 9.0	야마가타 8.0

		여성						
		20~29세	30~39세	40~49세	50~59세	60~69세	70~79세	80세 이상
전국평균		19.2	11.0	10.5	14.4	17.4	21.8	26.0
상위	1위	도쿄 30.4	도쿄 21.0	도쿄 19.3	도쿄 21.9	도쿄 23.1	오사카 27.5	도쿄 37.0
	2위	교토 26.7	홋카이도 13.8	홋카이도 12.7	홋카이도 18.4	홋카이도 21.0	도쿄 27.3	가고시마 35.9
	3위	홋카이도 23.5	후쿠오카 12.9	오사카 12.2	오사카 17.6	고치 20.9	가고시마 26.1	오사카 31.7
	4위	미야기 22.4	오사카 12.4	후쿠오카 12.1	후쿠오카 17.1	후쿠오카 20.8	고치 25.3	교토 30.9
	5위	후쿠오카 21.9	교토 11.9	교토 10.7	오키나와 16.8	오사카 20.7	홋카이도 25.0	고치 30.8
하위	43위	미에 13.1	사가 6.8	야마나시 6.0	이바라키 9.6	기후 13.4	나가노 16.6	니가타 18.4
	44위	후쿠시마 13.0	미에 6.6	아키타 6.0	야마가타 9.1	나가노 13.0	후쿠시마 16.5	후쿠이 18.4
	45위	후쿠이 12.8	군마 6.4	기후 5.9	후쿠이 9.1	이바라키 13.0	이바라키 16.5	도야마 18.3
	46위	나라 12.6	후쿠이 6.4	도야마 5.7	도야마 8.9	도야마 12.5	후쿠이 16.1	이바라키 17.9
	47위	와카야마 10.1	와카야마 6.3	야마가타 5.7	기후 8.4	야마가타 12.2	야마가타 14.6	야마가타 16.2

주 1. '전국 평균'은 전국 연령대별 인구에서 차지하는 1인가구 비율.
  2. 음영은 면적 1km²당 1,000명 이상. 7개의 지자체가 해당.
  3. 2030년 장래추계는 사인연의 2010년 기준 추계이다.
자료. 사인연(2013b), 〈일본 가구수의 장래추계(전국)〉 및 사인연(2013a), 〈일본의 지역별 장래추계 인구〉
    에 따라 작성.

〈도표 2-9〉 자자체별 1인가구의 증가율(2015~2030년)

		남성												
		20~29세		30~39세		40~49세		50~59세		60~69세		70~79세		80세 이상
전국평균		-19.6		-20.9		-23.7		28.7		1.5		17.7		66.7
상위	1위	나라	-6.8	야마나시	5.0	구마모토	-10.4	아이치	45.0	도쿄	30.7	오키나와	54.0	사이타마 107.4
	2위	기후	-7.6	와카야마	3.0	시가	-11.6	도쿄	44.2	가나가와	26.0	사가	44.8	지바 101.0
	3위	오키나와	-8.5	나라	1.6	오이타	-12.5	시가	42.6	아이치	12.6	도치기	44.5	가나가와 98.3
	4위	시가	-8.7	사가	1.4	사가	-13.5	사이타마	42.3	사이타마	7.6	가고시마	37.1	아이치 84.8
	5위	나가노	-9.0	후쿠이	-4.0	나라	-15.2	오사카	42.0	오사카	7.0	후쿠오카	36.5	오사카 84.7
하위	43위	나가사키	-25.2	가나가와	-20.4	지바	-28.4	야마가타	-3.9	후쿠시마	-25.6	교토	10.3	히로시마 31.7
	44위	이와테	-27.0	지바	-22.0	홋카이도	-28.9	아키타	-5.7	히로시마	-25.6	나가노	8.6	시마네 29.9
	45위	교토	-28.7	도치기	-26.9	고치	-29.3	가고시마	-6.5	가고시마	-26.3	지바	6.9	이와테 26.0
	46위	도쿄	-29.3	후쿠시마	-31.0	이와테	-29.8	이와테	-9.0	시마네	-29.6	고치	5.4	후쿠시마 20.8
	47위	미야기	-31.1	도쿄	-33.3	후쿠시마	-36.3	후쿠시마	-16.8	아키타	-30.0	오사카	2.6	아키타 17.0

		여성												
		20~29세		30~39세		40~49세		50~59세		60~69세		70~79세		80세 이상
전국평균		-23.0		-26.6		-15.8		53.9		2.5		-5.9		53.5
상위	1위	도야마	0.8	야마나시	6.1	시가	-2.0	시가	-87.0	도쿄	26.2	오키나와	31.7	사이타마 95.5
	2위	후쿠이	-0.2	시가	2.8	미야기	-2.6	도쿄	81.5	시가	20.9	도치기키	15.0	지바 85.8
	3위	시가	-3.3	기후	-7.5	도치기	-7.7	사이타마	75.0	가나가와	16.7	야마가타	13.2	가나가와 81.4
	4위	오키나와	-3.7	나라	-9.0	도쿄	-8.7	가나가와	72.2	아이치	12.7	시가	12.6	아이치 74.2
	5위	미야자키	-6.2	도야마	-9.2	구마모토	-10.4	지바	70.0	후쿠이	11.6	니가타	10.5	오사카 68.0
하위	43위	후쿠오카	-27.5	후쿠오카	-28.8	히로시마	-28.1	야마가타	21.7	시마네	-15.5	교토	-12.5	에히메 23.6
	44위	홋카이도	-28.1	홋카이도	-29.3	나가노	-29.2	히로시마	21.2	야마구치	-18.8	도쿄	-13.5	아키타 20.6
	45위	미야기	-29.4	히로시마	-30.2	고치	-30.6	아오모리	20.4	미야자키	-19.3	고치	-15.0	고치 20.5
	46위	교토	-31.8	교토	-31.0	아오모리	-31.8	가고시마	15.1	아키타	-19.5	야마구치	-15.5	시마네 14.7
	47위	도쿄	-37.8	도쿄	-39.0	아키타	-37.7	아키타	4.6	고치	-19.7	오사카	-17.8	가고시마 11.9

주 1. 전국평균은 전국 연령대별 1인가구 증가율(2015~2030년)
  2. 음영은 면적 1km²당 1,000명 이상 인구를 가진 지자체. 7개의 지자체가 해당.
  3. 2030년 장래추계는 총무성, 〈2010년 국세조사〉에 기초한 2010년 기준 추계이다.
자료. 사인연(2013b), 〈일본 가구수의 장래추계(전국)〉, 총무성, 〈2015년 국세조사〉에 따라
  작성.

여성의 하위 5개 지자체를 보면, 2015년과 같이 모두 비대도시권
이다. 또 순위 교체와 함께 일부 연령대에서 새로운 지자체가 등장하
고 있다.

3) 2015~2030년 지자체별 1인가구 증가율

그럼, 2015년부터 2030년까지 어느 지자체에서 1인가구 증가율이 높
아질까? 성·연령대별로 2015년부터 2030년에 걸쳐서 1인가구 증가
율이 높은 지자체를 알아보도록 하자(〈도표 2-9〉).

가장 큰 변화를 보이는 집단은 80세 이상 남녀이다. 80세 이상 남성
의 경우, 1인가구 증가율 상위 5개 지역은 모두 대도시권으로 사이타
마현(107.4%), 지바현(101.0%), 가나가와현(98.3%), 아이치현
(84.8%), 오사카부(84.7%)에서는 증가율이 약 2배에 이른다.

80세 이상 여성 1인가구 증가율 상위 5개 지역도 마찬가지로 모두
대도시권이며, 80세 이상 남성 1인가구 증가율 상위 5개 지역과 모두
같다. 구체적으로 2015~2030년 80세 이상 여성 1인가구 증가율은
사이타마현(95.5%), 지바현(85.8%), 가나가와현(81.4%), 아이치
현(74.2%), 오사카부(68.0%)의 순으로 68~96%의 높은 증가율을
보일 것으로 전망되고 있다.

4) 75세 이상 고령 1인가구 증가율이 높은 배경

그럼, 2015년부터 2030년까지 80세 이상 고령 1인가구가 증가하는 것으로 추정되는 이유는 무엇일까? 여기에서는 75세 이상 고령 1인가구(남녀 합계)의 증가율과 관련된 지자체별 인구요인과 비인구요인을 살펴보겠다(〈도표 2-10〉).

1인가구 증가율 상위 4개 지자체인 사이타마현, 지바현, 가나가와현, 아이치현에서는 증가율이 50%를 넘는다. 그리고 이 지역들에서 1인가구 증가율의 기여도를 인구요인과 비인구요인으로 나누어 보면, 인구요인(44~54%)이 비인구요인(6~10%)보다 현저하게 높다. 이것은 2015년에 60대였던 베이비붐세대가 2030년에 80세 이상이 되기 때문일 것이다. 베이비붐세대는 고도경제성장기에 취직이나 유학을 위해 지방에서 대도시권으로 유입된 후 그대로 대도시권에서 사는 사람이 적지 않다.[18] 그리고 수도권에서 결혼한 베이비붐세대는 가나가와현, 지바현, 사이타마현과 같은 교외에서 주택을 구입했다.[19] 따라서 2015년부터 2030년까지 사이타마현, 지바현, 가나가와현에서는 인구요인의 기여도가 매우 높다고 볼 수 있다. 비인구요인으로

---

[18] 구체적으로는 베이비붐세대가 유아였던 1950년에 대도시권에 거주하는 베이비붐세대는 32.7%에 지나지 않았지만, 2010년에는 베이비붐세대의 49.0%가 대도시권에서 살고 있다(1950년 수치는 내각부(2008년) 참고. 2010년 수치는 총무성 〈2010년 국세조사〉에 따름). 또 여기에서 대도시권이란, 사이타마현, 지바현, 도쿄도, 가나가와현, 기후현, 아이치현, 미에현, 교토부, 오사카부, 효고현을 말한다.

[19] 국토교통성(2006), 8~9p.

<도표 2-10> 지자체별 75세 이상 1인가구 증가율(2015~2030년)

| | 1인가구 증가율 | 순위 | 요인별 기여도 | | | | 75세 이상인 1인가구수(만 가구) | | 지자체별 75세 이상 인구에서 차지하는 1인가구 비율 | | | |
			인구요인 기여도	순위	비인구요인 기여도	순위	2015년	2030년	2015년	순위	2030년	순위
전국	39.3%	-	39.6%	-	-0.3%	-	339	473	20.8%	-	20.7%	-
사이타마	63.9%	1	53.9%	1	9.9%	7	14	23	17.9%	27	18.4%	26
지바	58.2%	2	50.4%	3	7.8%	15	14	21	19.2%	23	18.8%	24
가나가와	57.5%	3	51.1%	2	6.4%	23	22	34	21.8%	14	22.0%	13
아이치	50.9%	4	43.8%	4	7.1%	20	15	23	19.2%	22	19.4%	20
도치기	50.6%	5	38.5%	9	12.1%	4	4	6	15.5%	38	16.0%	35
시가	49.9%	6	40.5%	8	9.4%	11	3	4	16.0%	33	16.1%	33
오키나와	48.2%	7	41.7%	6	6.5%	22	3	4	19.5%	20	19.8%	18
교토	47.2%	8	42.0%	5	5.3%	30	8	12	24.3%	5	24.3%	4
나라	46.1%	9	38.4%	10	7.7%	17	3	5	19.0%	24	19.2%	22
이바라키	43.5%	10	33.8%	16	9.7%	8	5	8	15.1%	41	14.8%	43
시즈오카	43.2%	11	30.8%	17	12.4%	3	8	11	15.2%	40	15.8%	37
오사카	43.0%	12	41.6%	7	1.4%	46	29	41	27.4%	3	26.4%	3
홋카이도	41.2%	13	36.4%	13	4.8%	32	18	25	23.3%	11	23.3%	8
효고	41.0%	14	36.3%	14	4.6%	34	17	24	23.7%	7	23.5%	6
히로시마	40.5%	15	37.3%	12	3.2%	41	9	12	23.4%	10	23.1%	9
후쿠오카	40.3%	16	37.5%	11	2.9%	42	15	20	23.0%	12	21.9%	14
도쿄	39.1%	17	35.3%	15	3.8%	38	42	58	28.6%	1	28.7%	1
니가타	38.0%	18	21.7%	26	16.3%	2	5	7	13.1%	46	14.5%	46
이시카와	37.4%	19	28.6%	19	8.7%	13	3	4	17.7%	28	17.3%	28
군마	37.0%	20	29.3%	18	7.7%	16	5	6	17.3%	29	17.1%	30
후쿠이	34.6%	21	22.8%	23	11.8%	5	2	2	14.1%	45	14.6%	45
기후	34.4%	22	25.4%	20	9.0%	12	4	6	15.3%	39	15.4%	40
미야기	34.1%	23	24.4%	21	9.7%	9	5	7	16.8%	31	16.1%	34
도야마	32.8%	24	22.5%	24	10.2%	6	2	3	14.5%	44	14.7%	44

〈도표 2-10〉계속

	1인가구 증가율	순위	요인별 기여도						75세 이상인 1인가구수(만 가구)		지자체별 75세 이상 인구에서 차지하는 1인가구 비율			
			인구요인 기여도	순위	비인구요인 기여도	순위	2015년	2030년	2015년	순위	2030년	순위
야마가타	29.7%	25	12.6%	45	17.1%	1	2	3	11.5%	47	13.0%	47
사가	29.3%	26	22.4%	25	6.9%	21	2	2	15.1%	42	15.3%	41
미야자키	27.6%	27	24.2%	22	3.5%	39	4	5	22.8%	13	22.7%	11
미에	27.2%	28	21.5%	29	5.7%	26	5	6	19.3%	21	19.0%	23
구마모토	25.9%	29	19.9%	31	6.0%	25	5	6	18.5%	26	18.7%	25
오카야마	25.8%	30	20.5%	30	5.3%	29	5	7	20.0%	19	19.5%	19
나가사키	25.6%	31	21.5%	27	4.1%	36	4	6	20.9%	17	20.8%	16
오이타	25.6%	32	21.5%	28	4.1%	35	4	5	21.0%	15	20.8%	15
후쿠시마	25.1%	33	16.7%	40	8.4%	14	5	6	15.7%	36	15.2%	42
돗토리	24.9%	34	17.6%	38	7.3%	19	1	2	15.9%	34	16.3%	32
아오모리	24.0%	35	17.8%	35	6.3%	24	3	4	17.3%	30	17.2%	29
가가와	23.8%	36	19.0%	32	4.8%	33	3	4	20.9%	16	19.9%	17
나가노	23.2%	37	15.6%	42	7.6%	18	5	6	15.6%	37	15.8%	36
야마나시	23.2%	38	17.7%	36	5.4%	28	2	3	18.5%	25	17.6%	27
이와테	23.0%	39	13.5%	43	9.5%	10	3	4	15.0%	43	15.7%	38
히로시마	22.5%	40	17.6%	37	4.9%	31	2	3	20.0%	18	19.3%	21
와카야마	22.1%	41	18.9%	33	3.3%	40	4	4	23.7%	8	23.3%	7
야마구치	21.1%	42	18.6%	34	2.6%	43	5	6	23.5%	9	22.9%	10
에히메	18.0%	43	15.9%	41	2.1%	44	5	6	24.2%	6	22.6%	12
가고시마	15.4%	44	16.8%	39	-1.4%	47	7	9	28.0%	2	27.0%	2
고치	15.1%	45	13.1%	44	2.0%	45	3	4	25.6%	4	24.3%	5
시마네	12.3%	46	8.3%	46	4.0%	37	2	2	16.7%	32	16.4%	31
아키타	12.3%	47	6.8%	47	5.4%	27	3	3	15.8%	5	15.6%	39

주 1. 인구요인, 비인구요인의 기여도 산출방법은 〈도표 1-9〉의 주 1 참고.
　　2. 2030년 장래 추계는 총무성, 〈2010년 국세조사〉에 기초한 사인연의 2010년 기준 추계.
　　3. 음영은 면적 1km²당 1,000명 이상 인구를 가진 지자체. 7개의 지자체가 해당.
자료. 사인연(2014), 〈일본 가구수 장래추계(지자체)〉 및 총무성, 〈2015년 국세조사〉에 따라 작성.

는 부모와 자식이 동거하지 않는 경향이 지속된다고 생각된다.

1인가구 증가율에 대한 비인구요인의 기여도가 높은 상위 3개 지자체는 야마가타현(17.1%), 니가타현(16.3%), 시즈오카현(12.4%)이다. 야마가타현은 2015년 고령 1인가구 비율이 하위 5개 지자체에 포함되었지만, 앞으로는 75세 이상 고령자에서 별거가 증가하는 등 가구형성의 형태가 변화될 가능성이 있다.

2015년부터 2030년까지 1인가구 증가율 하위 5개 지자체는 모두 비대도시권이다. 그리고 이 지역에서는 1인가구 증가율에 대한 인구요인의 기여도가 비인구요인의 기여도보다 크지만 모두 상대적으로 낮은 수준이다.

2장 주요내용

— 다른 가구유형에 비해서 1인가구는 대부분 인구집중지역에 거주하는
경향을 보인다.

— 2015년 기준 지자체별 남성 1인가구 비율을 보면, 80세 이상을 제외하
고 모든 연령대에서 도쿄도가 1위이다. 특히, 도쿄도에서는 50대와 60대
남성 4명 중 1명 이상이 1인가구이다. 한편, 70대와 80세 이상 남성 1인가
구 비율은 도쿄도와 오사카부가 상위 1위와 2위를 차지했으나 가고시마
현, 고치현 등의 비대도시권도 상위 5위에 들었다.

— 2015년 기준 지자체별 여성 1인가구의 비율은 모든 연령대에서 도쿄도
가 1위이다. 한편, 가고시마현도 70대와 80세 이상에서 1인가구 비율이
높다. 그 배경으로 70세 이상에서 배우자가 없는 사람의 비율이 높은 것과
부모와 자녀의 동거율이 낮은 것을 들 수 있다.

— 2005~2015년까지 성·연령대별 1인가구 증가율 상위 5개 지자체를
보면, 남성 1인가구는 여성 1인가구에 비해 비대도시권에서 증가율이 높
다. 특히, 80세 이상 남성 1인가구 증가율 상위 5개 지자체는 모두 비대도
시권이 차지하고 있다. 한편, 70대, 80세 이상 여성 1인가구는 대도시권
에서 증가율이 높게 나타났다.

— 2030년 연령대별 1인가구 비율의 상위 5개 지자체를 보면, 작은 변동은 있지만 남녀 모두 2015년과 비교하면 큰 변화가 없다. 2015~2030년까지 성·연령대별 1인가구 증가율(추계치)을 보면, 사이타마현, 지바현, 가나가와현, 아이치현, 오사카부와 같은 대도시권에서 80세 이상 1인가구의 증가가 현저하다.

— 2015~2030년까지 75세 이상 고령 1인가구의 증가요인을 분석해보면, 사이타마현, 지바현, 가나가와현, 아이치현에서는 인구요인의 기여도가 비인구요인보다 현저하게 크다. 이것은 2030년에 베이비붐세대가 모두 80세 이상이 되기 때문이라고 볼 수 있다. 또한 비대도시권에서도 부모와 자녀의 별거가 증가하는 등 비인구요인에 따른 1인가구의 증가가 진행될 것으로 전망된다.

유형별로 본 1인가구에 대한 고찰

1장과 2장에서는 전국과 지자체로 나누어서 1인가구의 증가 현황과 그 요인 등을 분석하였다.

2부에서는 1인가구를 몇 가지의 유형으로 나누어 살펴보겠다. 구체적으로는, '근로세대 1인가구'(3장), '고령 1인가구'(4장), '1인가구 예비군: 부모 등과 동거하는 중년 미혼자'(5장) 등 3유형으로 구분하여 1인가구와 1인가구 예비군이 갖고 있는 생활리스크나 의식에 관해 분석하겠다. 6장에서는 고령 1인가구의 생활 실태와 의식에 관해서 해외의 고령 1인가구(미국, 독일, 스웨덴 등)와 비교하겠다.

근로세대 1인가구가
안고 있는 리스크

3장에서는 근로세대 1인가구의 생활리스크와 의식을 2인 이상 가구와 비교하면서 살펴보고자 한다. 구체적으로는, 평균적으로 본 가계·자산 현황을 간략히 살펴본 후(1절), 빈곤 실태와 그 요인(2절), 사회적 고립의 실태(3절), 삶의 의미와 관련된 인식(4절)에 대해 분석하겠다.

1. 근로세대 1인가구의 가계·자산 현황

먼저 근로세대 1인가구의 가계·자산 현황을 2인 이상 가구와 비교해보겠다. 흥미로운 것은 1인가구의 가계·자산 현황이 2인 이상의 가구보다 여유롭지만 고령이 되면 2인 이상의 가구보다 악화한다는 점이다.

가계·자산 현황을 분석하기 전에 1인가구와 2인 이상 가구의 수입에 관해 설명하겠다. 2인 이상의 가구는 1인가구보다 구성원 수가 많기 때문에 단순히 가구소득을 비교한 경우 구성원이 많은 2인 이상 가구의 소득이 더 많다. 이것으로는 생활실태를 반영한 소득을 비교할수 없다. 그래서 2인 이상의 가구는 등가를 기준으로 한 소득(등가소득)을 산출하여 1인가구와 비교하겠다. 등가소득이란, 가구소득을 구성원 1명당 생활수준으로 표시할 수 있도록 조정한 소득이다. 가구 구성원 1인당 소득을 가장 단순하게 산출하는 방법은 가구 전체 소득을 구성원 수로 나누는 것이나, 이 방법으로는 수도·광열비나 내구소비재 등 가구 내에서 공동으로 소비하는 재화나 서비스 등의 소비구조가 고려되지 않는다. 그래서 OECD(경제협력개발기구) 등의 국제기구에서는 가구소득을 구성원 수의 제곱근으로 나누어 등가소득을 산출하고 있다(등가소득 = 가구 소득$/\sqrt{}$가구원 수). 예를 들어 구성원 수가 2명인 가구에서는 가구 소득을 $\sqrt{2}$ (1.414)로 나누어 1명 당 평균소득을 구한다. 3장에서도 이 방법으로 가구의 규모를 조정한 등가소득을 사용하도록 하겠다.

1인가구와 2인 이상 가구의 연소득 비교

이 방법으로 1인가구와 2인 이상 가구의 연수입(등가소득 기준)을 연령대별로 비교하면, 독신남성의 연소득은 50대까지 2인 이상 가구보다 높지만, 60대 이후가 되면 2인 이상 가구의 연소득이 높아진다

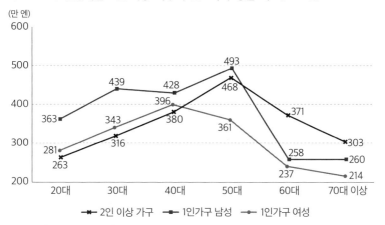

〈도표 3-1〉 연령대별 2인 이상 가구의 연소득의 성별 비교(2014년)

(만 엔)

—×— 2인 이상 가구　—■— 1인가구 남성　—●— 1인가구 여성

주 1. 2인 이상 가구의 연소득은 가구규모를 조정한 등가소득이다.
　2. 연소득은 세금을 포함한 수입으로 사회보장급여를 포함한 가구원 전원의 현금 수입을 합산한 것이다.
자료. 총무성, 〈2014년 전국소비실태조사〉, 표 60-1, 표 66에 따라 작성.

(〈도표 3-1〉). 또 독신여성의 수입은 50대까지는 2인 이상의 가구보다 높지만, 50대 이후가 되면 2인 이상 가구의 연소득보다 낮아진다. 독신여성에서는 독신남성보다 10년 이상 빠르게 2인 이상의 가구와 연소득의 역전이 나타난다.

2014년 남녀 1인가구와 2인 이상 가구 세대주의 연소득을 10년 전(2004년)과 비교하면, 40대 남성 1인가구의 연소득은 크게 하락하였다. 2004년 40대 남성 1인가구의 연소득은 555만 엔이었는데, 이 10년간 23%나 떨어지고 있다. 같은 시기, 40대 여성 1인가구의 연소득은 2004년부터 4%밖에는 떨어지지 않았다. 또 40대 2인 이상 가구 세대주에서는 2% 하락했지만 남성 1인가구만큼 크게 하락하지는 않왔다. 이러한 현상의 원인은 확실하지 않다. 2014년의 40대는 버블 경제가 붕괴한 90년대 중반에 20대로서 구직 빙하기에 취업한 세대이다. 2004~2014년에 이 세대에서 비정규직 독신남성이 증가한 영향이 있는 것으로 추정할 수도 있다.

1인가구와 2인 이상 가구의 가계 수지 비교

다음으로 34세 이하와 35~59세의 근로세대, 65세 이상의 고령 무직가구로 나누어 1인가구와 2인 이상 가구(고령 무직가구는 2인 부부 가구)의 가계 수입을 비교하더라도 거의 같은 경향을 보이고 있다(〈도표 3-2〉). 가구규모에 따라 조정한 등가실수입과 등가가처분소득(월수입)을 보면, 34세 이하와 35~59세의 근로세대에서는 1인가구가 2인 이상 가구보다 높다. 특히, 남성 1인가구와 2인 이상 가구의 등가실수입을 비교하면, 34세 이하, 35~59세의 연령대에서 남성 1인가구 쪽이 7~10만 엔이나 높은 수준이다.

실수입이란, 세금과 보험료를 공제하기 전 수입(액면소득)이고, 가처분소득이란 실수입에서 세금이나 보험료를 공제한 후 자유롭게 처분할 수 있는 소득을 말한다.

65세 이상 고령 무직가구에서는 부부 2인 가구(부부 모두 65세 이상)의 등가실수입, 등가가처분소득이 1인가구보다 높아진다. 구체적으로는, 부부 2인 가구가 등가실수입은 월 3.2만 엔, 등가가처분소득은 월 2.2만 엔이 더 많다. 따라서 고령기가 되면 1인가구가 부부 2인 가구보다 경제적으로 더 어려운 상황에 처한다고 추정할 수 있다.

근로세대 1인가구는 외식비, 집세 · 임대료의 지출 비율이 높다.

다음으로 1인가구는 2인 이상 가구에 비해 어떤 항목에 지출을 많이 하고 있는지에 대해서 알아보자. 1인가구와 2인 이상 가구의 소비지출 항목별 구성비 차이를 보면, 먼저 근로세대 남성 1인가구에서는 외식비 비율이 2인 이상 가구에 비해 2배 이상의 수준에 이른다(도표 〈3-2〉). 이것은 1인가구에서 외식 빈도가 높기 때문일 것이다. 한편, 35∼59세에서는 독신여성의 외식비 비율이 크게 낮아져 2인 이상 가구보다 약간 낮은 수준이 된다. 중년 독신여성은 대부분이 자취를 하고 있기 때문일 것으로 추정할 수 있다. 고령 무직가구에서는 1인가구와 부부 2인 가구 외식비 비율에서 큰 차이가 보이지 않는다.

집세 · 임대료도 1인가구와 2인 이상 가구에서 큰 차이가 있는데, 1인가구에서 집세 · 임대료 비율이 더 높다. 예를 들어 35∼59세 1인가구에서 집세 · 임대료로 소비한 비율은 독신남성 13.9%, 독신여성에서는 13.8%지만, 2인 이상 가구에서는 겨우 3.6%이다. 65세 이상 고령 무직가구에서도 1인가구의 집세 · 임대료 비율(4.8%)이 부부 2인 가구(1.4%)보다 높게 나타난다.

나중에 자세하게 설명하겠지만, 1인가구에서 집세 · 임대료 비율이 높은 것은 1인가구에서는 자기 집이 없어서 임대로 사는 사람의 비율이 2인 이상 가구보다 높기 때문이다. 그 밖에 주목할 점은 1인가구에서는 동거하는 자녀가 없기 때문에 교육비 부담이 없다는 것이다. 35∼59세 2인 이상 가구가 교육비를 7.4%나 부담하는 것과는 큰 차이가 있다.

〈도표 3-2〉 1인가구와 2인 이상 가구의 월가계수지 비교(2015년)

	근로자가구						고령 무직가구	
	34세 이하			35~59세			65세 이상	
	남성 1인가구	여성 1인가구	2인 이상 가구	남성 1인가구	여성 1인가구	2인 이상 가구	1인가구	부부 2인 가구
가구주 연령(나이)	27.5	27.8	30.8	48.2	48.9	47.1	76.1	75.7
가구원수(명)	1.00	1.00	3.45	1.00	1.00	3.56	1.0	2.0
실수입(만 엔)	31.5	28.5	45.2	40.2	31.3	57.4	11.8	21.2
가처분소득(만 엔)	25.8	24.1	37.9	31.6	25.0	46.2	10.6	18.1
소비지출(만 엔)	16.2	17.8	25.8	19.3	18.5	32.7	14.4	24.1
흑자율(%)	37.1	26.1	31.8	39.0	26.1	29.4	-36.2	-32.9
등가실수입(만 엔)	31.5	28.5	24.3	40.2	31.3	30.4	11.8	15.0
등가가처분소득(만 엔)	25.8	24.1	20.4	31.6	25.0	24.5	10.6	12.8
소비지출(%)	100	100	100	100	100	100	100	100
식료(%)	29.3	23.8	21.8	26.5	20.1	23.4	23.8	25.7
외식(%)	15.0	13.0	6.0	10.4	4.7	5.1	3.9	2.7
주거(%)	17.2	17.1	12.7	15.2	15.0	5.3	9.5	7.1
임대료 · 지대(%)	17.2	16.7	11.9	13.9	13.8	3.6	4.8	1.4
광열 · 수도(%)	4.3	4.0	6.9	5.2	6.3	7.2	9.2	8.5
가구 · 가사용품(%)	1.5	2.3	3.6	1.2	3.1	3.4	3.6	3.5
의류 및 신발(%)	5.4	9.3	4.9	2.4	6.4	4.5	3.0	2.8
보건의료(%)	1.7	2.4	3.3	3.4	4.8	3.3	5.7	6.3
교통 · 통신(%)	16.7	13.1	18.5	14.8	12.3	15.9	8.3	10.8
교육(%)	0.0	0.0	3.7	0.0	0.0	7.4	0.0	0.0
교양오락(%)	12.6	11.7	8.6	10.6	9.5	9.9	10.6	10.8
그 외 소비지출(%)	11.3	16.2	16.0	20.7	22.7	19.9	24.2	24.3
교제비(%)	5.5	6.3	4.7	5.3	8.2	5.1	14.1	12.7

주 1. 등가실수입, 등가가처분소득은 가구 규모를 조정한 소득으로 실수입과 가처분소득을 가구원
　　　수의 제곱근으로 나눈 값.
　　2. 실수입, 가처분소득, 소비지출은 1천 엔 미만을 반올림.
　　3. 1인가구와 2인 이상 가구의 연령 구분을 일치시키기 위해 2인 이상 가구의 가계수지에 대해
　　　가중평균을 하여 조정하였다.
자료. 총무성, 〈2015년 가계조사〉, 표 3-2, 표 2, 표 9에 따라 작성.

1인가구와 2인 이상 가구의 금융자산

1인가구와 2인 이상 가구의 금융자산을 비교하더라도 비슷한 점을 지적할 수 있다. 저축은 40대를 제외하고 모든 연령대에서 2인 이상 가구가 많으나, 부채는 40대에서도 2인 이상 가구가 더 많다(〈도표 3-3〉). 저축에서 부채를 뺀 금융자산은 50대까지는 1인가구가 2인 이상 가구보다 높지만 60대 이후가 되면 1인가구의 금융자산이 2인 이상 가구보다 낮아진다.

그럼, 왜 근로세대인 2인 이상 가구에서는 부채가 많을까? 이것은 2인 이상 가구가 1인가구보다 자기 집을 소유하고 있는 비율이 높기 때문에 주택 대출을 받고 있는 것이 주원인이라고 할 수 있다.

1인가구와 2인 이상 가구의 연령대별 자가보유율을 비교해보면, 40대 1인가구의 자가보유율은 24.3%로 2인 이상 가구의 69.9%보다 45.6%나 낮은 수준이다. 그리고 주택대출 상환 만기가 되는 60세 이후가 되면, 2인 이상 가구의 부채가 감소하고 2인 이상 가구의 금융자산이 1인가구보다 많아지게 되는 것이 원인이라고 추정된다.

1인가구와 2인 이상 가구에서 자가보유율이 크게 다른 이유는, 2인 이상 가구는 결혼과 출산 등에 따라 가구규모의 확대에 맞춰 주택 구입을 검토하는 데 비해서 1인가구는 미혼자가 중심이기 때문에 주택 구입의 기회가 부족하기 때문이라 생각된다. 그러다 보니 1인가구가 고령기가 되면, 연금 수입에서 집세를 내게 되고 집세의 부담이 무거워지는 것이다.

〈도표 3-3〉 1인가구와 2인 이상 가구의 저축과 부채(2014년)

		30세 미만	30대	40대	50대	60대	70세 이상
1인가구 남성	현재저축①	199	589	781	1,508	1,622	1,420
	현재부채②	257	493	262	166	66	47
	금융자산 (①-②)	-58	96	518	1,342	1,556	1,373
1인가구 여성	현재저축①	148	385	936	1,376	1,651	1,344
	현재부채②	83	33	383	151	50	33
	금융자산 (①-②)	64	351	554	1,225	1,600	1,311
2인 이상 가구	현재저축①	361	600	924	1,596	2,129	2,059
	현재부채②	468	1,056	961	607	267	115
	금융자산 (①-②)	-107	-456	-36	989	1,862	1,944

자료. 총무성, 2014년 전국소비실태조사(가계자산 편), 표 60-1, 표 66에 따라 작성.

〈도표 3-4〉 1인가구와 2인 이상 가구의 자가보유율 비교(2013년)

단위: %

	30세 미만	30대	40대	50대	60대	70세 이상
2인 이상 가구	19.1	50.1	69.9	81.3	87.0	88.5
1인가구	2.9	10.8	24.3	38.2	53.8	68.4
남성	3.2	12.1	23.0	33.9	49.2	64.8
여성	2.5	8.7	26.7	45.6	58.7	70.0

주 1. 2인 이상 가구의 연령대는 가구주의 연령임.
　 2. 자가보유율은 '자기 집을 가지고 있는 가구수/총가구수'로 산출
자료. 총무성, 〈2013년 주택 · 토지통계조사〉, 표 59에 따라 작성.

2. 근로세대 1인가구의 빈곤 실태와 그 요인

1) 빈곤 실태

앞 절에서는 근로세대의 가계와 금융자산 현황은 1인가구가 2인 이상 가구보다 나은 상황이라고 지적하였다. 이것은 어디까지나 1인가구의 평균치를 고찰한 것이다.

그러나 1인가구의 경제적 현황을 평균치로 고찰하는 것에는 한계가 있다. 왜냐하면, 1인가구는 2인 이상 가구보다 소득 격차가 크기 때문이다. 예를 들어, 후생노동성의 〈2014년 소득재분배 조사보고서〉에서 가구유형별 지니계수를 보면, 1인가구는 0.70이지만 부부 가구는 0.66, 부부와 미혼 자녀만의 가구는 0.36, 한부모와 미혼 자녀만의 가구는 0.48, 3세대 가구는 0.36으로 나타나 1인가구의 소득 격차가 가장 크다.[1]

저소득층에 초점을 맞춰서 근로세대인 1인가구의 빈곤율을 다른 가구유형과 비교해보겠다. 빈곤율을 나타내는 지표로는 소득을 기준으로 한 '상대적 빈곤율'을 사용하는 것이 일반적이다. 상대적 빈곤율이란 가구의 가처분소득에서 구성원별로 세대규모를 조정한 등가가처분소득[2]의 중앙값인 50%(빈곤선) 미만으로 생활하는 사람들의

---

[1] 지니계수란, 소득 분배의 불평등 정도를 나타내는 지표이다. 0이 가까울수록 소득격차가 낮고, 1에 가까울수록 소득격차가 크다[후생노동성(2016), 5p, 30p].

[2] 가구규모 조정은 가구의 가처분소득을 가구원 수의 제곱근으로 나누어 등가가처분 소득을 산출하고 있다(등가가처분 소득 = 가구 가처분소득/√가구원 수).

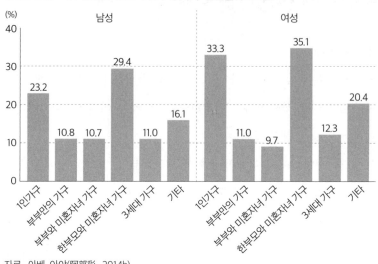

〈도표 3-5〉 가구유형별 근로가구의 상대적 빈곤율(2012년)

자료. 아베 아야(阿部彩, 2014b).

비율을 나타낸다. 후생노동성(2014)에 따르면 2012년의 빈곤선은 122만 엔이었다. 따라서 122만 엔 미만으로 생활을 하는 사람의 비율이 상대적 빈곤율이 된다.[3]

20~64세 근로세대인 1인가구의 상대적 빈곤율(2012년)은 남성 23.2%, 여성 33.3%이다(〈도표 3-5〉). 근로세대의 전체 빈곤율이 남성 13.6%, 여성 15.0%이기 때문에 1인가구의 빈곤율은 상대적으로 높은 수준이다. 다른 가구유형의 빈곤율을 보면, 상대적 빈곤율이 가장 높은 것은 한부모와 미혼 자녀만의 가구로 1인가구는 두 번째로 높은 수준이다.

---

[3] 후생노동성(2014), 18p.

2) 1인가구의 취업 현황

그럼, 근로세대 1인가구는 왜 상대적 빈곤율이 높은 것일까? 그 요인으로는 ① 비정규직 노동자로 일하는 사람의 비율이 높은 것, ② 무직이 된 사람의 비율이 높은 것을 고려할 수 있다.

〈도표 3-6〉은 2010년 1인가구와 2인 이상 가구의 세대주가 정규직 노동자, 비정규직 노동자, 자영업 · 가족 종사자, 완전실업 비근로자 등 어떤 취업상태에 있는가를 연령대별 구성비로 나타낸 것이다.[4]

1인가구의 독신 남녀는 2인 이상 가구의 세대주보다 비정규직 노동자의 비율이 높다. 특히, 독신여성에서는 비정규직 노동자의 비율이 20~50대 전 연령대에서 20% 이상의 높은 수준이다. 또 1인가구에서는 2인 이상 가구의 세대주에 비해서 무직자의 비율도 높다. 특히, 50대 무직자 비율은 2인 이상 가구의 세대주에서는 9.3%이지만 독신남성은 22.5%, 독신여성은 26.8%로 나타났다.

더구나 2010년 무직자 비율을 2005년과 비교하면 40대와 50대 독신남성에서는 무직자 비율이 높아지고 있다. 구체적으로는, 2010년 40대 독신남성 무직자 비율은 2005년에 비해 3.3% 상승한 것에 비해 독신여성에서는 1.5%, 2인 이상 가구에서는 0.7% 상승에 머물

---

4 총무성, 〈2015년 국세조사〉의 취업현황 등 기본집계결과는 2017년 4월에 공표 예정으로, 이 책을 집필한 2016년 11월에는 미공표. 따라서 총무성, 〈2010년 국세조사〉를 이용하였다.

<도표 3-6> 1인가구와 2인 이상 가구의 가구주의 취업현황 비교(2010년)

가구주		유직자	피고용자		자영업·가족종업원	무직자	완전실업자	비노동력
			정규	비정규				
20대	2인 이상 가구	92.7	77.8	11.8	3.1	7.3	3.6	3.7
	1인가구 남성	74.9	56.5	17.7	0.8	25.1	3.9	21.2
	1인가구 여성	78.7	53.6	24.6	0.5	21.3	3.8	17.5
30대	2인 이상 가구	95.4	81.4	7.6	6.4	4.6	2.6	1.9
	1인가구 남성	89.3	73.6	11.7	4.0	10.7	8.2	2.5
	1인가구 여성	88.5	62.2	23.7	2.6	11.5	6.9	4.6
40대	2인 이상 가구	94.1	75.8	9.1	9.2	5.9	3.2	2.8
	1인가구 남성	86.0	69.5	10.1	6.4	14.0	10.7	3.3
	1인가구 여성	82.8	53.4	24.2	5.2	17.2	8.8	8.4
50대	2인 이상 가구	90.7	66.5	10.2	14.0	9.3	4.6	4.7
	1인가구 남성	77.5	56.8	11.9	8.8	22.5	14.7	7.7
	1인가구 여성	73.2	36.6	29.6	7.0	26.8	7.8	18.9
60대 전반	2인 이상 가구	70.8	30.6	21.8	18.5	29.2	7.3	21.8
	1인가구 남성	55.0	25.5	18.4	11.1	45.0	16.4	28.6
	1인가구 여성	52.8	13.4	31.1	8.3	47.2	5.5	41.7

주 1. 1인가구에서는 취업형태 미상자가 많았다. 그래서 2인 이상 가구의 가구주도 포함해서 미상자를 제외하고 파악할 수 있는 취업상태에 대해 비율을 구하였다.
 2. 2인 이상 가구의 가구주는 남녀를 불문하고 가구주인 사람의 취업형태를 나타낸다.
 3. 정규직 피고용자란, 직장에서 일반직원 또는 정규직이라고 불리는 사람. 비정규직 피고용자란, 파견직 및 파트타임·아르바이트·기타의 합계. 완전실업자란, 조사기간 중 수입을 동반한 일을 전혀 하지 않았던 사람 중에서 일을 할 수 있고, 공공직업안정 사무소에 신청하여 적극적으로 일자리를 찾고 있던 사람. 비노동력이란, 같은 기간에 수입을 동반한 일을 전혀 하지 않았던 사람 중에서 휴업자나 완전실업자 이외의 사람.
자료. 총무성, 〈2010년 국세조사〉, 표 14에 따라 작성.

고 있다. 또 2010년 50대 독신남성 무직자 비율은 2005년에 비해서 3.0% 상승했지만 독신여성은 0%, 2인 이상 가구주는 0.4% 상승에 그치고 있다.[5]

무직자의 경우, 모든 연령대에서 1인가구 비근로자[6] 비율은 2인 이상 가구주를 뛰어넘고 있다. 예를 들어, 50대에서는 2인 이상 가구주의 비근로자 비율은 4.7%이지만 독신남성은 7.7%, 독신여성은 18.9%로 높다.

그리고 45~54세 무직 독신남녀를 대상으로 취업을 희망하지 않는 이유를 조사한 결과, 독신남성 61.9%, 독신여성 49.8%가 병이나 부상 때문이라는 응답하여 가장 높은 비율을 보였다.[7] 1인가구에서는 근로자가 본인뿐이기 때문에 실업이나 질병 등으로 직장을 잃으면 빈곤에 빠질 리스크가 높다.

3) 1인가구에서 무직자와 비정규직 노동자의 비율이 높은 이유

왜 1인가구에서는 2인 이상 가구의 세대주에 비해서 비정규직 노동자와 무직자 비율이 높은 것일까? 기업이 직원을 채용할 때, 취업 희망자가 1인가구인지 또는 2인 이상 가구인지를 채용기준으로 활용할 리

---

[5] 후지모리(藤森, 2010), 112p 참고.
[6] 조사기간 중 수입을 수반한 일을 조금도 하지 않는 사람 중에서 휴업자 및 완전 실업자 이외인 사람(근로능력 보유 여부 '불상'을 제외함).
[7] 총무성, 〈2012년 취업구조 기본조사〉, 표 119에 기초하여 계산.

는 없다. 따라서 1인가구이기 때문에 비정규직 노동자·무직자가 되었다기보다는 비정규직 노동자·무직자이기 때문에 1인가구가 되었다고 보는 것이 타당하다. 즉, 비정규직 노동자·무직자로서 경제적으로도 불안정하기 때문에 결혼을 하고 싶어도 못하거나 또는 경제적 요인으로 이혼하여 1인가구가 되는 것으로 볼 수 있다.

더구나 취업형태별 미혼율을 보면, 남성 비정규직 노동자는 정규직 노동자에 비해 결혼하기 힘든 것이 현실이다. 예를 들어, 30대 남성 정규직 노동자의 미혼율은 30.7%인 데 비해서 비정규직 노동자는 75.6%로 2배 이상이다(도표 〈1-16〉 참조)

4) 비정규직 노동자의 임금

정규직과 비정규직 노동자 사이에는 어느 정도의 임금 차이가 있을까? 연령대별로 비교해보면, 남성의 경우 정규직의 임금 곡선이 50대 전반까지 크게 상승하는 것에 비해 비정규직의 임금 곡선은 완만하고 30대 후반 이후는 거의 차이가 없다(〈도표 3-7〉).

여성 비정규직 노동자의 임금 곡선은 남성 비정규직 노동자보다 더욱 심각하다. 여성 비정규직 노동자 임금의 절정은 30대 전반으로 그 이후 완만히 하락하고 있다. 게다가 이 절정에서의 임금은 20대 전반의 남성 정규직 노동자 임금에도 미치지 못한다.

남성 정규직 노동자의 임금이 연령에 따라서 상승하는 이유는 경험의 축적이나 역량의 향상이 임금에 반영됨과 동시에, 생활에 필요한

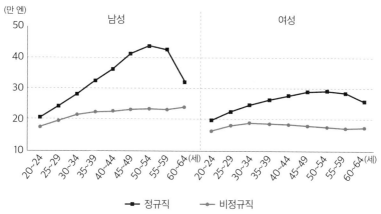

〈도표 3-7〉 성별 · 연령대별 고용형태 간 임금격차(2014년)

주. 임금은, 2014년 6월분의 소정급여액을 말한다.
자료. 후생노동성, 〈2014년 임금구조 기본조사결과의 개요〉에 따라 작성.

급여가 임금에 포함되기 때문이다. 가정을 갖게 되면 자녀 성장에 따라서 교육비가 늘어난다. 또 집이 가족규모에 비해 작아지면 주택 구입도 고려하게 된다. 비정규직 노동자의 임금 곡선이 완만하기 때문에 결혼을 하더라도 이런 비용을 감당하기가 어렵다. 이것은 미혼이 증가하는 하나의 원인이 되고 있다고 볼 수 있다.

앞서 〈도표 1-15〉에서 보았듯이, 비정규직 노동자는 1990년대부터 증가하고 있으나, 취직 빙하기에 비정규직 노동자가 된 젊은이는 직업훈련의 기회를 잃고 정규직 노동자로의 전환도 쉽지 않다. 결혼을 하고 싶어도 경제적인 여유가 없어서 독신생활을 계속하는 젊은이나 중년층도 적지 않다. 이를 개인의 힘만으로 극복하는 것이 어렵기 때문에 사회적 차원에서 왜곡된 문제를 시정해야 할 것이다.

3. 근로세대 1인가구의 사회적 고립

다음으로 근로세대인 1인가구의 사회적 고립에 대해 살펴보자. 지금까지 사회적 고립에 대해서는 고령 1인가구에서 대화의 빈도가 낮은 것 등의 문제를 지적해왔으나 여기에서는 사회적 고립의 정의를 넓혀서 논의하겠다.

구체적으로는 사회적 고립의 정의에 관한 선행연구들을 참고로 4가지 유형을 제시하고자 한다. 즉, ① 대화 결여형 고립(대화빈도가 낮은 것), ② 지원수혜 결여형 고립(곤란한 시기나 고민이 있을 때 의지할 사람이 없는 것), ③ 지원제공 결여형 고립(도와줄 사람이 없는 것), ④ 사회참여 결여형 고립(단체나 그룹 활동에 불참)이 있다. ③ 도와줄 사람이 없는 것은 언뜻 사회적 고립과는 관계가 없다고 생각할 수도 있다. 그러나 타인을 지원해 줌으로써 자기가 사회에 필요하다는 인식을 갖게 되고 사회적 관계를 형성할 수 있다는 점을 감안하면, 도와줄 사람이 없는 것은 중요한 고립의 개념이라고 할 수 있다. 그럼, 1인가구와 2인 이상 가구로 나누어 연령대별로 4개의 고립유형에 해당하는 사람의 비율을 비교하여, 근로세대인 1인가구가 어떤 유형의 사회적 고립에 빠지기 쉬운지를 파악해 보도록 하겠다. **8**

---

8 여기에서는 후지모리 가츠히코(藤森克彦, 2016), "사회적 고립 4유형에서 본 1인가구에서의 고립 실태 분석", 사인연(2016년 3월), 〈생활과 지지에 관한 조사(2012년) 2차 이용분석보고서〉, 제66호의 일부를 수정한 후 옮겨 실었다.

1) 사용 데이터

분석에 사용할 데이터는 사인연의 〈생활과 지원에 관한 조사〉(2012년 7월 실시)이다. **9** 이것은 전국적으로 시행한 공적 조사로서 조사규모가 크다. 조사대상자는 가구 내 20세 이상의 모든 구성원으로서 세대주 또는 그 배우자가 응답하는 가구표와 20세 이상의 모든 구성원이 응답하는 개인표로 조사를 시행하였다.

조사표의 회수 현황은 ① 가구표는 배포 1만 6,096가구, 회수 1만 1,450가구, 유효응답 1만 1,000가구(68.3%), ② 개인표는 배포 2만 6,260명, 회수 2만 3,733명, 유효응답 2만 1,173명(80.6%)이다. 또한 여기에서는 개인표에 표시된 가구번호에 맞추어 가구표와 개인표를 결합해서 분석하였다.

2) 사회적 고립 4유형과 지표

사회적 고립의 4유형의 지표 설계에서, 먼저 각 고립유형에 관련된 조사항목을 선택한 후 유형별로 고립상태에 있는 사람의 비율이 전체의 대략 10%가 되도록 항목 수(사회적 고립 점수)를 조정하였다. **10**

---

9 〈생활과 지원에 관한 조사보고서(2012년)〉에서 사용한 데이터는 사인연의 '생활과 지원에 관한 조사(2012년) 2차 이용분석 프로젝트'의 데이터로 일본 통계법 제32조에 기초한 2차 이용 신청에 따라 사용승인(승인 2015년 12월 8일)을 받은 자료이다.

먼저 대화 결여형 고립에 관해서는 대화빈도를 물어본 조사항목(1항목)을 사용한다. 그리고 대화빈도가 2~3일에 1회 이하인 사람의 비율이 9.0%였기 때문에 대화빈도가 2~3일에 1회 이하를 대화 결여형 고립의 상태로 한다.

다음으로 지원수혜 결여형 고립은 아래 10개 항목 중 2개 이상의 항목에 대해서 의지가 되는 사람이 없다고 응답한 사람을 지원수혜 결여형 고립으로 한다.[11] 10개 항목은 ① 간병이나 개호, 육아, ② 건강, 개호, 육아에 관한 상담, ③ 가족 내 문제에 관한 상담, ④ 구직·전직 등 일에 관한 상담, ⑤ 푸념을 들어 줄 상대, ⑥ 기쁨이나 슬픔을 나눌 상대, ⑦ 만일의 경우 소액의 금전적 지원, ⑧ 만일의 경우 고액의 금전적 지원, ⑨ 가구의 이동·정원 손질·눈 쓸기 등에 대한 지원, ⑩ 재해 시의 지원 등이다. 그리고 지원수혜 결여형 고립에 해당하는 사람의 비율은 9.6%였다.

지원제공 결여형 고립이란 가족·친지, 친구·지인, 이웃, 직장동료(4항목)가 도움을 필요로 할 때 '도움을 주지 않는다'고 응답한 항목이 4항목 중 2개 이상 있는 사람을 말한다.[12] 2개 이상의 항목에서 '도

---

10 사회적 고립의 지표 설계에서는 아베 아야(阿部彩, 2014a)를 참고하였다.

11 '의지할 사람이 없다' 이외의 선택지로는 '의지할 사람이 있다', '그런 것으로 의지하지 않는다'가 있다. 또 여기에서는 '본인이 원해서 그 상태에 있는 경우의 결여 상태'는 포함하지 않는 것으로 하여, '그런 것으로 의지하지 않는다'는 응답은 결여 상태에서 제외하였다.

12 가족·친족, 친구·지인, 이웃, 직장동료(4항목)가 '도움을 필요로 할 때, 도움을 주겠는가'를 질문한 조사항목. 필요로 하는 도움 등의 선택지로 ① 간병이나 개호, 육

움을 주지 않는다'고 응답한 사람의 비율은 9.8%이다.

　마지막으로, 사회참여 결여형 고립은 아래의 9개 항목의 사회참여 활동 중 2개 이상의 항목에 관해 '참여하고 싶지만 할 수 없다' 고 답한 사람을 사회참여 결여형 고립으로 하였다.[13] 9개 항목으로는 ① 자치회나 반상회, ② 자원봉사·비영리단체(NPO), ③ 종교단체, ④ 직장모임 활동, ⑤ 업계단체·동업자단체·직군단체, ⑥ 학부모·교사모임(PTA)나 보호자모임, ⑦ 취미모임이나 스포츠클럽, ⑧ 직장 내의 모임이나 그룹, ⑨ 출신학교 동창회나 모임 등이 있다. 2개 이상 항목에서 '참여하고 싶지만 할 수 없다'고 응답한 사람의 비율은 11.0%였다.

아, ② 건강, 개호, 육아에 관한 상담, ③ 가족 내 문제에 관한 상담, ④ 구직·전직 등 일에 관한 상담, ⑤ 푸념을 들어 줄 상대, ⑥ 기쁨이나 슬픔을 나눌 상대, ⑦ 금전적 지원, ⑧ 가구 이동·정원 손질·눈 쓸기 등에 대한 지원, ⑨ 재해 시의 지원, ⑩ ①부터 ⑨까지에 언급된 도움을 주지 않는다 등 10개의 선택지가 있다. 4항목 중, '① 부터 ⑨까지에 언급된 도움을 주지 않는다'라는 선택지를 2개 이상 선택한 사람을 지원제공 결여형 고립이라 한다.

[13] '참여하고 싶지만 할 수 없다' 이외의 선택지는 '참여하고 있다', '참여할 예정은 없다' 로 크게 나눌 수 있다. 여기에서는 본인의 의사에 반해서 참여할 수 없는 것을 결여상태로 하기 때문에 '참여하고 싶지만 할 수 없다'는 응답을 '결여상태'로 하였다.

3) 사회적 고립 4유형으로 본 1인가구 고립 실태

1인가구와 2인 이상 가구로 나누어 연령대별 사회적 고립의 4유형에 해당되는 사람들의 비율을 보면 사회참여 결여형 고립을 빼고 대체로 1인가구가 2인 이상 가구보다 고립 비율이 높다(〈도표 3-8〉). 이는 2인 이상 가구라면 가구 내에 대화 상대가 있거나 동거 가족 중에서 '의지할 사람'이나 '도움을 줄 사람'이 존재하기 때문이다. 실제로, 사회적 고립 유형별로 '고립에 빠져 있는 경우를 1', '그렇지 않는 경우를 0'으로 하는 이진변수를 종속변수로 한 로지스틱 회귀분석을 시행한 결과, 1인가구는 성, 연령대, 학력, 미혼이나 이혼의 경험, 건강 상태, 일의 유무를 통제했는데도 대화 결여형 고립, 지원수혜 결여형 고립, 지원제공 결여형 고립 3개의 유형에 커다란 영향을 미치고 있었다. 즉, 1인가구인 것은 이 3개의 고립유형의 규정 요인이다.[14]

　1인가구에서 사회적 고립의 4유형마다 연령대별로 해당자 비율을 보면, 대화 결여형 고립은 30대를 바닥으로 연령이 높아질수록 높아지는 경향을 보인다. 한편, 지원수혜 결여형 고립은 40대와 50대를 절정으로 하는 '산' 형태이다. 지원제공 결여형 고립은 20대, 50대, 80세 이상에서 상대적으로 고립에 빠지는 사람의 비율이 높은 완곡한 'W'자 형태이다. 사회참여 결여형 고립은 50대를 정점으로 한 완곡한 '산' 형태이다.

---

14 후지모리(藤森, 2016), 57~60p 참고.

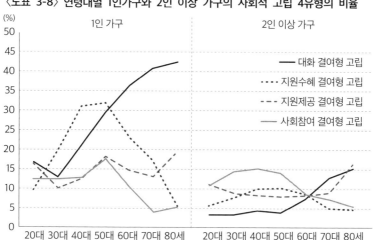

〈도표 3-8〉 연령대별 1인가구와 2인 이상 가구의 사회적 고립 4유형의 비율

자료. 후지모리 가츠히코(藤森克彦, 2016), 〈사회적 고립 4유형에서 본 1인가구의 고립형태 분석〉. 데이터는 사인연, 〈생활과 지원에 관한 조사〉(2012년)에 따랐다.

근로세대인 1인가구에 주목하면, 50대에서는 지원수혜 결여형 고립, 지원제공 결여형 고립, 사회참여 결여형 고립 상태인 사람의 비율이 다른 연령대에 비해 대체로 높다. 대화 결여형 고립과 지원수혜 결여형 고립에는 50대 1인가구의 30% 이상이 해당된다.

50대 1인가구에서 지원수혜 결여형 고립 상태인 사람의 비율이 높은 배경으로는 50대가 공적개호보험 등 공적 서비스 수급 연령에 아직 도달하지 않은 점을 들 수 있다. 20대 · 30대와는 다르게 직장 등에서 지원을 받는 입장을 벗어난 점도 지적할 수 있다. 50대 1인가구는 지원수혜 결여형 고립을 시작으로 해서 복수의 고립 유형에 빠지기 쉬운 연령대라는 점에 유의해야 한다.

4. 근로세대 1인가구의 삶에 대한 만족도

마지막으로, 다소 넓은 테마이지만 근로세대인 1인가구의 삶에 대한 만족도에 대해 살펴보겠다. 일본에서는 삶이 의미 있다고 느끼게 만드는 대상으로 가족을 드는 사람이 많으나, 1인가구는 동거 가족이 없다. 따라서 1인가구의 삶에 대한 만족도는 2인 이상 가구와는 다를 것이라 예상할 수 있다.

필자는 2012년에 연금시니어플랜종합연구소가 실시한 조사연구에 연구위원으로 참가하여 1인가구의 삶에 대한 만족도에 관해 분석해 볼 수 있는 기회가 있었다. 아래에서는 이 조사의 데이터에 관해 설명하고 연령대별로 본 1인가구의 삶에 대한 만족도와 1인가구는 어떤 대상으로부터 삶의 의미를 느끼는지에 대한 분석 결과의 핵심내용을 소개하고자 한다.[15]

1) 사용 데이터

분석에 사용한 데이터는 연금시니어플랜종합연구소가 실시한 〈제5차 급여소득자의 생활과 삶의 만족에 관한 조사〉(이하 '설문조사')이다. 조사는 크로스·마케팅 모니터 149만 명 중 35~74세에서 후생연금(한국의 퇴직연금)의 피보험자 및 후생연금 수급자, 그들의 배우

---

15 후지모리 가츠히코(藤森克彦, 2012) 참고.

자로서 총 5,145명을 대상으로 하였다. 한편, 국민연금 제1호 피보험자(자영업자, 농림수산업 종사자, 단시간 노동자 등)는 조사대상으로 하지 않은 점에 유의할 필요가 있다. 조사시기는 2011년 10월 25~28일이다.

분석 틀로는 1인가구와 2인 이상 가구의 삶에 대한 만족도나 삶의 의미의 대상에 관한 비교를 하였다. 표본 수는 1인가구가 452명이고 2인 이상 가구는 4,693명이다. 또 배우관계를 보면 2인 이상 가구는 거의 모든 연령대에서 90% 이상이 유배우자인 것에 비해, 1인가구에서는 유배우자가 없다. 즉, 1인가구의 배우관계는 미혼, 이혼, 사별 중의 하나이다.

2) 1인가구와 2인 이상 가구의 삶에 대한 만족도

그럼, 1인가구에서는 얼마나 많은 사람이 삶이 의미 있다고 느끼고 있는지 2인 이상 가구와 비교해 보자.

설문조사에서는 '삶의 의미를 나타내는 데 가장 적당한 표현'을 10개의 선택지 중 2개를 선택한 다음, 선택한 두 가지의 삶의 의미에 관해 '현재, 삶이 의미가 있는가? 없는가?'를 선택하게 하였다.

'삶의 의미를 표현하는 데 가장 적당한 표현'에 대한 응답은 1인가구와 2인 이상 가구에서 큰 차이가 보이지 않았다. [16] 1인가구와 2인

---

[16] 1인가구와 2인 이상 가구가 선택한 '삶의 의미를 표현하는 데 가장 적당한 표현' 상위

이상 가구를 비교하면, 1인가구에서는 삶이 의미 있다고 응답한 사람의 비율이 낮다(〈도표 3-9〉). 근로세대(35~64세)인 1인가구의 경우, 모든 연령대에서 삶이 의미 있다고 응답한 비율이 2인 이상 가구보다 낮다. 특히, 35~44세인 1인가구는 2인 이상 가구보다 15.6%나 낮다. 또 성별 차이를 보면, 35~44세에서는 남성이 여성보다 높

〈도표 3-9〉 삶이 의미 있다고 느끼는 사람의 비율

단위: %

	1인가구			2인 이상 가구		
	합계	(n=452)		합계	(n=4,693)	
		남성 (n=269)	여성 (n=183)		남성 (n=2,530)	여성 (n=2,163)
합계	42.0	37.9	48.1	54.4	56.2	52.4
35~44세	33.3	34.8	30.2	48.9	51.5	46.2
45~54세	37.8	31.9	46.0	47.7	49.6	45.7
55~64세	42.4	40.0	46.7	55.5	55.6	55.3
65~74세	66.3	60.0	70.0	67.4	68.2	66.1

주. '삶의 의미를 나타내는 데 가장 적절한 표현' 10개 중 2개 선택하도록 하고, '현재 그것을 가지고 있습니까?'라고 물었다. 응답은 '갖고 있다', '전에는 있었으나 지금은 가지고 있지 않다', '가지고 있지 않다', '모르겠다' 4개 중 하나를 선택하도록 했다. 표는 조사대상자 중에서 '가지고 있다'를 선택한 사람의 비율.
자료. 후지모리 가츠히코(藤森克彦. 2012), 2012년 4월. 데이터는 연금시니어플랜종합연구소(2011)를 이용하여 계산.

5개는 같았고, 항목별 비율에서도 큰 차이가 없었다. 구체적으로는 ① 생활의 행복이나 만족감(1인가구 42.7%, 2인 이상 가구 44.9%), ② 마음의 평화나 기분 전환(1인가구 29.9%, 2인 이상 가구 30.2%), ③ 생활의 활력이나 노력(1인가구 26.8%, 2인 이상 가구 30.2%), ④ 삶의 목표나 목적(1인가구 23.5%, 2인 이상 가구 18.1%), ⑤ 자아실현이나 성취감(1인가구 18.4%, 2인 이상 가구 17.0%)이다.

지만 45~54세, 55~64세에서는 남성이 여성보다 낮다.

　1인가구와 2인 이상 가구 모두 대체적으로 연령대가 높아짐에 따라서 삶이 의미 있다고 느끼는 사람의 비율이 높아진다. 이유가 불명확하지만, 나이를 먹는다는 것이 인간의 성숙과 관계가 있는 것이라 본다면 고령사회에서 하나의 희망이 될 수도 있을 것이다. 경험이 축적됨에 따라 젊은 시절과는 다른 견해가 생기게 되어 삶의 의미가 깊어지는 것일지도 모르겠다.

3) 삶의 의미의 대상: 어떤 것에 삶이 의미가 있다고 느끼는가?

그럼 1인가구는 어떤 대상 때문에 삶이 의미 있다고 느낄까? 1인가구와 2인 이상 가구를 비교해 보자. 아쉽게도 여기에서의 1인가구는 근로세대와 고령을 분리하지 않아서 고령 1인가구까지 포함한 1인가구 전체의 수치이다. 1인가구가 선택한 삶의 의미의 대상으로 꼽은 상위 3개 항목은 취미(53.8%), 혼자서 마음대로 지내는 것(36.9%), 일(22.8%)이다(〈도표 3-10〉). 한편 2인 이상 가구가 꼽은 상위 3개는 자녀·손자·부모 등 가족·가정(이하 '가족·가정')(49.7%), 취미(49.0%), 배우자·결혼생활(29.5%)이다. 1인가구, 2인 이상 가구에서 공통적으로 50% 전후의 사람이 취미를 삶의 의미의 대상으로 꼽고 있으며 취미에 관해서는 유의미한 차이가 없다. 주목할 것은 2인 이상 가구는 가족·가정, 배우자·결혼생활 등 가족관계 항목을 삶의 의미의 대상으로 꼽는 사람의 비율이 높은 것에 비해, 1인가구는 가족 관련 항목을 꼽는 사람의 비율이 상대적으로 낮은 점이다. 대신 1인가구는 혼자서 마음대로 지내는 것, 일, 친구 등 가족 이외의 사람과 교류 등의 비율이 높다.

1인가구와 2인 이상 가구에서 유의미한 차이가 있는 항목 중에서

〈도표 3-10〉 삶의 의미의 대상(1인가구와 2인 이상 가구 비교)

삶의 의미	1인가구			2인 이상 가구		
	합계	(n=452)		합계	(n=4,693)	
		남성 (n=269)	여성 (n=183)		남성 (n=2,530)	여성 (n=2,163)
취미	53.8 ①	57.6 ①	48.1 ①	49.0 ②	54.1 ①	43.1 ②
혼자 멋대로 지내는 것	36.9 ②	35.3 ②	39.3 ②	14.9	13.1	17.1
일	22.8 ③	26.8 ③	16.9	18.4	23.5	12.5
친구 등 가족 외 사람과 교류	21.2	15.6	29.5 ③	15.4	10.5	21.2
자기자신의 내면	17.9	16.4	20.2	13.8	9.9	18.4
자녀, 손주, 부모 등 가족, 가정	14.6	11.2	19.7	49.7 ①	47.9 ②	51.8 ①
자기 자신의 건강 만들기	14.6	14.1	15.3	11.7	11.5	12.0
스포츠	14.2	17.1	9.8	12.7	16.6	8.1
자연과의 만남	13.3	13.0	13.7	13.5	14.2	12.8
배우자 · 결혼생활	0.0	0.0	0.0	29.5 ③	31.9 ③	26.7 ③
학습활동	6.9	6.7	7.1	3.3	3.1	3.6
사회활동	4.2	2.6	6.6	5.7	6.2	5.2
그 외	3.5	3.0	4.4	1.9	1.2	2.6

주 1. '당신은 현재, 어떤 것에서 삶의 의미를 느낍니까?'라는 질문에 대해 항목마다 응답을 요구한 것이다(복수응답).
2. 음영은 상위 3개를 나타낸다. 또한 원 안의 숫자는 비율 상위 3개의 순위를 나타낸다.
3. 남성, 여성 아래에 괄호 안의 숫자는 샘플 수(n)을 나타낸다.
자료. 후지모리 가츠히코(藤森克彦. 2012). 2012년 4월. 데이터는 연금시니어플랜종합연구소(2011)를 이용하여 계산.

2인 이상 가구의 비율이 1인가구보다 높은 것은 가족·가정과 배우자·결혼생활뿐이다. 다른 항목에서는 1인가구가 2인 이상 가구의 비율보다 높게 나타난다. 이러한 점을 보면, 1인가구에서 삶의 의미의 대상은 분산되어 있는 것에 비해 2인 이상 가구에서 삶의 의미의 대상은 가족·가정이나 배우자·결혼생활이라는 가족관계 항목에 집중된 경향이 보인다.

다음으로 1인가구에서 혼자서 마음대로 지내는 것에 관해서는 남녀 사이에 유의한 차이가 없다. 한편, 1인가구 남성에서는 1인가구 여성에 비해서 취미(57.6%), 일(26.8%), 스포츠(17.1%)를 삶의 의미의 대상으로 꼽는 사람의 비율이 높다. 특히, 일은 1인가구 여성과 차이가 커서 약 10%나 높다.

반면, 1인가구 여성은 1인가구 남성에 비해 친구 등 가족 이외의 사람과 교류(29.5%), 가족·가정(19.7%), 사회 활동(6.6%)을 삶의 의미의 대상으로 하는 사람의 비율이 높다. 특히, 친구 등 가족 이외의 사람과 교류는 1인가구 남성보다 약 14%나 높다.

4) 1인가구의 삶의 의미

이상과 같이 1인가구의 삶의 의미에 대해 살펴보았는데, 주요내용을 대략적으로 정리해보면 다음과 같다.

첫째, 1인가구와 2인 이상 가구를 비교하면, 1인가구는 삶이 의미 있다고 느끼는 비율이 낮다.

둘째, 1인가구와 2인 이상 가구는 삶의 의미의 대상이 다르다. 2인 이상 가구는 가족관계 항목을 꼽는 사람의 비율이 높은데, 동거 가족이 없는 1인가구는 큰 차이가 있다. 1인가구는 가족관계 항목을 삶의 의미의 대상으로 꼽는 비율이 낮은 만큼 삶의 의미의 대상이 분산된 경향이 보인다. 누구나 혼자 살 수밖에 없는 상황에서 가족만을 삶의 의미로 여기지 않고 여러 가지 대상에서 삶의 의미를 느끼는 것은 중요하다고 생각된다.

셋째, 1인가구 남성과 여성의 삶의 의미의 대상을 비교하면, 1인가구 남성은 일, 1인가구 여성은 친구 등 사람과의 교류를 삶의 의미의 대상으로 하는 경향이 보인다.

3장 주요내용

— 1인가구와 2인 이상 가구의 가계·자산 평균치를 비교해보면 근로세대 인 1인가구는 2인 이상 가구보다 여유로운 상황이지만, 고령기에는 2인 이상 가구보다 악화한다.

— 근로세대인 1인가구에서 상대적 빈곤율(2012년 기준)은 남성 23.2%, 여성 33.3%로서 1인가구는 남녀 모두 '한부모와 미혼 자녀만의 가구'에 이어 높은 수준이다.

— 근로세대인 1인가구에서 저소득층의 비율이 높은 요인으로는 ① 비정 규직 노동자로서 일하는 사람의 비율이 높은 것, ② 무직자가 된 사람의 비율이 높은 것을 들 수 있다.

— 근로세대인 1인가구에서 무직자나 비정규직 노동자의 비율이 높은 것 은 경제적인 불안정 등으로 결혼을 하고 싶어도 할 수 없거나, 경제적 요 인으로 인해 이혼을 하여 1인가구가 되었기 때문으로 볼 수 있다.

— 근로세대인 1인가구의 사회적 고립 현황을 보면, 2인 이상 가구에 비해 대화 결여형 고립, 지원수혜 결여형 고립, 지원제공 결여형 고립에 빠지기

쉽다. 특히, 50대 1인가구의 30% 이상이 대화 결여형 고립과 지원수혜 결여형 고립에 빠져 있다. 50대 1인가구는 복수의 고립 유형에 빠지기 쉬운 연령대라는 점에 유의해야 할 필요가 있다.

━ 1인가구의 삶에 대한 만족도를 2인 이상 가구와 비교해 보면, 삶에 대한 만족도는 1인가구가 2인 이상 가구보다 낮다. 또 삶의 의미의 대상을 보면 2인 이상 가구에서는 가족관계 항목을 삶의 의미의 대상으로 하는 사람의 비율이 높은 것에 비해서 1인가구에서는 삶의 의미의 대상이 분산되는 경향을 보인다.

고령 1인가구의 리스크

이 장에서는, 고령 1인가구가 안고 있는 리스크에 관해서 살펴보겠다. 1장에서와 마찬가지로 빈곤한 상황, 사회적 고립의 실태에 대해서 분석하고자 한다. 고령 1인가구에서는 개호가 필요한 경우에 대응이 어려워질 것이 우려되기 때문에, 개호가 필요해졌을 때의 리스크도 살펴보겠다.

　하지만 고령 1인가구라고 해서 빈곤과 고립, 개호가 필요한 리스크에 대해서 똑같은 지원을 해야 하는 것은 아니다. 자녀의 유무나 소득의 고저에 따라서 리스크에 대한 지원이 달라질 수 있다. 따라서 마지막으로 자녀의 유무와 소득수준에 따라서 고령 1인가구를 나누어 리스크에 대한 지원이나 의식의 차이를 살펴보도록 하겠다.

1. 고령 1인가구의 빈곤

3장에서 보았듯이 가계나 금융 자산의 평균치를 보면, 근로세대에서는 1인가구가 2인 이상 가구보다 여유로운 상황이다. 그러나 고령기에는 1인가구가 2인 이상 가구보다 경제적으로 힘든 상황에 빠질 가능성이 있다.

1) 고령 1인가구의 빈곤 실태

3장과 마찬가지로 상대적 빈곤율[1]을 이용하여 고령 1인가구의 빈곤 상황을 보면, 고령 1인가구 중에서 빈곤한 상황에 빠진 사람의 비율(2012년)은 남성 29.3%, 여성 44.6%이다. 고령자 전체의 빈곤율이 남성 15.1%, 여성 22.1%인 데 비해서, 고령 1인가구는 2배 정도 높은 수준이다. 다른 가구유형과 비교해도 남녀 모두 1인가구의 빈곤율이 주요 가구유형 중 가장 높다(〈도표 4-1〉).

그럼 왜 고령 1인가구는 상대적 빈곤율이 높은 것일까? 아래에서는 고령 1인가구의 수입원과 공적 연금제도를 간략히 논의한 후, 고령 1인가구의 빈곤율이 높은 요인을 살펴보도록 하겠다.

---

1 앞에서 말한 바와 같이 상대적 빈곤율이란, 가구의 가처분소득에서 가구규모를 조정한 등가가처분소득의 중앙값인 50%(빈곤선) 미만에서 생활하는 사람들의 비율을 나타낸다. 덧붙여 후생노동성의 〈2013년 국민생활기초조사의 개황〉에 따르면 2012년의 빈곤선은 122만 엔으로 이보다 낮은 사람의 비율이 상대적 빈곤율이다.

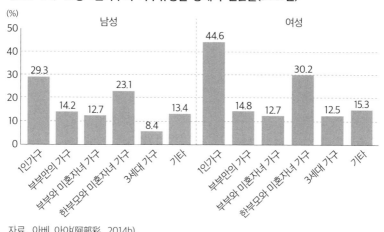

〈도표 4-1〉 고령 1인가구의 가구유형별 상대적 빈곤율(2012년)

자료. 아베 아야(阿部彩, 2014b).

2) 고령 1인가구의 수입원과 공적연금의 개요

고령 1인가구의 수입원을 보면 다른 가구유형에 비해 공적연금의 비중이 높다. 65세 이상 1인가구의 총소득 중 유형별 소득의 비율(2015년)을 보면, 공적연금 69.7%, 근로소득 15.4%, 재산소득 6.8%, 자녀들로부터의 송금·기업연금 4.3%이다.[2] 이에 비해 고령 부부만의 가구는 총소득 중 공적연금의 비율이 61.3%, 근로소득은 25.2%이다. 1인가구에 비해 공적연금의 비중이 낮다. 더욱이 3세대 가구에서는 동거 성인자녀의 근로소득 등이 있기 때문에 근로소득이 74.0%로 높고 공적연금은 20.6%이다.

---

[2] 후생노동성(2015), 〈2014년 국민생활기초조사의 개황〉, 표 103.

공적연금의 구조

일본의 공적연금제도에 대해 간단히 소개하면, 공적연금은 2층 구조로 구성되어 있는데 1층 부분이 20세부터 60세 미만의 모든 국민이 가입하는 국민연금(기초연금)이다. 그리고 국민연금 가입자 중 급여소득자(피고용자) 그룹만 2층 부분의 후생연금에 가입할 수 있다. 다시 말해서 급여소득자 그룹 이외의 자영업자 그룹(자영업자, 농림수산업 종사자, 학생, 파트타임 노동자 등)이나 급여소득자를 배우자로 둔 전업 주부(남편) 그룹은 공적연금의 2층 부분인 후생연금에 가입할 수 없고 고령기에 국민연금만 수급할 수 있다.

그리고 2015년 9월까지는 급여소득자 그룹만 가입할 수 있는 2층 부분의 연금에는 2종류가 있어서 공무원은 공제연금, 그 외 급여소득자는 후생연금에 가입하고 있었다. 그러나 2015년 10월부터 공제연금은 후생연금으로 통합되었다.

국민연금의 수급액은 정액보험료를 40년간 납입할 경우 최고 월 6만 5천 엔(2016년 현재)이다. 보험료 납입기간이 짧으면 그만큼 국민연금의 수급액도 낮아진다. 이에 비해 급여소득자만 가입하는 후생연금은 현역 시절에 소득에 비례한 보험료를 본인과 고용주가 절반씩 부담한다. 그 후, 고령기에 국민연금(기초연금)과 더불어 소득비례연금(후생연금)을 얹은 연금액을 수급할 수 있다. 이러한 점에서 후생연금에 가입한 급여소득자 그룹은 국민연금만 가입한 자영업자 그룹보다 많은 연금을 받는다.

공적연금은 1인가구에 불리하게 설계되지 않았다

현행 공적연금제도가 1인가구에 불리하게 설계되지 않았다는 점을 확인해보자. 먼저 국민연금은 정액보험료·정액급여로 되어 있기 때문에 가구유형에 따라 달라지지 않는다.

후생연금의 급여 수준은 소득대체율로 표시된다. 소득대체율이란 월 연금수급액/현역 시절 실수령 월급여액(보너스 포함 연봉의 월급여 환산액)으로 산출된다. 현역 시절 평균 실수령 임금에 대한 연금수급 액의 비율을 표시한 것이다. 그리고 소득대체율은 어떤 가구유형이 라도 구성원 1인당 소득이 같으면 동률이 되도록 설계되어 있다.[3] 즉, 1인가구가 불리하지는 않다.

예를 들어, '월급 20만 엔의 소득을 가진 1인가구'와 '남편 30만 엔, 부인 10만 엔의 월소득을 가진 맞벌이'와 '남편 40만 엔의 월소득을 가진 전업주부 가구'에서는 세대원 1인당 소득은 20만 엔이기 때문에, 소득대체율이 동일하다. 바꾸어 말하자면, 1인당 소득이 동일하다면 어떤 가구유형이라 하더라도 1인당 연금수급액은 같은 금액이된다.

따라서 고령 1인가구의 빈곤율이 높은 것은 공적연금제도에서 1인가구가 불리한 대우를 받기 때문이 아니다. 그럼, 어떤 요인이 있을까? 고령 1인가구의 공적연금 수급 상황으로부터 1인가구가 빈곤에 빠지기 쉬운 세 가지 요인을 추출해 보겠다.

---

3 후생노동성(2009a), 11p.

3) 공적연금의 2층 부분을 수급받지 못하는 점(요인 1)

먼저 고령 1인가구는 국민연금만을 수급하고 후생연금이나 공제연금 같은 공적연금 2층 부분을 받지 못하는 사람의 비율이 높다는 점을 들 수 있다. 월 6만 5천 엔(최고액)의 국민연금만으로 생활을 하는 것은 다른 수입이 없는 한 경제적으로 어렵다.

〈도표 4-2〉는 고령 1인가구와 고령 부부가구의 후생연금 · 공제연금 (유족후생연금, 유족공제연금 포함) 수급 여부를 나타낸 것이다. 가구 내 후생연금 · 공제연금 수급자가 없는 가구에 소속된 사람의 비율은 부부가구에서는 1.7%인데 1인가구 남성에서는 7.8%, 1인가구 여성에서는 14.7%로 1인가구가 높다.

그리고 후생연금 · 공제연금을 받지 못하는 1인가구의 공적연금 수급액은 후생연금 · 공제연금을 받는 1인가구의 수급액의 1/3 정도 수준이다. 또 가구의 수입이 150만 엔 미만인 저소득가구의 비율도 후생연금 · 공제연금을 수급받는 1인가구에서는 30~40%지만, 수급받지 못하는 1인가구에서는 80~90% 정도로 늘어난다. 후생연금 · 공제연금을 받을 수 있는지, 없는지는 고령 1인가구의 수입에 큰 영향을 미치고 있다.

후생 · 공제연금을 수급받지 못하는 고령 독신자란?

그럼, 후생연금 · 공제연금을 수급받지 못하고 국민연금만을 수급받는 고령 독신자는 어떤 사람들일까? 먼저 자영업이나 농림수산업 종

〈도표 4-2〉 가구유형별 공적연금의 수급 현황(2012년)

후생연금/ 국민연금 유무(주1)	수령자 구성 (%)		공적연금수급액 (만 엔)		가구 수입 (만 엔)		가구 수입 150만 엔 미만(%)	
	있음	없음	있음	없음	있음	없음	있음	없음
1인가구 남성	92.2	7.8	187.1	60.3	245.3	119.8	28.8	80.8
1인가구 여성	85.3	14.7	151.8	53.8	181.3	73.9	45.0	91.7
부부가구	93.9	1.7	216.2	99.6	298.6	196.7	10.3	58.1
	(주2)		(주3)		(주4)		(주5)	

주 1. 조사대상은 후생연금 및 국민연금 수급자 23,000명(유효응답 13,495명, 회수율 58.7%).
 2. 부부가구에서는 '있음', '없음'을 합산하여도 100%가 되지 않는다. 이는 유무 불명이 4.4%(224건)이 있기 때문이다. 또, 부부가구에서는 부부 중 1명이라도 후생연금·공공연금이 있으면 '있음'이 된다.
 3. 부부가구의 연금액이나 가구수입은 가구원수의 제곱근으로 나눈 등가소득을 나타내었다. 원 수치는 '있음'(305.7만 엔), '없음'(140.8만 엔).
 4. 위의 주 3과 같음. 원 수치는 '있음'(422.3만 엔), '없음'(278.3만 엔).
 5. 부부가구에서는 200만 엔 미만(등가소득 기준 141만 엔 미만)인 가구비율을 나타내었다.
자료. 후생노동성(2012년)에 따라 작성.

〈도표 4-3〉 노령연금 수급자의 현역시절 경력과 노후의 연소득(2012년)

단위: %

현역시절 경력	고령남성		고령여성	
	1백만 엔 미만	구성비	1백만 엔 미만	구성비
노령연금 총수급자수	12.1	100.0	48.3	100.0
수입 동반한 일이 없던 기간 중심	42.9	0.1	65.3	16.0
아르바이트 중심	42.2	1.3	61.0	2.5
자영업 중심	36.2	16.0	56.5	17.2
중간적인 경력	26.6	1.6	60.0	10.2
상근 파트타임 중심	16.4	1.5	44.4	11.0
정규직 중심	3.6	72.7	17.4	23.2
불명	35.4	6.7	58.1	19.8

자료. 후생노동성, 〈2012년 노령연금 수급자 실태조사〉에 따라 작성.

사자였던 사람이 폐업을 하고 고령기에 혼자 살게 되면 국민연금만으로 생활을 하게 된다. 또한 현역 시절에 파트타임으로 일한 비정규직 노동자가 미혼인 채로 고령기를 맞으면, 공적연금 중 국민연금만을 수급받게 된다.

실제로, 65세 이상의 노령연금 수급자에서 현역 시절의 주된 경력과 연금액의 관계를 보면, 현역 시절에 '정규직 중심'이었던 사람 중 연소득 100만 엔 미만인 사람의 비율은 남성 3.6%, 여성 17.4%로 낮은 수준이다.[4] 한편, 현역 시절에 '무직기간이 중심이었던 사람', '아르바이트나 상근 파트타임 등 비정규직 노동이 중심이었던 사람', '자영업이 중심이었던 사람' 등으로 연수입 100만 엔 미만인 사람의 비율은 높은 수준이다(〈도표 4-3〉).

4) 고령 1인가구는 무연금자의 비율이 높다는 점(요인 2)

두 번째로 고령의 남성 1인가구에서 무연금자의 비율이 높다. 공적연금을 수급받기 위해서는 수급자격기간에서 보험료 납입기간과 보험료 면제·유예기간 등을 합산해 25년을 충족해야만 한다.[5] 이 요건을

---

[4] 〈도표 4-3〉의 연소득 100만 엔 미만이라도 반드시 빈곤한 것이 아니라는 점에 주의가 필요하다. 여기에서는 개인수입이지 가구수입이 아니기 때문에 개인 연소득이 100만 엔 미만이라 하더라도 배우자가 고소득자라면 빈곤에 빠지지 않는다. 이에 비해 〈도표 4-1〉의 상대적 빈곤율을 나타낸 그래프는 가구수입을 가구규모로 조정한 등가가처분소득에 기초하여 빈곤에 빠져있는 사람의 비율을 나타내고 있다.

충족시키지 못하면 무연금자가 되고 공적연금을 수급받을 수 없게 된다.

그럼 무연금자는 얼마나 많을까? 후생노동성의 〈2013년 국민생활기초조사〉(2013년)에서, 65세 이상 구성원이 있는 가구에서 공적연금을 수급받지 못하는 가구의 비율을 보면, 부부가구에서는 2.9%인데, 남성 1인가구에서는 9.7%, 여성 1인가구에서는 4.7%로 나타났다.[6] 고령의 남성 1인가구의 무연금자 비율은 다른 가구유형에 비해 현저하게 높다.

5) 현역 시절 임금이 낮거나 근로기간이 짧다는 점(요인 3)

세 번째로 고령 1인가구는 현역 시절의 임금이 낮았거나 근로기간이 짧았던 것으로 볼 수 있다. 〈도표 4-2〉에 표시된 바와 같이, 후생연금·공제연금을 수급받는 1인가구라 하더라도 독신남성의 28.8%,

---

[5] 또 2017년 8월부터 일본은 노령기초연금의 수급자격기간을 현행의 25년에서 10년으로 단축한다. 목적은 무연금자의 감소이다. 그러나 수급자격기간의 단축에 따라 10년 이상 길게 납부를 계속하는 사람이 감소할 가능성이 있다. 즉, 25년의 수급기간이라면 월 약 4만 1천 엔의 기초연금을 수급할 수 있지만, 10년의 수급기간이라면 월 약 1만 6천 엔이 된다. 공적연금은 모든 국민이 원칙적으로 20~60세까지 가입하고 그동안 보험료를 계속 납부하는 것을 전제로 설계되어 있다. 또한 국민연금에서는 무직자나 저소득층이라도 가입할 수 있도록 보험료 감면 조치도 시행하고 있다. 수급자격기간을 단축하는 것이 고령기의 빈곤 예방에 효과가 있을 것인가에 대해 의문이 제기되고 있다.

[6] 후생노동성(2013), 표 12.

독신여성의 45.0%는 연소득이 150만 엔 미만이다. 후생연금이나 공제연금의 급여 수준은 현역 시절의 급여 수준과 근로기간의 영향을 받는다. 임금이 낮았거나 정규직 노동자로서의 근로기간이 짧으면 그에 따라 공적연금 급여 수준도 하락한다.

특히 독신여성에서는 후생연금·공제연금 수급자의 45.0%가 연소득 150만 엔 미만이다. 후생연금·공제연금을 수급하는 독신남성에서 150만 엔 미만인 사람의 비율(28.8%)보다 현저히 높다. 이 배경에는 여성의 임금이 남성보다 낮은 것과 정규직 노동자로서 일한 기간이 짧았던 점이 작용하고 있다고 추정할 수 있다.

이상과 같이 고령 1인가구에서 상대적 빈곤율이 높은 요인으로는 공적연금의 2층 부분을 수급받지 못하는 사람의 비율이 높다는 점, 무연금자의 비율이 높다는 점, 현역 시절에 저임금이었거나 정규직 노동자로서 일한 기간이 짧았던 점 등을 들 수 있다.

6) 향후 고령 1인가구의 빈곤

또 고령 1인가구의 상대적 빈곤율을 시계열로 보면, 이전에 비해 빈곤에 빠지는 사람의 비율은 낮아지고 있다. 즉, 독신남성의 상대적 빈곤율은 2006년 35.7%에서 2012년에는 29.3%로 하락했다. 독신여성의 상대적 빈곤율도 2006년 50.8%에서 2012년에는 44.6%로 하락하였다. 7

고령 1인가구의 빈곤율이 하락했다고 해서 향후 고령 1인가구의 빈곤문제를 낙관할 수는 없다. 왜냐하면, 고령 1인가구의 상대적 빈곤율이 줄었다고 하더라도 여전히 고령 1인가구의 빈곤율은 다른 가구 유형보다 높다. 한편, 고령 독신자는 앞으로 더욱 증가할 것으로 전망되고 있다. 말하자면, 빈곤이라는 '구멍의 깊이'는 이전보다 얕아진다고 하더라도 그 '면적'은 이전보다 더 넓어질 것이다. 이로 인해 고령 1인가구의 빈곤은 여전히 사회의 큰 문제가 될 것이다.

2. 고령 1인가구의 사회적 고립

다음으로 고령 1인가구의 사회적 고립에 관해 살펴보자. 고령 1인가구는 배우자 등 동거인이 없다. 따라서 동거인을 통한 인간관계를 공유할 수 없다. 퇴직을 하면 직장의 인간관계도 없어지게 된다. 그렇기 때문에 고령 1인가구는 사회적 고립에 빠지기 쉽다고 할 수 있다.

3장에서는 근로세대인 1인가구의 사회적 고립에 관해서 사인연의 〈생활과 지원에 관한 조사〉(2012년 7월 실시)를 이용하여 4개의 고립유형으로 나누어 분석하였다. 여기에서는 고령 1인가구의 사회적 고립유형별 현황을 살펴보고 사회적 고립이 현실화된 궁극적인 사안으로서 고립사(고독사)에 대해 논의하고자 한다.

---

7 아베 아야(阿部彩, 2014b).

1) 사회적 고립 4유형으로 본 고령 1인가구의 고립 현황

3장과 마찬가지로 사회적 고립에 대해서는 ① 대화 결여형 고립(대화 빈도가 낮은 것), ② 지원수혜 결여형 고립(곤란한 시기나 고민이 있을 때 의지할 사람이 없는 것), ③ 지원제공 결여형 고립(도와줄 상대가 없는 것), ④ 사회참여 결여형 고립(단체나 그룹 활동에 불참) 4개의 유형으로 나누어 살펴보겠다. 또, 사회적 고립 4유형의 지표 설계나 사용하는 데이터는 3장 3절에서 설명한 것과 동일하다.

대화 결여형 고립

먼저 대화 결여형 고립에 해당하는 사람의 비율을 보면, 2인 이상 가구는 6.3%인데 1인가구는 29.7%로 5배 정도 수준으로 나타났다(〈도표 4-4〉). 그리고 고령세대와 근로세대에서 대화 결여형 고립에 해당하는 사람의 비율을 보면, 고령 1인가구는 40.8%, 근로세대인 1인가구는 22.6%이다. 1인가구 중에서도 고령1인가구가 대화 결여형 고립에 빠지기 쉽다는 것이다. 또 고령 1인가구를 남녀로 구분하면 남성은 50.0%, 여성은 37.2%로 고령 독신남성이 대화 결여형 고립에 빠지기 쉽다.

대화 결여형 고립은 대화빈도가 2~3일에 1회 이하인 사람이 해당되지만, 보다 엄격한 기준으로 해도 고령 독신남성이 사회적 고립에 빠지기 쉽다는 것을 지적할 수 있다.

예를 들어, 대화 빈도가 2주에 1회 이하에 해당하는 사람의 비율을 보면 고령 부부가구에서는 남성이 4.1%, 여성이 1.6%이며, 고령 독신여성은 3.9%인 데 비해 고령 독신남성은 16.7%이다(〈도표 4-5〉). 고령 독신남성 6명 중 1명은 거의 대화빈도가 없는 상황에 빠진 것이다.

〈도표 4-4〉 고령 1인가구의 사회적 고립유형 비율

	대화 결여형 고립			지원수혜 결여형 고립			지원제공 결여형 고립			사회참여 결여형 고립		
	총	남성	여성	총	남성	여성	총	남성	여성	총	남성	여성
합계	9.0	9.9	8.0	9.6	10.7	8.5	9.8	11.4	8.5	11.0	11.0	11.0
1인가구	29.7	29.3	30.1	19.1	24.1	14.3	14.9	19.1	10.9	10.2	10.6	9.8
고령 1인가구	40.8	50.0	37.2	13.9	20.7	11.3	14.7	19.6	12.9	5.2	3.7	5.7
근로세대 1인가구	22.6	23.4	21.1	22.7	25.1	18.5	15.1	19.0	8.3	13.6	12.7	15.2
2인 이상 가구	6.3	7.4	5.3	8.3	11.9	7.7	9.2	10.3	8.2	11.1	10.3	11.1

주. 4개의 고립유형 분류에 대해서는 3장 3절 참고.
자료. 데이터는 사인연(2014), 〈생활과 지원에 관한 조사(2012년)〉에 따름. 사용한 개인 데이터는 통계법 제 32조에 따른 제 2차 이용신청에 따라 사용 승인(2015년 12월 8일)을 얻은 것이다.

〈도표 4-5〉 가구유형별 고령자의 대화빈도(2012년)

		매일	2~3일에 1회	4~7일에 1회	2주에 1회 이하
고령남성	1인가구	50.0	18.3	15.1	16.7
	부부만의 가구	85.4	8.1	2.4	4.1
고령여성	1인가구	62.8	24.9	8.4	3.9
	부부만의 가구	86.7	8.6	3.1	1.6

자료. 사인연(2014), 〈2012년 사회보장 · 인구문제 기본조사 - 생활과 지원에 관한 조사보고서〉, 20항에 따라 작성.

지원수혜 결여형 고립

다음으로 지원수혜 결여형 고립8에 해당하는 사람은 2인 이상 가구에서 8.3%이지만 1인가구는 19.1%로 훨씬 높아 1인가구는 지원수혜 결여형 고립에 빠지기 쉽다. 그리고 1인가구 중 고령세대와 근로세대의 해당자 비율을 보면, 고령세대 1인가구는 13.9%, 근로세대 1인가구는 22.7%이다. 근로세대 1인가구가 고령세대보다 지원수혜 결여형 고립에 빠지기 쉽다. 이것은 고령세대가 되면 개호보험 서비스 등 각종 공적서비스를 받게 되므로 근로세대에 비해 의지할 사람을 확보하기 쉬워지기 때문인 것으로 보인다. 고령 1인가구의 해당자 비율을 성별로 구분해서 보면, 남성은 20.7%, 여성은 11.3%로 고령 독신남성이 고령 독신여성보다 지원수혜 결여형 고립에 빠지기 쉽다.

지원제공 결여형 고립

또 지원제공 결여형 고립9의 해당자 비율을 보면, 2인 이상 가구는 9.2%인 데 비해서 1인가구는 14.9%이다. 대화 결여형 고립이나 지원수혜 결여형 고립과 비교하면 가구형태별 차이가 크지 않다. 그리

---

8 지원수혜에 관련한 10개 항목 중에서 2개 이상의 항목에서 '의지할 사람이 없다'고 응답한 사람을 지원수혜 결여형 고립의 해당자로 본다(3장 3절 참고).

9 가족·친족, 친구·지인, 이웃, 직장동료(4항목)가 도움을 필요로 하고 있을 때, '도움을 주지 않는다'고 응답한 사람이 4개 항목 중 2개 이상 있는 사람을 지원제공 결여형 고립의 해당자로 한다(3장 3절 참고).

고 고령세대와 근로세대의 해당자 비율을 보면 고령 1인가구는 14.7%, 근로세대 1인가구는 15.1%이다. 고령세대와 근로세대 사이에도 차이가 거의 없다.

사회참여 결여형 고립

마지막으로 사회참여 결여형 고립10의 해당자 비율을 보면 1인가구는 10.2%이고 2인 이상 가구는 11.1%로 1인가구와 2인 이상 가구 사이에 큰 차이가 없다. 한편, 1인가구를 고령세대와 근로세대로 나누어 해당자 비율을 보면 고령세대는 5.2%, 근로세대는 13.6%로 고령 1인가구는 근로세대 1인가구에 비해 사회참여 결여형 고립에 빠지기 어렵다. 이 배경에는 사회참여에는 시간이 필요하기 때문에 무직고령자는 사회참여를 하기 쉬운 여건이 있을 수 있다. 또 고령 1인가구의 해당자 비율을 남녀로 나누어 보더라도 고령 독신남성은 3.7%, 고령 독신여성은 5.7%로 별로 큰 차이가 없다.

여기까지 사회적 고립 4유형으로 고령 1인가구의 고립 실태를 살펴보았는데 고령 1인가구에서는 남성을 중심으로 대화 결여형 고립에 빠지기 쉬운 것을 특징으로 들 수 있다.

---

10 9개 항목의 사회참여 활동 중에서 2개 이상에 대해 '참여하고 싶지만 할 수 없다'고 응답한 사람을 사회참여 결여형 고립의 해당자로 한다(3장 3절 참고).

2) 1인가구와 고립사

다음으로 1인가구의 사회적 고립이 현실화된 궁극적인 사안으로서 '고립사'(고독사)를 다루고자 한다. 고립사에 대해 일관된 정의가 있는 것은 아니지만, 생전에 사회에서 고립되어 사후 장기간 방치된 죽음이라 생각할 수 있다.[11] 즉, '죽는 순간'에 친족이나 친구가 있는지 없는지가 문제가 아니라 생전부터 사회적으로 고립되어 아무도 사망을 모르고 장기간 방치된 경우 등이 고립사에 해당한다. 예를 들어, '독거 연예인이 자택 욕실에서 심근경색으로 사망하여 다음날 사무실 직원에게 발견됐다'는 보도가 있었으나 이것은 '고립사'로 보기 어렵다. 혼자 살고 있으면 이런 리스크는 있을 수 있다. 수 주간 방치되었다가 발견되는 경우처럼 생전의 사회적 고립이 있었음을 알 수 있는 사망이 우리가 주목하는 고립사이다.

그럼, 고립사는 어느 정도 발생하고 있을까? 전국적으로 고립사 실태가 파악되지 않았지만, 도쿄도 23구에 대해서는 도쿄도감찰의무원이 조사하고 있다.[12]

그러나 도쿄도감찰의무원의 고립사의 정의는 위의 정의와 다르다. 도쿄도감찰의무원에서는 처음부터 병사라고 알려진 자연사를 제외하

---

11 고령자 등이 혼자라도 안심하고 살 수 있는 커뮤니티 만들기 추진회의 (2008), 11p.
12 도쿄도 23구에서는 '이상사'라고 판단된 시체는 도쿄도감찰의무원이 검안·해부를 한다. 도쿄도감찰의무원 (2010) 참고.

고, 자살·사고사·사인 불명(병사 포함)을 고립사로 정의한다. 이 정의에는 사망부터 발견시점까지의 소요일수가 고려되지 않았다. 따라서 아래에서는 먼저 도쿄도감찰의무원의 데이터를 사용하여 분석한 후, 사망부터 발견시점까지의 소요일수에 관해서도 살펴보도록 하겠다.

도쿄도 23구의 고립사 발생현황

도쿄도감찰의무원의 정의에 따라 도쿄도 23구의 2014년 고립사 발생현황을 보면, 전체 고립사 발생 건수는 4,466건이었다.[13] 이 중 65세 이상의 고립사는 2,885건으로 전체의 64.6%가 65세 이상 고령자의 고립사이다. 2014년 도쿄도 23구의 총사망자수는 7만 5,623명이었고 이 중 고립사의 비율은 5.9%이다. 또 자택 사망자수가 1만 3,453명이므로 자택 사망자 중 33.2%가 고립사인 것이다.[14]

고립사 발생 건수의 변화 추이를 보면 2003년 2,861건, 2014년 4,466건이 발생하여 56.4% 증가하였다. 고립사 증가는 자택 사망자 수의 증가를 수반한다고 할 수 있다. 실제로, 자택 사망자 수에서 차지하는 고립사 비율을 보면 2003년 33.3%가 2014년에는 33.2%로 나타나 변화가 거의 없다.

---

[13] 도쿄도감찰의무원(2014년), 〈도쿄도의 사후경과시간·가구유형별 이상사 수〉에 따라 계산. 도쿄도감찰의무원 홈페이지.
[14] 도쿄도 23구의 자택 사망자 수는 후생노동성, 〈2014년 인구동태통계〉에 따름.

〈도표 4-6〉 연령대별 고립사의 발생률(2010년, 도쿄도 23구)

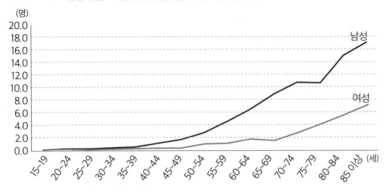

주 1. 도쿄도 23구의 2010년 수치.
　2. 고립사 발생률 = (고립사 발생건수/1인가구수) × 1,000명.
　3. 고립사란, 자택에서 사망한 혼자 사는 사람의 이상사를 말한다. 이상사란, 처음부터 병사
　　라고 알고 있는 자연사를 제외한, 자살·사고사·원인불명(병사 포함)을 말한다.
자료. 도쿄도감찰의무원 홈페이지, 〈2004~2014년 통계표 및 통계도표〉 및 후생노동성, 〈인구
　　상태 통계〉에 따라 작성.

〈도표 4-7〉 도쿄도의 고립사 발생부터 발견까지 소요일수

단위: %

소요일수	1인가구 남성		1인가구 여성		2인 이상 가구 남성		2인 이상 가구 여성	
	2005	2015	2005	2015	2005	2015	2005	2015
0~3일	51.8	44.3	67.2	59.9	95.7	94.8	97.2	96.9
4~7일	18.1	19.1	16.7	20.9	2.2	3.1	1.6	2.1
8~14일	12.8	13.6	7.3	7.6	1.2	0.8	0.5	0.5
15일 이상	17.3	23.0	8.7	11.6	0.9	1.4	0.7	0.6

주. 이상사(자택 사망) 중 사후에서 발견까지 경과일수의 비율.
자료. 도쿄도감찰의무원, 2005년과 2015년의 〈도쿄도감찰의무원에서 다룬 자택에서 사망한 1
　　인가구 통계〉에 따라 작성.

성·연령대별로 고립사 발생률(1인가구 1,000명 당)을 보면 남성은 50대 전반, 여성은 70대 전반에서 발생률이 상승한다(〈도표 4-6〉). 그리고 85세 이상에서 발생률이 가장 높다.

고립사가 발견되기까지 걸리는 사후경과일수

고립사 발생부터 발견되기까지의 사후경과일수(2015년)를 보면, 3일 이내가 독신남성은 44.3%, 독신여성은 59.9%이다(〈도표 4-7〉). 2인 이상 가구에서의 사후경과일수는 3일 이내가 95% 전후로 1인가구와 큰 차이가 있다. 그리고 15일 이상 걸려서 발견되는 경우는 독신남성이 23.0%, 독신여성이 11.6%이다.

2005년과 2015년을 비교하면, 사후경과일수 15일 이상의 독신남성의 비율은 17.3%(2005년)에서 23.0%(2015년)로 5.7% 증가하고 있다. 독신여성에서도 8.7%(2005년)에서 11.6%(2015년)로 2.9% 증가하는 등 10년간 사후경과일수가 확실히 길어지고 있다. 생전의 사회적 고립을 알 수 있는 고립사가 증가하고 있는 것이다. 주민에 의한 지역사회 네트워크 만들기는 사회적 고립을 방지할 대책 중 하나가 될 수 있다. 이에 대해서는 7장에서 더 상세하게 고찰하도록 하겠다.

3. 개호가 필요하게 되었을 때의 대응

다음으로 고령 독신자에게 개호가 필요하게 될 경우의 리스크에 대해서 검토해보자. 고령 1인가구는 동거 가족으로부터 개호를 받을 수 없기 때문에 동거 가족이 있는 고령자와는 다른 문제를 갖고 있다고 추정할 수 있다. 특히, 미혼 고령 독신자는 개호를 받을 수 있는 배우자나 자녀도 없다. 따라서 고령 독신자가 개호가 필요하게 되었을 경우의 리스크 대응이 과제가 된다.

1) 향후 75세 이상 고령자의 증가 상황

개호필요인정률 — 65세 이상 고령자 중에서 지원·개호필요로 인정받은 사람의 비율 — 을 보면, 65~75세에서는 3.0%에 머물고 있으나 75세 이상에서는 23.0%까지 상승한다.[15] 75세 이상이 되면 개호필요 리스크가 커지는 것이다.

전국 75세 이상 독신자 증가 현황을 보면, 2015년 339만 명에서 2030년에는 473만 명이 되어 40%(134만 명) 증가할 것으로 예측되고 있다(〈도표 4-8〉). 또 1인가구인지가 불명확하지만, 미혼자수를 보면, 2015년 39만 명에서 2030년 130만 명으로 233% 증가한다는 전망이다. 아마도 2030년 75세 이상의 미혼자 중에는 독신자가 상당

---

[15] 내각부(2014), 24~25p.

정도 포함되어 있을 것으로 추정된다.

지역별로 보면, 75세 이상 독신자는 대도시권에서 급증한다. 예를 들어 도쿄권의 75세 이상 독신자는 2015년에는 91만 명이었는데 2030년에는 137만 명으로 50%나 증가할 것으로 추계된다. 도쿄권의 75세 이상 독신자 증가율은 전국 증가율(39%)보다 높을 것이다. 지역별 고령미혼자 장래추계는 발표되지 않았으나 대도시권의 미혼율

⟨도표 4-8⟩ 고령 독신자 수와 미혼 고령자 수의 장래추계

		전국			도쿄권		
		2015년	2030년	증가율	2015년	2030년	증가율
65세 이상	① 합계	3,385	3,685	9%	865	984	14%
	② 1인가구	628	730	16%	177	217	23%
	(②/①)	(19%)	(20%)		(20%)	(22%)	
	③ 미혼자	135	314	133%	46	-	-
	(③/①)	(4%)	(9%)		(5%)		
75세 이상	④ 합계	1,631	2,278	40%	394	596	51%
	⑤ 1인가구	339	473	39%	91	137	50%
	(⑤/④)	(21%)	(21%)		(23%)	(23%)	
	⑥ 미혼자	39	130	233%	12	-	-
	(⑥/④)	(2%)	(6%)		(3%)		

주 1. 2015년의 데이터는 연령미상, 배우관계 미상을 안분하였기 때문에 ⟨국세조사⟩의 수치와 일치하지 않는다.
2. 2030년의 데이터는 사인연의 2010년 기준 추계.
3. 도쿄권은 도쿄도, 사이타마현, 가나가와현, 지바현의 합계
자료. 2015년의 데이터는 총무성, ⟨2015년 국세조사⟩. 2030년의 데이터는 사인연(2012a), ⟨일본의 장래추계인구⟩, 사인연(2013b), ⟨일본 가구수의 장래추계(전국)⟩, 사인연(2013a), ⟨일본의 지역별 장래추계인구⟩ 및 사인연(2014), ⟨일본 가구수의 장래추계(지자체)⟩에 기초하여 작성.

이 높기 때문에, 전국 75세 이상 미혼자의 증가율도 높아질 것으로 예상된다.

덧붙여 일본 고령화의 특징은 단순하게 65세 이상 인구가 증가하는 것뿐만 아니라 '후기 고령화'(75세 이상 고령자의 증가), '1인가구화'(1인가구의 증가), '미혼화'(미혼의 증가) 등을 동반하며 진행된다는 점이다. **16** 65~74세의 고령자는 2016년부터 감소 국면에 들어가 2015년 (1,754만 명)부터 2030년(1,407만 명)까지 347만 명(감소율 19.8%) 감소할 것으로 보인다. **17** '고령화 진전'이라 해도 2030년까지 늘어나는 것은 75세 이상 고령자로 65~74세인 고령자는 감소한다.

2) 75세 이상 독신자와 자녀의 거주지

그럼, 75세 이상 독신자 중에서 가족의 개호를 기대할 수 없는 사람은 어느 정도 있을까? '고령 1인가구'라고 하더라도 자녀가 가까이에 거주하는 경우도 있다. 자녀가 근처에 거주하면 가족의 개호를 받기 쉬운 환경이 된다.

---

16 후지모리 가츠히코(藤森克彦), "일본의 인구·가구(장래추계) - 후기고령자화, 1인가구화, 미혼화 대응이 급선무". (매일신문사, 〈주간 이코노미스트〉, 2014년 4월 29일) 참고.

17 2015년의 데이터는 총무성, 〈2015년 국세조사〉에 기초함. 또 연령불상을 나누고 있기 때문에 〈2015년 국세조사〉의 데이터와 일치하지 않는다. 2030년의 데이터는 사인연(2012a), 〈일본의 장래추계인구〉에 기초함.

이러한 점을 고려하여 2013년 75세 이상 독신자와 자녀의 거주지와의 관계를 보면, 75세 이상 독신자의 19.9%는 자녀가 편도 1시간 이상 거리에 거주하고 있고, 15.7%는 자녀가 없다.**18** 즉, 75세 이상 독신자의 35.6%는 개호가 필요한 상태가 된 경우에 일상적으로 별거 가족으로부터 개호를 받기 어렵다. 향후에는 미혼의 증가에 따라 자녀가 없는 1인가구의 비율이 높아질 것으로 예상된다.

3) 1인가구의 60%는 서비스사업자에게 개호를 받는다

그럼, 개호가 필요한 상태에 빠진 독신자의 개호를 누가 맡고 있을까? 가구 유형별로 '주로 돌봐주는 사람은 누구인가?'라는 질문에 대한 응답을 보면 1인가구에서는 서비스사업자가 60% 정도로 가장 높은 비율을 차지하고 있다(〈도표 4-9〉). 나머지는 자녀, 자녀의 배우자, 그 외 친족과 같은 별거 가족이었다.

이에 비해 3세대 가구, 부부가구에서는 배우자, 자녀, 자녀의 배우자 등으로부터의 가족 개호가 거의 90% 이상을 차지하고 있다. 반면, 서비스사업자에게 주로 개호를 받는 가구의 비율은 10% 이하에 불과하다.

---

18 75세 이상 1인가구의 자가보유 주택과 임대주택을 합산. 총무성(2015), 표 67.

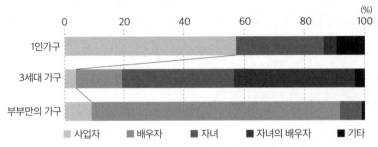

〈도표 4-9〉 가구유형별 주개호자 혈연관계(2013년): 개호필요자가 있는 가구

주 1. 각 가구에 속하는 개호필요자수를 100으로 했을 때 주개호자의 속성.
  2. 각 가구에서 주개호자가 '미상'이라고 응답한 가구를 빼고 산출.
자료. 후생노동성, 〈2013년 국민생활기초조사〉에 따라 작성.

4) 1인가구가 서비스사업자로부터 받는 재택개호서비스

그럼 1인가구에서는 외부의 서비스사업자로부터 어떤 개호서비스를 받고 있는지 살펴보겠다. 1인가구가 사업자로부터 받는 개호서비스 상위 5개를 보면, ① 청소, ② 쇼핑, ③ 입욕, ④ 식사 준비·뒤처리, ⑤ 세탁의 순으로 입욕을 빼고는 생활지원서비스가 상위를 차지했다 (〈도표 4-10〉). 이에 비해, 3세대 가구에서는 ① 입욕, ② 머리 감기, ③ 구강 청소, ④ 신체 관리, ⑤ 옷 갈아입히기의 순으로 상위 5위는 모두 신체개호서비스였다. 부부가구도 마찬가지로 사업자로부터 신체개호서비스를 중심으로 받고 있다. 이 같은 경향은 3세대 이상 가구나 부부가구에게는 동거 가족이 있기 때문에 생활 지원은 가족이 맡는 경우가 많기 때문으로 보인다. 바꾸어 말하면, 생활지원서비스는 동거 가족이 없는 독신자에게 필요도가 높다고 할 수 있겠다.

〈도표 4-10〉 가구유형별 사업자가 전담하는 자택개호의 내용(2013년, 상위 5개)

단위 : %

	1인가구	3세대 가구	부부만의 가구
1위	청소(53.3)	입욕지원(43.5)	입욕지원(28.0)
2위	쇼핑(35.8)	머리감기(34.2)	머리감기(22.3)
3위	입욕(34.8)	신체관리(19.1)	청소(13.3)
4위	식사 준비·뒤처리(34.5)	구강 청소(7.8)	신체관리(11.2)
5위	세탁(28.8)	옷 갈아입히기(7.4)	식사 준비·뒤처리(11.1)

주 1. 개호필요자가 있는 각 가구유형에서 사업자에게만 받는다고 응답한 주요 개호내용의 상
　　위 5위. 복수응답가능.
　 2. 음영은 생활지원, 그 이외는 신체개호.
자료. 후생노동성, 〈2013년 국민생활기초조사〉.

　그런데, 지금까지 지원 수요자에게 제공된 생활지원 등의 개호예
방급여는 2017년도 말까지 요양보험에서 분리해 지자체의 지역 지원
사업으로 전환될 예정이다.[19] 2016년 가을에는 사회보장심의회·요
양보험부회에서 '개호필요도 2등급' 이하의 수요자가 이용하는 생활
지원과 복지용구급여도 지역지원사업으로 전환할지 검토 중이다.[20]
지역지원사업으로 전환하게 된다면, 각 지역의 사정에 맞는 유연한
서비스가 제공되는 것은 확실하다. 개호필요도가 높은 사람에 대한
생활지원을 우선해야 한다는 점도 이해할 수 있다.

　고령 독신자를 위한 생활지원은 자택에서 생활을 계속하기 위해서
필요성이 높다. 지역지원사업으로 전환할 경우, 지자체의 재정 형편

---

19 후생노동성(2013), 〈예방급여의 재검토와 지역지원사업의 충실〉, 자료1.
20 〈아사히신문〉(2016년 9월 15일).

때문에 지역에 따라 필요한 생활지원을 받지 못하는 고령 독신자가 나타나는 것도 우려된다. 국가는 재원을 제대로 확보하여 개호필요 고령자가 필요에 따라 생활지원을 받을 수 있도록 해야 한다.

5) 1인가구에서는 경도의 개호필요 고령자가 많다

여기서 경도의 지원필요·개호필요자가 있는 1인가구, 3세대 가구, 부부 가구에 대해서 개호필요도별 분포를 보면, 1인가구에서는 개호 필요도가 가벼운 사람의 비율이 높다는 점이 특이하다. 구체적으로 는, 지원필요·개호필요 상태인 1인가구 중에서 지원필요 1·2등급 과 개호필요 1등급이 60%를 차지하고 있다. 이에 비해 3세대 가구에 서는 이 비율이 43%, 부부 가구는 42%를 차지했다(〈도표 4-11〉).

이러한 경향은 개호필요도가 올라가면 독립적인 생활의 지속이 어 렵게 되어 빨리 개호시설이나 병원 등으로 이동하거나 가족과의 동거 를 시작하기 때문으로 보인다.

이런 실태를 보면, 앞으로 1인가구의 증가에 따라 사업자가 제공 할 서비스에 대한 수요가 더욱 높아질 것이다. 문제는 혼자서 살고 있 는 개호필요 고령자가 정든 지역에서 거주를 계속 할 수 있도록, 일상 생활권역 안에서 의료, 개호, 예방, 생활지원서비스가 끊김 없이 일 체적으로 제공할 수 있는 '지역포괄케어서비스'의 확립이 필요하다. 또 개호시설이나 서비스제공형 고령자주택 등 거주 관련 서비스의 확 충도 필요하다. 또 고령 독신자 중에서도 저소득층이 많기 때문에,

〈도표 4-11〉 가구유형별 개호필요자의 개호필요도 분포(2013년)

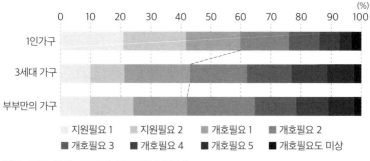

지원필요 1　지원필요 2　개호필요 1　개호필요 2
개호필요 3　개호필요 4　개호필요 5　개호필요도 미상

자료. 후생노동성, 〈2013년 국민생활기초조사〉.

개호가 필요하게 된 저소득 고령 독신자의 거주지에 대해서도 검토해야 한다.

또 하나의 과제는 이런 개호 수요의 증가에 대응할 수 있는 개호 노동력을 확보할 수 있을까라는 점이다. 지금까지의 추이에서는 일본의 경제활동인구(15~64세 인구)는 2010년부터 2030년까지 연평균 약 70만 명씩 감소할 것으로 예측되고 있다.[21] 70만 명은 시마네현의 인구(2015년 현재, 69.4만 명)에 상당하는 것이다.

한편, 개호인력은 2011년부터 2025년까지 연평균 약 7만 명씩 늘릴 필요가 있다고 추계되고 있다.[22] 경제활동인구가 크게 감소하는 과정에서 이 정도 규모로 개호인력을 늘리는 것은 쉽지 않을 것이다. 재정을 확보해서 개호인력의 처우 개선을 검토할 필요가 있다.

---

21 사인연(2012a), 〈일본의 장래추계인구〉(2012년 1월).
22 후생노동성(2011)의 2025년도 개호인력수(개혁 시나리오) 수치에 따른 계산.

4. 자녀 유무와 소득계층별로 본
고령 1인가구의 불안과 리스크 대응

앞서 논의한 바와 같이 고령 1인가구는 동거인이 없으므로 2인 이상의 고령 가구에 비해 빈곤에 빠질 리스크, 사회적으로 고립될 리스크, 개호가 필요하게 되었을 때 대응하기 어려운 리스크가 높았다.

한편, 고령 독신자들마다 상기 리스크에 대한 대응이 같지는 않을 것이다. 예를 들어, 고소득 고령자라면 동거인의 지원이 없어도 외부의 서비스를 구입하는 것으로 이런 리스크에 대응할 수 있다고 할 수 있다. 또 별거 자녀가 있는 고령 독신자라면 자녀에게 부탁하는 선택지도 있을 것이다. 이런 선택지의 유무는 고령 독신자의 생활상 불안과 리스크 대응력에 영향을 미치는 것으로 추정된다.

그래서 여기에서는 내각부(2015)의 〈2014년 독거 고령자에 관한 의식 조사〉(이하 내각부 조사)를 이용하여 자녀의 유무와 소득계층을 구분하여 고령 독신자들이 안고 있는 불안감과 리스크 대응의 격차에 대해서 분석하겠다. [23] 구체적으로는 자녀의 유무·소득계층별로 고령 독신자의 빈곤 리스크, 개호필요 리스크, 사회적 고립 리스크에 대한 불안에 어떤 격차가 있는지 살펴보겠다. 또 상기 리스크가 현실화한 경우에 의지하고 싶은 상대의 유무나 의지할 수 있는 사람의 속

___
[23] 내각부(2015), 〈2014년 고령 독신자 의식조사〉(http://www8. cao. go. jp, 2016년 9월 21일 열람).

〈도표 4-12〉 자녀의 유무 · 소득계층별 고령 독신자의 구성비

소득계층	자녀 있음	자녀 없음
고	14.1	3.9
중	36.3	13.4
저	21.7	7.2

주 1. 유효응답수 1,480명(유형 불분명 52명 포함)의 6개 유형별 구성비. 또 상기비율을 합산해
　　도 100%가 되지 않는 것은 불분명(3.5%)이 있기 때문임.
　2. 소득계층 분류에서 월수입 기준 고소득은 20만 엔 이상, 중소득은 10만~20만 엔, 저소
　　득은 10만 엔 이하.
자료. 내각부(2015), 〈2014년도 독거고령자에 관한 의식조사〉에 따라 작성.

성에 어떤 차이가 있는지에 대해 분석하겠다. [24]

　　조사는 내각부에서 위탁을 받은 '신정보센터'가 2014년 12월 4일부
터 14일에 걸쳐 전국 65세 이상의 고령 독신자에 대해 조사원에 의한
개별면접 청취조사를 실시한 것이다. 표본은 2,624명이며 유효회수
는 1,480명(유효회수율 56.4%)이다.

　　조사대상의 기본속성을 보면, 성별은 남성 33.0%, 여성 67.0%,
연령대는 65~74세 49.6%, 75세 이상 50.4%, 배우관계는 미혼
15.5%, 이혼 20.7%, 사별 61.7%, 유배우 2.1%였다. [25]

　　자녀의 유무와 소득계층의 두 요인을 축으로 해서 고령 독신자를
분류하고, 추가로 소득계층은 연금을 포함한 월수입(세전)을 기준으

---

24 여기에서는 후지모리 가츠히코(藤森克彦, 2015), "자녀유무별 · 소득계층별로 본
　　혼자 사는 고령자의 빈곤 · 개호필요 · 고립에 대한 불안감". 일반사단법인 신정보센
　　터(2015년 11월), 〈신정보〉, 103권을 기초로 하고 있다.
25 내각부(2015), 4p.

로 저소득층(10만 엔 미만), 중소득층(10만~20만 엔), 고소득층(20만 엔 이상)의 3계층으로 구분하여 분석하였다. 따라서 자녀의 유무에 따른 2그룹과 소득수준에 따른 3계층을 교차하여 고령 독신자를 6유형으로 나누어 분석하였다(〈도표 4-12〉).

1) 빈곤 리스크, 개호필요 리스크, 사회적 고립 리스크의 불안감

내각부 조사에서는 고령 독신자에게 '일상생활 전반에서 어떤 불안을 느끼는가?'(복수응답)를 물어보았다. 이 질문에 대해 상위 5개의 응답 결과는 ① 건강이나 병에 관한 것(58.9%), ② 병상에 누워있거나 신체가 자유롭지 않아 개호가 필요한 상태가 되는 것(42.6%), ③ 자연재해(29.1%), ④ 생활을 위한 수입(18.2%), ⑤ 의지할 만한 사람이 없는 것(13.6%)이었다. 여기에서는 분석할 빈곤 리스크, 개호필요 리스크, 사회적 고립 리스크와 관련하여 상기 답변 중 ④는 빈곤 리스크, ②는 개호필요 리스크, ⑤는 사회적 고립 리스크에 관련한 불안감으로 간주할 수 있다. 아래에서는 상기 3개의 불안에 대해서 자녀 유무·소득계층별로 살펴보겠다.

먼저 생활을 위한 수입에 대한 불안을 보면, 자녀 유무보다 소득수준이 큰 영향을 미치고 있다. 구체적으로는 수입에 대한 불안이 높은 상위 2개 그룹은 저소득층으로 자녀의 유무에 관계없이 30% 정도가 불안을 느끼고 있다(〈도표 4-13〉). 한편, 수입에 대한 불안감이 낮은 하위 2개 그룹은 고소득층으로 10% 이하의 낮은 수준에 머물고 있다.

〈도표 4-13〉 고령 1인가구의 일상생활 전반에 대한 불안감

		수입에 대한 불안감		개호가 필요해지는 것에 대한 불안감		의지할 사람이 없는 것에 대한 불안감	
합계		18.2		42.6		13.6	
		자녀 있음	자녀 없음	자녀 있음	자녀 없음	자녀 있음	자녀 없음
소득 계층	고	5.8 ⑥	8.6 ⑤	36.5 ⑥	44.8 ③	7.2 ⑥	19.0 ③
	중	13.8 ④	20.2 ③	42.3 ⑤	46.5 ①	11.0 ⑤	22.2 ②
	저	30.5 ①	30.2 ②	44.2 ④	46.2 ②	12.8 ④	25.5 ①

주 1. 소득계층과 자녀의 유무의 교차집계에서 원 안의 숫자는 불안감을 가진다고 응답한 사람
　　의 비율이 높은 순서. 음영은 상위 1위와 2위.
　 2. 소득계층 분류에서 월수입 기준 고소득은 20만 엔 이상, 중소득은 10만~20만 엔, 저소
　　득은 10만 엔 이하.
자료. 내각부(2015), 〈2014년도 독거고령자에 관한 의식조사〉에서 작성.

전체적으로는 소득계층별로 불안감이 큰 차이를 보였고 특히 저소득
층의 불안감은 고소득층의 4~6배로 나타났다.

　다음으로 개호가 필요하게 되는 것에 대한 불안을 살펴보면 자녀가
있는 고소득층을 제외하고 40%를 넘는 사람들이 불안을 느끼고 있고
전체적으로 불안감을 느끼는 사람의 비율이 높다. 소득수준과 관계
없이 자녀가 없는 가구가 자녀가 있는 가구보다 불안감이 강하다. 그
러나 그 차이는 그다지 크지 않다.

　사회적 고립과 관련해서 의지할 만한 사람이 없는 것에 대한 불안
감의 경우, 소득수준보다 자녀의 유무가 불안감에 큰 영향을 끼치고
있다. 구체적으로는 의지할 만한 사람이 없는 것에 불안감을 가진 상
위 3위는 모두 자녀가 없는 고령 독신자였다. 자녀가 없는 고령 독신
자에서 불안감을 가진 사람의 비율은 자녀가 있는 고령 독신자의 약 2

배 이상의 수준을 보였다. 이상과 같이, 자녀의 유무와 소득수준에 따라 각 리스크에 대한 불안감의 수준에 차이가 있다.

2) 3개의 리스크에 대해 의지하고 싶은 상대

고령 독신자에서는 빈곤, 개호필요, 사회적 고립이라는 리스크에 대한 불안을 가지고 있다. 그렇다면, 고령 독신자는 이런 리스크가 현실화한 경우에 의지하고 싶은 상대가 있을까? 또 의지하고 싶은 상대가 있다면 그것은 누구일까? 아래에서는 리스크별로 의지하고 싶은 상대의 유무와 그 대상 등에 관해서 살펴보겠다.

빈곤 리스크에 대한 대응: 만일의 경우 금전 지원을 부탁하고 싶은 상대
내각부 조사에서는 '만일의 경우 금전 지원을 부탁하고 싶은 상대'에 대해 물었다. 이것은 빈곤 리스크와 관련한 질문이라 할 수 있다. 이 질문에 대한 고령 독신자의 전체 응답결과를 보면, '부탁하고 싶은 상대가 있다'는 37.2%, [26] '그런 것으로 부탁하고 싶지 않다'는 36.1%, '해당하는 사람이 없다'는 26.7%로 나타났다. 그리고 부탁하고 싶은 상대와의 관계를 보면, 자녀(아들, 딸)가 28.9%로 가장 높고 형제·

---

[26] 자녀나 친구 등 8개의 선택지에서 의지하고 싶다고 생각하는 상대를 선택해서 하나라도 선택하면 '의지하고 싶은 사람이 있다'로 집계. 즉, '의지하고 싶은 사람이 있다', '그런 것으로 의지하고 싶다고 생각하지 않는다', '해당하는 사람이 없다'의 응답을 합산하면 100%가 된다.

<도표 4-14> 필요한 경우 금전적 지원을 부탁하고 싶은 상대

단위: %

		자녀 있음		자녀 없음	
소득계층	고	① 의지하고 싶지 않다	48.1	① 의지하고 싶지 않다	44.8
		② 의지하고 싶은 상대가 있다	31.2	② 그런 사람이 없다	32.8
		(1) 자녀 (아들, 딸)	25.0	③ 의지하고 싶은 상대가 있다	22.4
		(2) 형제자매, 친척	3.4	(1) 형제자매, 친척	22.4
		(3) 그 외의 사람	2.4	-	-
		③ 그런 사람이 없다	20.7	-	-
	중	① 의지하고 싶은 상대가 있다	41.9	① 그런 사람이 없다	44.4
		(1) 자녀 (아들, 딸)	38.7	② 의지하고 싶지 않다	38.4
		(2) 형제자매, 친척	2.8	③ 의지하고 싶은 상대가 있다	17.2
		(3) 자녀의 배우자	1.1	(1) 형제자매, 친척	16.7
		② 의지하고 싶지 않다	38.7	(2) 그 외의 사람	0.5
		③ 그런 사람이 없다	19.4	-	-
	저	① 의지하고 싶은 상대가 있다	52.3	① 그런 사람이 없다	45.3
		(1) 자녀 (아들, 딸)	48.0	② 의지하고 싶은 상대가 있다	28.3
		(2) 형제자매, 친척	3.7	(1) 형제자매, 친척	23.6
		(3) 자녀의 배우자	1.2	(2) 그 외의 사람	2.8
		② 그런 사람이 없다	25.9	(3) 친구	1.9
		③ 의지하고 싶지 않다	21.8	③ 의지하고 싶지 않다	26.4

주 1. '의지하고 싶은 상대가 있다', '그런 사람이 없다', '의지하고 싶지 않다'는 합산해서 100%
가 된다. '의지하고 싶은 상대가 있다'에 대해서는 복수응답.
2. 소득계층 분류에서 월수입 기준 고소득은 20만 엔 이상, 중소득은 10만~20만 엔, 저소
득은 10만 엔 이하.
자료. 내각부(2015), <2014년도 독거고령자에 관한 의식조사>에 따라 작성.

자매, 친지(7.1%), 자녀의 배우자(0.7%)였다(복수응답 가능). 금전 지원을 부탁하고 싶은 상대는 자녀나 형제·자매, 친족 같은 혈연관계의 비율이 높다. 자녀의 유무·소득수준별로 해당하는 사람이 없다는 응답의 비율을 보면 자녀가 없는 고령 독신자에서 비율이 32~45% 정도의 높은 수준에 있었다(〈도표 4-14〉).

자녀가 있는 고령 독신자에서 해당하는 사람이 없다고 응답한 사람의 비율은 20~25% 정도이다. 부탁하고 싶은 상대의 유무는 자녀의 유무가 크게 영향을 미치고 있다. 실제로 자녀가 있는 독신자에서는 모든 소득계층에서 부탁하고 싶은 상대로 자녀가 1위로 나타났다.

반면, 자녀가 없는 고령 독신자에서는 부탁하고 싶은 상대로서 가장 높은 비율을 차지한 것은 모든 소득계층에서 형제·자매, 친족이었다. 특히, 저소득층에서 그 비율이 높아지고 있다. 금전 지원은 자녀가 있으면 자녀, 자녀가 없으면 형제·자매, 친족 등 혈연관계에 부탁하는 경향을 보인다.

또 고소득층의 특징으로는 자녀의 유무에 관계없이 부탁하고 싶지 않다는 응답이 45% 전후로 가장 높은 비율을 보였다. 고소득층이라면 금전 지원을 타인에게 요구할 필요가 없어 자력으로 대응이 가능하기 때문일 것이다.

개호필요 리스크에 대한 대응: 주로 개호를 부탁하고 싶은 상대
다음으로 일상생활 중에 개호가 필요하게 될 경우, 주로 개호를 부탁하고 싶은 상대에 대한 질문의 응답(단수응답)을 보도록 하겠다. 고령 독신자 전체에서는 헬퍼 등의 개호서비스와 관련된 사람(이하 헬퍼)(51.7%), 자녀(31.4%), 형제·자매(4.3%)의 순으로 응답했다. 헬퍼에게 주로 개호를 의뢰하고 싶어 하는 사람이 50%를 넘어 가장 높게 나타났다.

이 점을 자녀 유무·소득계층별로 살펴보면, 자녀의 유무에 따라 큰 차이를 보이고 있다. 자녀가 있는 고령 독신자에서는 고소득층과 중소득층 모두 1위가 헬퍼, 2위가 자녀였지만 헬퍼와 자녀의 비율 차이는 별로 크지 않다. 또한 상위 1, 2위가 80~90%를 차지하고 있다

〈도표 4-15〉 주된 개호를 부탁하고 싶은 상대(상위 3개)

		자녀 있음		자녀 없음	
소득계층	고	① 헬퍼 등	47.1	① 헬퍼 등	74.1
		② 자녀	41.8	② 모르겠다	12.1
		③ 자녀의 배우자	3.4	③ 형제자매	8.6
		③ 모르겠다	3.4	-	-
	중	① 헬퍼 등	46.9	① 헬퍼 등	78.3
		② 자녀	41.9	② 형제자매	8.1
		③ 모르겠다	4.1	③ 모르겠다	6.6
	저	① 자녀	43.3	① 헬퍼 등	60.4
		② 헬퍼 등	40.2	② 형제자매	17.0
		③ 모르겠다	9.0	③ 모르겠다	13.2

주 1. 개호가 필요한 경우 주된 개호를 부탁하고 싶은 상대로 '자녀', '자녀의 배우자', '손자', '형제·자매', '헬퍼' 등의 개호서비스 종사자, '친구·지인', '기타', '모르겠다'의 선택지 중에서 1개를 선택하는 질문.
   2. 소득계층 분류에서 월수입 기준 고소득은 20만 엔 이상, 중소득은 10만~20만 엔, 저소득은 10만 엔 이하.
자료. 내각부(2015), 〈2014년도 독거고령자에 관한 의식조사〉에 따라 작성.

(〈도표 4-15〉). 한편, 저소득층에서는 1위가 자녀, 2위가 헬퍼였다. 그러나 여기에서도 자녀와 헬퍼의 비율 차이는 크지 않다.

자녀가 없는 고령 독신자에서는 모든 소득계층에서 헬퍼가 1위이고 그 비율도 60~80%로 높다. 자녀가 없는 만큼 헬퍼에게 의지하는 경향이 보인다. 자녀가 없는 고령 독신자는 소득수준에 관계없이 모두 2위 또는 3위로 형제·자매를 들고 있다. 특히, 저소득층에서는 2위 형제·자매의 비율이 17.0%로 다른 소득계층에 비해 높았다.

자녀가 없는 저소득층에서 형제·자매를 선택하는 사람의 비율이 높은 이유는 개호보험이 있다고 해도 헬퍼에게 의지하면 본인 부담이 발생하기 때문일 것으로 추정된다.

사회적 고립 리스크에 대한 대응: 함께 있으면 안심할 수 있는 상대

내각부 조사에서는 사람과의 교제에 관한 질문을 10개 항목으로 나누어 의지하고 싶은 상대에 대해서 물었다. 여기에서는 정서적인 면을 지원하는 인간관계에 대한 질문, 즉 함께 있으면 안심할 수 있는 상대에 대한 응답결과를 살펴보겠다.

고령 독신자 전체에서는 함께 있으면 안심할 수 있는 상대에 대해서 '의지할 수 있는 사람이 있다'는 응답은 70.9%였고, '의지할 수 있는 사람'과의 관계를 보면 자녀(아들, 딸)가 38.8%로 가장 높고, 친구(26.8%), 형제·자매, 친족(13.5%)의 순서로 꼽았다(복수응답). 자녀 유무·소득계층별로 함께 있으면 안심할 수 있는 상대의 유무를 보면, '해당하는 사람이 없다'는 모든 소득계층에서 2위였다(〈도표

〈도표 4-16〉 함께 있으면 안심할 수 있는 상대

		자녀 있음		자녀 없음	
소득계층	고	① 의지할 사람이 있다	73.1	① 의지할 사람이 있다	58.7
		(1) 자녀(아들, 딸)	46.6	(1) 친구	32.8
		(2) 친구	28.4	(2) 형제·자매, 친척	19.0
		(3) 형제·자매, 친척	11.5	(3) 그 외의 사람	13.8
		② 그런 사람이 없다	20.2	② 그런 사람이 없다	31.0
		③ 의지하고 싶지 않다	6.7	③ 의지하고 싶지 않다	10.3
	중	① 의지할 사람이 있다	79.9	① 의지할 사람이 있다	48.5
		(1) 자녀(아들, 딸)	53.6	(1) 친구	28.8
		(2) 형제·자매, 친척	27.6	(2) 형제·자매, 친척	20.2
		(3) 자녀의 배우자	9.9	(3) 이웃	4.0
		② 그런 사람이 없다	17.1	② 그런 사람이 없다	39.9
		③ 의지하고 싶지 않다	3.0	③ 의지하고 싶지 않다	11.6
	저	① 의지할 사람이 있다	77.6	① 의지할 사람이 있다	54.7
		(1) 자녀(아들, 딸)	52.0	(1) 형제·자매, 친척	26.4
		(2) 친구	24.0	(2) 친구	25.5
		(3) 형제·자매, 친척	12.1	(3) 이웃	5.7
		② 그런 사람이 없다	19.0	② 그런 사람이 없다	39.6
		③ 의지하고 싶지 않다	3.4	③ 의지하고 싶지 않다	5.7

주 1. '의지하고 싶은 상대가 있다', '그런 사람이 없다', '의지하고 싶지 않다'는 합산하면 100% 가 된다. 한편, '의지할 상대가 있다'에 대한 관계는 복수응답.
2. 소득계층 분류에서 월수입 기준 고소득은 20만 엔 이상, 중소득은 10만~20만 엔, 저소 득은 10만 엔 이하.
자료. 내각부(2015), 〈2014년도 독거고령자에 관한 의식조사〉에 따라 작성.

4-16〉). 그러나 이 비율은 자녀의 유무에 따라 큰 차이를 보인다. 구체적으로는 자녀가 있는 고령 독신자는 모든 소득계층에서 대부분 20% 정도인 것에 비해, 자녀가 없는 고령 독신자에서는 30~40% 정도로 높은 수준이다. 특히, 자녀가 없는 저·중소득층에서는 40% 정도가 해당하는 사람이 없다고 응답하고 있다.

의지할 수 있는 사람과의 관계를 보면 자녀가 있는 고령 독신자에서는 50% 정도가 자녀(아들·딸)라고 응답한 것에 비해, 자녀가 없는 중·고소득층에서는 30% 정도가 친구를 들어 1위였다. 특히, 자녀가 없는 고소득층에서는 친구의 비율이 32.8%로 6유형 중 가장 높다. 한편, 자녀가 없는 저소득층에서는 형제·자매·친족(26.4%)이 1위로 나타나 혈연에게 의지하는 경향을 볼 수 있다.

3) 맺음말

이상과 같이 자녀의 유무·소득계층별 고령 독신자의 불안감과 리스크에 대한 대응에서 나타난 차이를 살펴보았다. 빈곤 리스크, 개호필요 리스크, 사회적 고립 리스크에 대한 불안감을 보면 수입에 대한 불안감은 소득수준의 영향이 크고, 저소득층에게서 불안을 느끼는 사람의 비율이 높다.

한편, 의지할 사람이 없는 것에 대한 불안감은 자녀의 유무가 영향을 미치며 자녀가 없는 고령 독신자에서 불안을 가진 사람의 비율이 높다. 또 개호가 필요하게 되는 것에 대한 불안은 전체적으로 40%

정도의 사람이 불안을 느끼고 있고 앞선 2개의 불안감보다 불안을 가진 사람의 비율이 높다. 또 개호필요 리스크에 대한 불안감은 자녀의 유무·소득계층별로 그다지 큰 차이는 보이지 않는다.

이상과 같이, 고령 독신자 중에서도 자녀가 없는 저소득층에서 빈곤, 개호필요, 사회적 고립이라는 면에서 불안감을 가진 사람의 비율이 높고, 리스크가 현실화한 경우에 '의지하고 싶은 사람이 없다' 또는 '모르겠다'고 응답하는 사람의 비율이 높아지는 경향이 나타난다.

4장 주요내용

— 가구유형별로 고령가구의 상대적 빈곤율을 보면, 남녀 모두 1인가구의 빈곤율이 가장 높다.

— 공적연금 수급 현황에서 고령 1인가구가 빈곤에 빠지기 쉬운 요인을 보면 ① 공적연금의 2층 부분(후생연금)을 수급할 수 없는 것, ② 무연금자의 비율이 높은 것, ③ 현역 시절의 임금이 낮거나 정규직 노동자로서 일한 기간이 짧은 것을 들 수 있다.

— 고령 1인가구는 근로세대인 1인가구와 비교해서 대화 결여형 고립에 빠지기 쉽다. 고립사 발생부터 발견까지 사후경과일수를 보면, 10년 전에 비해 15일 이상을 두고 발견되는 고립사의 비율이 높아지고 있다.

— 앞으로 75세 이상의 고령자는 대도시권을 중심으로 증가할 것이다. 지역포괄케어시스템의 확립과 개호 수요에 대응할 수 있을 만한 개호 인력을 어떻게 확보할 것인지가 과제가 된다.

— 자녀의 유무·소득계층별로 고령 1인가구가 느끼는 불안감과 리스크 대응을 보면 자녀가 없는 저소득층에서 빈곤, 개호필요, 고립에 관련하여 불안감을 갖는 사람의 비율이 높고 리스크가 현실화한 경우에 의지하고 싶은 상대가 없다고 응답한 사람의 비율이 높다.

제 5 장

─────

1인가구 예비군

부모 등과 동거하는 중년 미혼자

5장에서는 현재 1인가구가 아니지만 장래에는 1인가구가 될 가능성이 높은 사람들에 대해 살펴보겠다. 구체적으로는 부모 등과 동거하며 2인 이상 가구를 형성하는 40대와 50대의 미혼자를 '1인가구 예비군'이라 부르고 그 생활 실태와 노후 리스크에 대해서 논의하겠다. 1인가구 예비군은 40대와 50대의 미혼자이기 때문에 부모와 동거하는 경우에는, 부모가 대부분 60세 이상이라고 할 수 있다. 부모가 개호시설 등에 입소하거나 부모가 사망하는 경우 이들 미혼자는 1인가구가 될 가능성이 높다.

물론 40세 이상이라고 하더라도 앞으로 결혼하여 1인가구가 되지 않을 수도 있다. 그러나 40세를 넘으면 결혼상대를 찾기 어려워지는 것이 현실이다. 예를 들어, 2010년 1년간 연령대별 미혼자 중 결혼한 사람의 비율(미혼자 결혼율)을 보면, 남성은 20대 후반 7.1%를 정점으로 연령대가 높아질수록 감소해서 40대 전반 남성은 1.7%, 40대 후반 남성은 0.8%였다. 즉, 2010년 1년간 20대 후반 미혼 남성 100인 중 7.1명이 결혼하는 것에 비해 40대 전반 미혼남성은 1.7명, 40대 후반 미혼남성은 0.8명만이 결혼한다는 것이다. 마찬가지로, 미혼 여성의 결혼율(2010년)도 20대 후반 10.0%를 정점으로 하락해서 40대 전반에는 1.5%, 50대 후반에는 0.5%까지 떨어진다.[1] 이렇게 40대가 되면 남녀 모두 미혼자 결혼율이 크게 하락한다.

2010년 40대 전반·후반의 미혼자 결혼율을 2000년과 비교하면 40대 전반 여성에서는 조금 상승하였지만 40대 전반 남성, 40대 후반 남녀에서는 약간 하락하였다. 결혼에 대한 가치관이 다양화되면서 40세 이후에 결혼하는 사람의 비율이 높아질 수 있다고 생각되지만 적어도 2000년~2010년 기간에는 큰 변화가 보이지 않았다.

5장에서는 먼저 정부 통계로부터 부모와 동거하는 40대와 50대 미혼자의 증가 실태 등을 살펴보고 연금시니어플랜종합연구소의 〈제4회 독신자(40~50대)의 노후생활 설계 니즈에 관한 조사〉의 데이터를 이용해 1인가구 예비군의 생활 실태와 리스크를 1인가구 미혼자와 비교해 보겠다.[2]

---

1 사인연(2016), 101p.
2 저자는 연금시니어플랜종합연구소의 〈독신자의 노후생활설계 니즈에 관한 조사연구회〉의 연구위원으로 조사 분석을 수행하여 "중년미혼자의 생활실태와 노후리스크에 관해: 부모 등과 동거하는 2인 이상 가구와 1인가구 분석"(WEB Journal 〈연금 연구〉, 제3호, 2016년 6월)을 집필하였다. 이 장은 상기 보고서를 수정한 것이다.

1. 정부 통계로 본 부모와 동거하는 40대·50대 미혼자

1) 부모와 동거하는 40대·50대 미혼자의 증가

먼저 정부 통계에서 부모와 동거하는 40대와 50대의 미혼자[3]의 증가 상황을 살펴보겠다. 총무성 〈국세 조사〉를 통해 1995년부터 부모와 동거하는 미혼자 수를 확인할 수 있다. 이 조사에 따르면 1995년부터 2010년까지 전국 40대·50대 인구(합계)는 0.91배로 감소하였다 (〈도표 5-1〉). 한편, 40대·50대의 미혼자 수는 1995년 277.3만 명에서 2010년 525.1만 명에 달해 1.89배로 늘어났다.

　40대·50대 미혼자 중 부모와 동거하는 미혼자와 1인가구 미혼자는 모두 크게 증가하고 있다. 구체적으로는, 부모와 동거하는 미혼자는 1995년 112.6만 명에서 2010년 263.5만 명으로 2.34배가 되었다. 1인가구 미혼자도 1995년 120.6만 명에서 2010년 206.7만 명으로 1.71배로 증가하였다. 2010년에는 부모와 동거하는 미혼자가 1인가구 미혼자보다 56만 명 정도 많아졌다. 또 40대·50대 미혼자 중 부모와 동거하는 미혼자는 50.2%, 1인가구 미혼자는 39.4%가 되었다.

---

3 이 장에서는 1인가구 예비군을 2인 이상 가구를 구성하는 40대·50대의 미혼자로 정의하였다. 한편, 이 절에서 총무성 〈2010년 국세조사〉의 데이터는, 부모와 동거하는 40대·50대의 미혼자를 다루었다. '부모와 동거하는 미혼자'에 한정되어 있기 때문에 이 장의 1인가구 예비군의 정의보다 좁다.

〈도표 5-1〉 40대 · 50대의 부모와 동거하는 미혼자와 1인가구 미혼자의 증가

단위: 만 명

		합계			남성			여성		
		1995년	2010년	배율	1995년	2010년	배율	1995년	2010년	배율
40대 · 50대 인구(①)		3650.0	3308.3	0.91배	1818.4	1652.5	0.91배	1831.6	1655.8	0.90배
	그중 미혼자(②)	277.3	525.1	1.89배	180.3	340.5	1.89배	96.9	184.6	1.90배
	(②/①)	7.6%	15.9%	-	9.9%	20.6%	-	5.3%	11.2%	-
	그중 부모와 동거(③)	112.6	263.5	2.34배	74.0	169.5	2.29배	38.6	94.1	2.43배
	(③/②)	40.6%	50.2%	-	41.0%	49.8%	-	39.9%	51.0%	-
	그중 1인가구(④)	120.6	206.7	1.71배	81.3	140.5	1.73배	39.3	66.2	1.69배
	(④/②)	43.5%	39.4%	-	45.1%	41.3%	-	40.5%	35.9%	-

주. 연령대별 '부모와 동거하는 미혼 자녀'는 〈1995년의 국세조사〉를 활용했다. 한편 총무성,
  〈2015년 국세조사〉에서 부모자식의 동거 등에 대한 '가구구조 등 기본집계 결과'는 2016년
  11월 현재 발표되지 않았으므로 총무성, 〈2010년 국세조사〉를 활용했다. 이에 따라 여기에
  서는 1995년과 2010년을 비교했다.
자료. 총무성, 1995년과 2010년 〈국세조사〉에 따라 작성.

2) 부모와 동거하는 중년 미혼자의 취업 현황

부모와 동거하는 중년 미혼자는 어떤 생활리스크를 가지고 있을까?
선행연구에 따르면 부모와 동거하는 중년 미혼자는 무직자 비율이 높
은 것으로 알려져 있다. 먼저 후지모토(2010)는 40세 이상의 미혼자
중 부모와 동거하는 사람이 1인가구인 사람보다 많다고 지적한다. **4**
센보(2011)는 40대 · 50대 미혼 여성 중 부모와 동거하는 여성이 독신

---

4 후지모리(藤森, 2010), 189p.

여성에 비해 정규직 비율이 낮고 무직자 비율이 높다는 것을 지적했다.[5] 니시(2015)는 부모와 동거하는 35~44세 미혼자의 완전실업률은 35~44세 인구의 완전실업률보다 높은 수준으로 변화하고 있다고 지적했다.[6]

이렇듯 부모와 동거하는 중년 미혼자는 무직자 비율이 높다. 혼자 생활할 만큼 경제력이 없다는 이유로 부모와 동거하고 있는 사람이 많은 것으로 추정된다.

2. 1인가구 예비군은 어떤 사람들인가

다음으로 연금시니어플랜종합연구소가 실시한 〈제4회 독신자(40~50대)의 노후생활 설계 니즈에 관한 조사〉의 데이터를 활용하여 1인가구 예비군의 생활 실태와 의식을 살펴보겠다.[7] 이 조사는 전국 40대·50대 독신자 — 결혼 경험이 없고 현재 이성과 동거하지 않고 있는 사람을 대상으로 2015년 12월 10일부터 14일까지 인터넷에서 진행되었다.[8]

---

5 센보 치쿠오(千保喜久夫, 2011), 83p.
6 니시 후미히코(西文彦, 2015), http;//www.stat.go.jp/training/2kenkyu/pdf/zuhyou/parasi11.pdf, 2015년 5월 28일 열람.
7 조사의 자세한 내용은 후지모리(藤森, 2016)를 참고.
8 조사방법에 대한 자세한 내용은 나가노(長野, 2016)를 참고.

조사 회수현황은, 조사 객체수 3,506샘플에 대해 유효응답수는 2,275(남성 1,136, 여성 1,139) 샘플로 회수율은 64.9%이다. 이 조사에서는 응답자 중에서 현재의 취업형태와 공적연금 가입현황의 정합성이나 본인의 근로수입이 가구 전체의 연소득보다 아주 높은 경우 등과 같이 논리적 모순이 있는 샘플을 분석 대상에서 제외하였다. **9** 그 결과, 분석 대상 샘플 수는 2,083이었다.

아래에서는 1인가구 예비군의 생활 실태와 리스크에 관해서 1인가구와 비교하며 살펴보겠다. 구체적으로는 ① 1인가구 예비군 남성(샘플 571개), ② 1인가구 예비군 여성(샘플 680개), ③ 1인가구인 남성(샘플 447개), ④1인가구인 여성(샘플 385개)의 4개 그룹으로 나누어 고찰하겠다. **10**

우선 1인가구 예비군과 함께 살고 있는 동거자의 속성을 살펴보고, 1인가구 예비군의 경제현황과 주거(3절), 1인가구 예비군의 사회적 고립(4절), 1인가구 예비군과 개호(5절), 1인가구 예비군의 노후 대비(6절), 40대·50대 미혼자가 부모 등과 동거하는 규정 요인(7절)을 살펴보겠다.

---

9 이 데이터클리닝 작업은 마루야마 가츠라(丸山桂) 씨가 한 것이다. 이 분석용 파일을 제공해준 가츠라 씨에게 진심으로 감사드린다.

10 4개 그룹의 구성비는 예비군남성 27.4%, 예비군여성 32.6%, 독신남성 21.5%, 독신여성 18.5%로 되어 있다. 가구별로는 1인가구 예비군 60.0%, 1인가구 40.0%로 되어 있어 1인가구 예비군의 비율이 높다.

1) 1인가구 예비군은 어떤 사람과 동거하고 있는가?

먼저 1인가구 예비군은 어떤 사람과 동거하고 있는지를 살펴보겠다. 1인가구 예비군의 동거자를 보면 남성 94.9%, 여성 92.2%가 부모와 동거하고 있다(〈도표 5-2〉). 1인가구 예비군의 대다수는 부모와 동거하고 있는 것이다.

부모는 본인보다 먼저 사망할 가능성이 높으나 형제·자매와 동거하고 있다면 고령기가 되어도 1인가구가 되지 않을 가능성이 있다. 특히, 형제·자매도 미혼자라면 부모가 사망하더라도 서로 도우며 노후를 보내는 것도 가능하다. 부모와의 동거 여부에 관계없이, 형제·자매와 동거하고 있는 1인가구 예비군 비율을 보면, 남성 23.5%, 여성 28.8%로 나타났다.[11]

2) 1인가구 예비군의 기본속성

다음으로 1인가구 예비군의 기본속성을 살펴보자. 연령대별로 보면 1인가구 예비군의 60~70%가 40대이고, 50대보다 구성비가 높다(〈도표 5-3〉). 1인가구와 비교해도 40대의 비율이 높다. 이는 1인가구 예비군이 50대가 되면 부모의 사망에 따라 1인가구를 이루는 사람

---

[11] 〈도표 5-2〉에서 오른쪽에서 2번째 '그 외' 안에는 '본인과 형제·자매와 다른 사람과의 동거가구'(예를 들어 본인과 형제·자매와 친척의 동거 등)이 포함되어 있다.

<표 5-2> 2인 이상 가구의 동거자

단위: %

| | | 부모와 동거가구 | | | | | 형제자매만의 가구 | 친구와 동거 | 그 외 | 합계 |
		한부모	부모	부모와 형제자매	부모와 조부모	그 외				
1인가구 예비군	남성	94.9	32.9	32.0	19.1	0.7	10.2	3.2	0.0	1.9	100
	여성	92.2	26.0	31.0	21.5	0.4	13.2	4.9	0.7	2.2	100
합계		93.4	29.2	31.5	20.4	0.6	11.8	4.1	0.4	2.1	100

주. 형제자매는, 1명이라도 동거하고 있으면 형제자매 동거가 됨.
자료. 연금시니어플랜종합연구소, 〈제4회 독신자(40~50대)의 노후생활설계니즈에 관한 조사〉
　　　(2015년 12월)에 따라 작성.

<표 5-3> 미혼자의 속성: 연령대 · 최종학력 · 건강상태

| | | 연령대 | | 최종학력 | | | | | 건강상태 | | 합계 |
		40대	50대	중졸	고졸	단기 · 전문대 졸	대졸 · 대학원 졸	그 외	건강, 일상생활 지장 없음	요양 중, 잔병 많음	
1인가구 예비군	남성	64.6	35.4	4.2	35.0	13.5	47.1	0.2	88.1	11.9	100
	여성	68.1	31.9	1.3	35.3	37.6	25.0	0.7	87.4	12.6	100
1인가구	남성	56.8	43.2	2.7	31.8	14.5	50.6	0.4	87.5	12.5	100
	여성	61.0	39.0	0.5	30.6	34.3	34.0	0.5	90.1	9.9	100
합계		63.4	36.6	2.3	33.6	25.4	38.2	0.5	88.1	11.9	100

주. 건강상태에서 '건강/일상생활에 지장 없음'은 '매우 건강', '그런대로 건강', '주의할 점은 있지만,
　　　일상생활에 지장 없음'의 합계. '요양 중/잔병 많음'은, '주의할 점이 있고, 일상생활에 지장 있
　　　음', '잔병 많고, 요양 중'의 합계.
자료. 연금시니어플랜종합연구소, 〈제4회 독신자(40~50대)의 노후생활설계니즈에 관한 조사〉
　　　(2015년 12월)에 따라 작성.

188

이 늘어나기 때문이라고 볼 수 있다.

최종학력을 보면, 대학·대학원 졸업자의 비율은 남녀 간 차이가 크다. 그리고 1인가구 예비군 남성과 1인가구 남성에서는 두 비율에 큰 차이가 없으나, 1인가구 예비군 여성에서는 1인가구 여성보다 대학·대학원 졸업자의 비율이 10% 정도 낮다.

또 건강상태에서 '요양 중/질병'의 비율(합계)을 보면, 4개의 그룹이 모두 10% 수준으로 큰 차이는 없다.

3. 1인가구 예비군의 경제상황과 주거

1) 경제 상황

1인가구 예비군의 경제상황에 대해 살펴보자. 앞서 서술한 바와 같이, 선행연구에서 부모와 동거하는 중년 미혼자는 무직자 비율이 높고 혼자서 생활할 수 있는 경제력이 없기 때문에 부모와 동거하는 사람이 많다.

본인의 최근 1년 간 수입을 비교하면 1인가구 예비군에서 수입 100만 엔 미만의 저소득층 비율이 1인가구에 비해 높다(〈도표 5-4〉). 구체적으로는 1인가구 예비군 남성의 25.4%, 1인가구 예비군 여성의 38.5%가 연소득 100만 엔 미만으로 나타나고 있으며, 1인가구 남성은 19.6%로 1인가구 여성 15.5%에 비해서 높은 수준이었다.

〈도표 5-4〉 최근 1년간 수입의 분포

단위: %

		연간 수입(엔)								합계
		100만 이하	100만~ 200만	200만~ 300만	300만~ 400만	400만~ 500만	500만~ 750만	750만~ 1천만	1천만 이상	
1인가구 예비군	남성	25.4	14.5	18.6	16.4	8.4	12.3	3.4	1.1	100
	여성	38.5	19.3	18.7	9.6	5.2	6.4	1.8	0.4	100
1인가구	남성	19.6	16.2	14.2	14.4	11.2	17.8	4.3	2.5	100
	여성	15.5	18.9	27.6	16.5	7.1	8.7	2.9	2.9	100
합계		26.5	17.2	19.3	13.8	7.7	10.9	3.0	1.5	100

주 1. '최근 1년간의 수입은 어느 정도인가'에 대한 응답.
2. 연봉은 근로소득과 근로외 소득의 합계
자료. 연금시니어플랜종합연구소, 〈제 4회 독신자(40~50대)의 노후생활설계니즈에 관한 조사〉
(2015년 12월)에 따라 작성.

〈도표 5-5〉 고용형태

단위:%

		정규직	비정규직	자영업 · 가족종사자	자유업 · 부업	무직	그 외	합계
1인가구 예비군	남성	39.8	19.6	14.9	4.6	18.7	2.5	100
	여성	31.8	34.7	6.6	5.0	20.3	1.6	100
1인가구	남성	47.7	19.0	12.3	3.1	13.9	4.0	100
	여성	43.4	31.2	4.4	7.5	11.7	1.8	100
합계		39.5	26.5	9.7	4.9	16.9	2.4	100

주. 비정규직은 파트타임, 아르바이트, 계약사원 · 촉탁, 파견직의 합계. 기타는, 경영자 · 임원,
그 외의 합계.
자료. 연금시니어플랜종합연구소, 〈제 4회 독신자(40~50대)의 노후생활설계니즈에 관한 조사〉
(2015년 12월)에 따라 작성.

그럼 왜 1인가구 예비군에서는 저소득층의 비율이 높은 것일까? 이 요인으로 1인가구 예비군은 1인가구와 비교해서 무직자의 비율이 높다는 점을 생각할 수 있다. 취업상황을 보면 1인가구 예비군의 약 20%가 무직상태이며 1인가구에 비해서 높다(〈도표 5-5〉). 또 비정규직의 비율을 보면, 가구형태별 차이보다 남녀 간의 차이가 컸다. 구체적으로는, 여성의 30% 이상, 남성의 20% 가까이가 비정규직이었다. 특히 1인가구 예비군 여성에서는 비정규직(34.7%)과 무직(20.3%)의 비율 합계가 55.0%로 4그룹 중 가장 높았다.

〈도표 5-6〉 1인가구 예비군의 생계유지를 책임지는 가장

1. 합계

		본인	부모	아버지	어머니	형제자매	친족 · 친구 · 그 외	합계
1인 예비군	남성	51.3	43.9	28.5	15.4	3.9	0.9	100
	여성	26.6	66.8	44.3	22.5	5.7	0.9	100
합계		37.9	56.4	37.1	19.3	4.9	0.9	100

2. 본인 연봉 100만 엔 미만

		본인	부모	아버지	어머니	형제자매	친족 · 친구 · 그 외	합계
1인 예비군	남성	23.2	70.4	40.8	29.6	4.2	2.1	100
	여성	11.7	80.2	50.6	29.6	7.4	0.8	100
합계		15.8	76.7	47.1	29.6	6.3	1.3	100

주 1. 단수응답.
　 2. 본인 연봉은 근로소득 및 근로외소득의 연봉의 합계.
자료. 연금시니어플랜종합연구소, 〈제 4회 독신자(40~50대)의 노후생활설계니즈에 관한 조사〉 (2015년 12월)에 따라 작성.

한편, 정규직 비율은 1인가구에서는 40~50%, 1인가구 예비군은 30~40%로 나타났다. 총무성 〈2010년 국세조사〉에 따르면, 40·50대 유배우 남성 세대주의 70~80%가 정규직이었다. 정규직 노동자가 있으면 생활리스크에 대한 대응이 쉽지만, 비정규직 노동자나 무직자 1인가구나 1인가구 예비군은 리스크에 대한 대응력이 약할 것이라 생각된다.

다음으로 1인가구 예비군에서 '생계의 유지를 책임지는 가장'을 보면, 남성의 43.9%, 여성의 66.8%는 부모가 가장이라고 응답했다(〈도표 5-6〉). 더욱이 본인의 연소득이 100만 엔 미만인 1인가구 예비군으로 한정하면 '부모가 가장'인 비율은 남성의 경우 70.4%, 여성의 경우 80.2%로 나타났다. 따라서 저소득층 1인가구 예비군에서는 부모와의 동거하며 생계를 유지하고 있는 사람이 상당 정도 있다고 할 수 있다.

2) 주거

다음으로 1인가구 예비군의 주거형태를 보면, 남성의 54.8%, 여성의 66.5%가 부모가 소유한 집에 거주하여 1인가구의 동 비율 — 남성 6.0%, 여성 3.6% — 에 비해 압도적으로 높다(〈도표 5-7〉). 1인가구 예비군에서는 대체로 연소득이 낮은 사람들이 부모가 소유한 집에 사는 경향을 보이며, 부모와 동거하면서 집세 부담을 낮추려는 사람이 상당 정도 있는 것으로 추정된다. 또 임대주택의 임대료(중앙값)

를 보면, 1인가구는 여성 5.5만 엔, 남성 5.1만 엔, 1인가구 예비군은 여성 4.5만 엔, 남성 4.5만 엔이었다.

1인가구 예비군의 임대료(중앙값)가 1인가구보다 낮은 원인은 1인가구 예비군에서는 공영주택·공적 시설에 거주하는 사람의 비율이 높은 것을 들 수 있다. 구체적으로는 임대주택에서 사는 사람 중 공영주택·공적 시설에 거주하는 사람의 비율은 1인가구에서는 남성 3.2%, 여성 2.5%, 1인가구 예비군에서는 남성 17.6%, 여성 10.8%였다. 12

〈도표 5-7〉 1인가구 예비군의 주거형태

단위: %

		본인소유 자택	부모소유 자택	임대주택	그 외	합계
1인가구 예비군	남성	25.9	54.8	15.9	3.3	100
	여성	13.7	66.5	15.0	4.9	100
1인가구	남성	30.4	6.0	62.6	0.9	100
	여성	31.7	3.6	63.1	1.6	100
합계		24.0	38.7	34.4	3.0	100

주. 모든 응답자를 대상으로 한 단수응답.
자료. 연금시니어플랜종합연구소, 〈제4회 독신자(40~50대)의 노후생활설계니즈에 관한 조사〉 (2015년 12월)에 따라 작성.

---

12 〈공영주택법〉은 오랫동안 공영주택의 입주자 자격으로 '원칙적으로 동거하는 친족이 있을 것'을 요건으로 해왔다. 이는 〈공영주택법〉이 제정된 1951년 당시, 민간임대주택시장에서 독신자 대상의 임대주택은 비교적 공급량이 많은 데 비해 가족 대상의 임대주택은 충분히 공급되지 않았던 상황에서 비롯되었다. 그러나 〈공영주택법〉 개정에 따라 동거 친족의 요건은 2011년 4월 폐지되었다. 고베시(2010), 자료 2.

4. 1인가구 예비군의 사회적 고립

다음으로 1인가구 예비군의 사회적 고립 실태를 살펴보겠다. 〈도표 5-8〉은 현재와 노후에 '만약의 경우 경제 지원을 해줄 사람', '병에 걸렸을 때 간호·가사를 해줄 사람', '고민을 들어줄 사람'의 유무를 물었을 때 '특별히 없다'고 응답한 사람의 비율을 나타낸 것이다. 앞 장에서 본 사회적 고립 4유형 중 '지원수혜 결여형 고립'에 해당하는 질문이다.

1인가구 예비군은 1인가구와 비교해서 현재시점을 기준으로 '만약의 경우 경제 지원'을 해주거나 '병에 걸렸을 때 간호·가사'를 도와줄 사람이 없다고 응답한 사람의 비율이 낮다. 그 이유는 1인가구 예비군은 부모 등의 동거인으로부터 필요한 지원을 받기가 쉽기 때문이라고 볼 수 할 수 있다.

그러나 1인가구 예비군에서도 노후시점을 기준으로 '만약의 경우 경제 지원을 해주거나 '병에 걸렸을 때 간호·가사'를 도와줄 사람이 없을 것이라는 응답 비율이 현저하게 높아져서 1인가구의 수준에 가까워졌다. 이는 1인가구 예비군이 노후를 맞을 시기가 되면 부모 등 동거인이 사망할 가능성이 있으므로 동거인으로부터 지원을 받는 것이 어려워지기 때문일 것이다.

한편, 고민을 들어줄 사람에 대한 질문에 대해서는 앞의 2개 질문들과 달리 가구형태보다 남녀 간 차이가 컸다. 현재시점을 기준으로 고민을 들어줄 사람이 없다고 응답한 비율이 독신남성(66.0%), 1인

〈도표 5-8〉 도와줄 사람이 없는 사람의 비율

단위: %

		필요 시 경제지원을 해줄 사람이 없다		아플 때 간호나 가사 도움을 줄 사람이 없다		고민을 들어줄 사람이 없다	
		현재	노후	현재	노후	현재	노후
1인가구 예비군	남성	49.9	80.4	46.8	82.1	61.3	74.1
	여성	39.3	73.4	35.4	68.4	34.6	52.2
1인가구	남성	67.8	84.6	76.5	85.9	66.0	75.6
	여성	57.4	79.7	61.8	77.1	35.3	50.6
합계		51.7	78.9	52.2	77.5	48.8	62.9

주 1. 단수응답.
　 2. 음영은 4그룹 중에서 해당자 비율이 낮은 하위 2개 그룹.
자료. 연금시니어플랜종합연구소, 〈제 4회 독신자(40~50대)의 노후생활설계니즈에 관한 조사〉 (2015년 12월)에 따라 작성.

가구 예비군 남성(61.3%), 독신여성(35.3%), 1인가구 예비군 여성 (34.6%)의 순으로 높았다. 고민을 들어줄 사람은 동거하는 부모보다 친구인 경우가 많기 때문일 것이다.[13] 즉, 고민을 들어줄 사람은 동거 가족으로 제한되지 않기 때문에 가구형태의 영향이 적다. 그리고 노후시점을 기준으로 한 질문에서도 가구형태보다 남녀 간의 차이가 크다. 고민을 들어줄 사람이 없을 것이라는 응답은 남성에서 약 70%, 여성에서 50% 이상으로 높았다.

　요약하자면, 1인가구 예비군은 동거인이 있기 때문에 현재시점에서는 경제 지원이나 간호·가사 도움을 1인가구보다 받기 쉽다. 그러

---

[13] '현재, 고민을 들어줄 사람은 누구인가'의 응답결과 상위 4개를 보면, ① 특별히 없다 48.8%, ② 친구 27.1%, ③ 어머니 8.8%, ④ 애인 5.4%였다.

나 노후시점에 대한 예상에서는 부모 등의 사망에 따라 도와줄 사람
이 없을 것이라고 응답한 사람의 비율이 증가한다. 또 고민을 들어줄
사람은 동거 가족보다 친구인 경우가 많으므로 가구형태별 차이보다
남녀 간의 차이가 크다.

5. 1인가구 예비군과 개호

다음으로 1인가구 예비군이 부모에게 수행하고 있는 개호의 현황에
대해서 알아보자. '가족 중에 개호필요자가 있나(있었나)'라는 질문에
개호필요자가 있거나 있었다고 응답한 사람의 비율은 1인가구 예비
군에서는 여성 21.5%, 남성 18.2%, 1인가구에서는 여성 14.3%,
남성 9.6%였다. 1인가구 예비군의 약 20%가 가족 중에 현재 개호
필요자가 있거나 과거에 있었다.

가족에 개호필요자가 있다(있었다)고 응답한 사람 중 어떤 대처를
하는지(했는지)를 묻는 질문에 '일을 그만두고 본인이 개호한다(했다)
고 응답한 비율은 1인가구 예비군에서 남성 23.1%, 여성 19.9%, 1
인가구에서 남성 11.6%, 여성 5.5%였다. 가족 중에 개호필요자가
있는 1인가구 예비군에서는 20% 정도가 개호하기 위해서 이직(離
職)을 하고 있었다.

앞서 서술했듯이 1인가구 예비군은 무직자의 비율이 높다. 여기서
무직인 1인가구 예비군이 응답한 무직의 이유를 살펴보면, 여성의 경

우 상위 3개는 ① 부모의 개호 등 가족사정(37.7%), ② 희망하는 일이 아니기 때문(27.5%), ③ 일을 하면 몸이 힘들어서(23.9%)였다. 무직인 1인가구 예비군 여성의 약 40%가 무직인 이유로 부모의 개호 등 가족사정을 꼽아 1위였다.

무직 1인가구 예비군 남성의 경우 상위 4개는 ① 일을 하면 몸이 힘들어서(29.0%), ② 희망하는 일이 아니기 때문(27.1%), ③ 일을 하지 않아도 생활이 가능하기 때문(23.4%), ④ 부모의 개호 등 가족사정(21.55%)이었다. 여성보다 높은 수준은 아니지만 무직인 1인가구 예비군 남성에서도 약 20%가 부모의 개호 등 가족사정을 무직인 이유로 꼽았다.

이상과 같이 1인가구 예비군이 무직이 되는 큰 이유로서 부모 등의 개호를 들고 있다. 그리고 무직인 1인가구 예비군은 부모의 연금으로 생계를 이어나가며 부모에게 개호를 제공할 가능성이 있다. 또 부모가 사망하면 그 후의 생활에 대해서 불안을 느끼는 사람도 많을 것이다. 이대로 방치한다면, 부모의 사후에 빈곤에 빠질 가능성이 높기 때문에 개호보험의 강화 등을 통해 사회적으로 지원할 필요가 있다.

6. 1인가구 예비군의 노후 대비

1인가구 예비군은 노후를 위해 어떤 경제적인 대비를 하고 있을까?
여기에서는 공적연금 가입 현황과 노후를 위한 금융자산의 현황을 살
펴보도록 하겠다.

1) 공적연금의 가입 현황

1인가구 예비군의 공적연금 가입 현황을 보기 전에 공적연금 제도의
개요에 대해서 간단하게 설명하겠다. 4장 1절에서 소개한 바와 같이
자영업자, 농업 등의 종사자, 파트타임 노동자 등 '자영업자 그룹'은
후생연금을 받을 수 없고 국민연금(기초연금)만을 받게 된다.[14] 국민
연금의 수급액은 40년간 보험료를 납입하면 최대 월 6만 5천 엔(2016
년 4월 기준)이다. 국민연금 이외의 수입이 없으면 노후생활은 경제적
으로 어렵다. 게다가 보험료는 본인이 직접 납부하지 않으면 안 되기
때문에 미납도 발생하기 쉽다. 만약, 미납인 채로 고령기를 맞으면
빈곤에 빠질 리스크도 높아진다.

　국민연금만 가입한 가입자(제1호 피보험자)의 비율을 보면, 1인가

---

[14] 이외에 피고용자의 무직 배우자(전업주부 등)은 제3호 피보험자로서 국민연금(기초
연금)만을 가입한다. 다만 보험료의 징수는 이루어지지 않고 제2호 피보험자로 있는
배우자(남편 등)의 보험료에 포함되어 있다.

단위: %

| | | 후생연금
가입 | 국민연금만 가입 (제 1호 피보험자) | | | 합계 |
			보험료 전액 납부 중	보험료 면제	보험료 미납 중	
1인가구 예비군	남성	34.0	66.0	40.8	14.9	10.3	100
	여성	39.3	60.7	41.0	14.1	5.6	100
1인가구	남성	45.0	55.0	33.6	11.2	10.3	100
	여성	51.4	48.6	27.0	14.8	6.8	100
합계		41.3	58.7	36.8	13.8	8.1	100

주. 이 조사는 미혼자를 대상으로 하였으므로 후생연금에 가입하지 않은 사람은 국민연금 제 1
　호 피보험자이다. 그래서 '국민연금만 가입한 자'는 '각 그룹의 합계'에서 '후생연금 가입자'
　을 빼고 산출했다.
자료. 연금시니어플랜종합연구소, 〈제 4회 독신자(40~50대)의 노후생활설계니즈에 관한 조사〉
　(2015년 12월)에 따라 작성.

구 예비군은 60%를 넘는 사람이 국민연금만 가입하고 있고 1인가구
에 비해서 높은 수준이다(〈도표 5-9〉). 즉, 1인가구 예비군은 노후
에 연금 이외에 수입이 없으면 빈곤에 빠지기 쉬운 것이다.

앞서 서술했던 바와 같이, 40대·50대인 유배우 남성 세대주의 취
업현황을 보면, 70~80%가 정규직이다. 따라서 유배우 남성 세대주
의 70~80%는 후생연금에 가입하고 있으며 국민연금만 가입한 가입
자는 20~30% 정도로 추정된다.

40대·50대인 유배우 남성이 세대주인 가구의 대부분은 정규직이
있기 때문에 고령기가 되어도 후생연금을 수급할 수 있으므로 빈곤에
빠질 가능성이 낮다. 반면, 현재의 추이가 지속된다면 1인가구 예비
군이나 1인가구는 정규직 비율이 낮기 때문에 고령기에는 국민연금

만 받는 수급자가 많아질 것으로 예상되어 이들의 노후 경제사정이 우려된다.

국민연금 보험료 미납자

국민연금만 가입한 가입자가 보험료를 계속 미납하는 경우, 고령기에는 무연금자가 되어 빈곤에 빠지기 더욱 쉽다. 국민연금만 가입한 가입자 중 보험료 미납자 비율을 보면, 1인가구 예비군 남성 10.3%, 1인가구 남성 10.3%, 1인가구 여성 6.8%, 1인가구 예비군 여성 5.6%이다(〈도표 5-9〉). 1인가구 예비군 남성과 1인가구 남성의 10% 정도는 고령기에 빈곤에 빠질 리스크가 높다는 것이다.

다음으로 국민연금 보험료 미납자를 상세히 보면 주당 근로시간 30시간 미만의 비정규직 노동자[15]에서 국민연금 미납자가 차지하는 비율은 1인가구 남성이 31.6%, 1인가구 예비군 남성이 30.0%, 1인가구 예비군 여성은 11.4%, 1인가구 여성은 6.7%로 나타났다. 미납자의 비율은 남녀 간의 차이가 크고 주당 30시간 미만의 단시간 노동자 중 미혼 남성의 30% 이상이 미납자였고, 미혼 여성은 10% 내외가 미납자였다.

또 무직자 중 국민연금 보험료 미납자 비율은 1인가구의 경우 남성

---

[15] 2016년 9월 말까지는 후생연금 가입기준은 1일 또는 1주간의 정해진 근로시간 및 1개월의 정해진 근로일수가 정규직의 거의 3/4(1주일이라면 30시간) 이상이다. 정해진 근로시간이 가입기준을 충족하지 않는 단시간 근로자는 후생연금에 가입할 수 없다. 또 2016년 10월부터는 새로운 기준이 시행된다(8장 3절 참고).

32.3%, 여성 17.8%, 1인가구 예비군의 경우 남성 15.9%, 여성 8.0%이다. 무직 1인가구 남성의 30%가 미납자로 나타나고 있으므로, 이들을 중심으로 국민연금의 면제절차를 밟도록 주지시킬 필요가 있다.

한편, 국민연금 보험료 미납자는 보험료를 내지 않는 것일까, 아니면 낼 수 없는 것일까? 전체 국민연금 보험료 미납자 중에서 확정거출개인형연금(401K)이나 개인연금 가입자의 비율을 살펴보도록 하겠다. 국민연금 보험료 미납자가 확정거출개인형연금(401K)이나 개인연금에 가입했다면 국민연금 보험료를 낼 수 있으나 내지 않는 것으로 추정할 수 있다. 구체적으로는, 미혼자 전체에서 확정거출개인형연금(401K)에 가입한 사람의 비율은 1.2%로 나타났고, 개인연금에 가입한 사람의 비율은 13.6%로 나타났다. 즉, 국민연금 보험료 미납자의 약 90%는 확정거출개인형연금(401K)이나 개인연금에 가입하지 않고 있으며, 국민연금 보험료를 내지 않는다기보다 낼 수 없는 것으로 추정된다.

2) 노후를 위한 금융자산 현황

노후를 대비한 금융자산 현황에 대해서 조사한 결과, 금융자산이 전혀 없는 사람의 비율이 1인가구 예비군에서는 여성 45.4%, 남성 34.2%, 1인가구에서는 여성 34.1% 남성 24.2%로 나타났다(〈도표 5-10〉). 특히, 1인가구 예비군 여성은 약 50%가 노후를 대비한 금

<도표 5-10> 노후대비용 금융자산

단위: %

| | | 금융자산(엔) | | | | | | | | | 계 |
		0	100만 이하	100만~ 200만	200만~ 300만	300만~ 400만	400만~ 500만	500만~ 750만	750만~ 1천만	1천만 이상	
1인가구 예비군	남성	34.2	13.8	5.1	4.1	2.7	6.3	4.1	8.7	20.9	100
	여성	45.4	12.0	4.5	5.3	2.1	6.0	3.2	7.3	14.3	100
1인가구	남성	24.2	15.5	6.8	7.4	2.9	6.8	3.2	7.1	26.1	100
	여성	34.1	13.3	6.2	5.8	2.6	7.8	4.2	9.1	16.9	100
합계		36.0	13.4	5.4	5.5	2.5	6.6	3.6	8.0	18.9	100

자료. 연금시니어플랜종합연구소, 〈제4회 독신자(40~50대)의 노후생활설계니즈에 관한 조사〉
(2015년 12월)에 따라 작성.

융자산이 없는 상황이다.

한편, 금융자산 잔고 1,000만 엔 이상인 사람의 비율은 1인가구 남성 26.1%, 1인가구 예비군 남성 20.9%, 1인가구 여성 16.9%, 1인가구 예비군 여성 14.3%이며, 모든 그룹에서 노후를 위해 금융자산을 보유한 사람과 그렇지 않은 사람의 격차가 크다.

7. 40대·50대 미혼자에서 1인가구 예비군의 결정요인

이상과 같이 40대와 50대 미혼자에서는 1인가구 예비군과 1인가구 사이에 생활 실태의 차이가 보인다. 그럼, 40대와 50대 미혼자들이 혼자 생활할 것인가 또는 부모 등과 동거할 것인가를 결정하는 요인은 무엇일가?

1) 분석방법(로지스틱 회귀분석)

40대와 50대 미혼자를 남녀로 구분하고 1인가구 예비군을 1, 1인가구를 0으로 하는 이항(*binary*) 변수를 종속변수로 하는 로지스틱 회귀분석(*logistic regression analysis*)을 실시하였다. 독립변수는 본인 연소득이 8등급인 더미, 가족 중 개호필요자가 있는 더미, 사회보험에 가입하지 않은 더미로 하였다. 본인 연소득이 낮으면 혼자 생활하기가 어려워져 1인가구 예비군이 될 것이라고 생각할 수 있다. 본인이 직장 사회보험에 가입하지 않으면 부모와 동거하여 부모의 피부양자로서 사회보험에 가입하고 있을 것도 예상할 수 있다.

통제변수로는 연령대(40대 전반, 40대 후반, 50대 전반, 50대 후반, 기준은 40대 전반), 학력(중졸, 고졸, 단기대·전문학교졸, 대졸, 그 외, 기준은 단기대·전문학교졸), 고용형태(정규직, 비정규직, 자영업, 부업·자영업, 무직, 그 외, 기준은 정규직)이다. 각 변수의 성별 기술통계는 〈도표 5-11〉과 같다.

〈도표 5-11〉 기술통계량

	남성					여성				
	유효 도수	최소치	최대치	평균치	표준 편차	유효 도수	최소치	최대치	평균치	표준 편차
2인 이상 가구 더미	1018	0	1	0.561	0.497	1065	0	1	0.638	0.481
본인의 연봉계층	1005	1	8	3.418	1.946	1049	1	8	2.817	1.749
개호필요자가 있는 더미	1018	0	1	0.144	0.352	1065	0	1	0.189	0.391
사회보험 가입이 불가능한 더미	1018	0	1	0.061	0.239	1065	0	1	0.059	0.236
40대 초반 더미	1018	0	1	0.346	0.476	1065	0	1	0.388	0.487
40대 후반 더미	1018	0	1	0.266	0.442	1065	0	1	0.268	0.443
50대 초반 더미	1018	0	1	0.213	0.410	1065	0	1	0.188	0.391
50대 후반 더미	1018	0	1	0.175	0.380	1065	0	1	0.157	0.364
정규직 더미	1018	0	1	0.432	0.496	1065	0	1	0.360	0.480
비정규직 더미	1018	0	1	0.194	0.395	1065	0	1	0.334	0.472
자영업 더미	1018	0	1	0.138	0.345	1065	0	1	0.058	0.234
자유업·부업 더미	1018	0	1	0.039	0.194	1065	0	1	0.059	0.236
무직 더미	1018	0	1	0.166	0.372	1065	0	1	0.172	0.377
그 외 더미	1018	0	1	0.031	0.175	1065	0	1	0.017	0.129
중졸 더미	1018	0	1	0.035	0.185	1065	0	1	0.010	0.101
고졸 더미	1018	0	1	0.336	0.473	1065	0	1	0.336	0.473
단기대학·전문대학졸 더미	1018	0	1	0.139	0.347	1065	0	1	0.364	0.481
대학교·대학원졸 더미	1018	0	1	0.486	0.500	1065	0	1	0.283	0.450
그 외 졸 더미	1018	0	1	0.003	0.054	1065	0	1	0.007	0.081

자료. 연금시니어플랜종합연구소, 〈제4회 독신자(40~50대)의 노후생활설계니즈에 관한 조사〉
(2015년 12월)에 따라 작성.

2) 남성 미혼자에서 1인가구 예비군의 결정요인

40대·50대 남성 미혼자에서 1인가구 예비군의 결정요인을 분석하면, 연령·학력·직업상의 지위를 통제하더라도 본인의 연소득이 낮을수록 1인가구 예비군이 될 확률이 유의미하게 높아지고 있다(도표 〈5-12〉). 즉, 본인의 연소득이 낮으면 부모 등과 함께 동거하며 생활을 유지하고 있다고 볼 수 있다.

다음으로 가족 중에 개호필요자가 있으면 1인가구 예비군이 될 확률이 가족 중에 개호필요자가 없는 사람에 비해 유의미하게 2.3배 높아진다. 이는 가족 중에 개호필요자가 있으면 가족과 함께 동거를 하면서 개호를 제공하기 위해 1인가구 예비군이 되기 때문인 것으로 볼 수 있다.

마지막으로, 사회보험에 가입하지 않은 것은 유의미하지 않으며, 사회보험 가입여부가 반드시 1인가구 예비군 남성의 결정요인이라고는 할 수 없다.

통제변수를 살펴보면, 연령대의 어떤 변수도 회귀 계수의 부호가 마이너스이다. 40대 전반보다 연령대가 높으면 1인가구 예비군이 될 확률이 유의미하게 낮아진다. 이는 연령이 상승하면 부모가 사망할 확률이 높아지고 그에 따라 1인가구가 되기 쉽기 때문일 것이다. 한편, 학력이나 직업상의 지위는 어떤 변수도 유의미한 영향을 주지 않고 있다.

<도표 5-12> 40 · 50대 미혼자의 1인가구 예비군 결정요인(로지스틱 회귀분석)

	남성			여성		
	회귀분석	Odds비		회귀분석	Odds비	
본인의 연봉계층	-0.085	0.919	†	-0.248	0.780	***
개호필요자가 있는 더미	0.832	2.297	***	0.514	1.673	**
사회보험에 가입하지 못하는 더미	0.451	1.570		0.595	1.812	†
45~49세 더미	-0.428	0.652	*	-0.040	0.960	
50~54세 더미	-0.561	0.571	**	-0.221	0.801	
55~59세 더미	-0.813	0.444	***	-0.637	0.529	**
중졸 더미	0.289	1.335		0.346	1.413	
고졸 더미	0.257	1.293		-0.031	0.970	
대학교 · 대학원 졸 더미	0.162	1.176		-0.168	0.845	
그 외 졸 더미	-0.956	0.384		-0.111	0.895	
비정규직 더미	-0.024	0.976		-0.143	0.867	
자영업 더미	0.248	1.282		0.574	1.775	†
자유업 · 부업 더미	0.397	1.488		-0.446	0.640	
무직더미	0.178	1.195		0.139	1.149	
그 외 더미	-0.303	0.739		0.179	1.197	
상수	0.530	1.698		1.388	4.005	
n	1,005			1,049		
Nagelkerke R제곱	0.067			0.098		
우도비율카이제곱검정	P=0.000			P=0.000		

주 1. 레퍼런스그룹은 '40~44세 더미', '단기대학 · 전문대 졸업 더미', '정사원 더미'.
2. ***P < 0.001, **P < 0.01, *P < 0.05, †p < 0.1
자료. 연금시니어플랜종합연구소, 〈제 4회 독신자(40~50대)의 노후생활설계니즈에 관한 조사〉
(2015년 12월)에 따라 작성.

3) 여성 미혼자에서 1인가구 예비군의 결정요인

40대·50대 여성 미혼자에서 1인가구 예비군의 결정요인을 살펴보면, 남성의 경우와 거의 마찬가지의 결과가 나왔다. 즉, 여성 미혼자는 연령·학력·직업상의 지위를 제한해도 본인의 연소득이 적을수록 1인가구 예비군이 될 확률이 유의미하게 높다는 것을 지적할 수 있다(〈도표 5-12〉). 또 가족 중 개호필요자가 있으면 개호필요자가 없는 가구에 비해 1인가구 예비군이 될 확률이 유의미하게 1.7배 올라갔다.

한편 남성 미혼자와 달리 여성 미혼자가 사회보험에 가입하지 않은 경우 1인가구 예비군이 될 확률이 유의미하게 1.8배 증가한다. 직장에서 사회보험에 가입하지 않은 경우에는 부모와 동거하면서 부모의 피부양자로서 사회보험에 가입되기 때문일 것으로 보인다.

통제변수를 보면, 50대 후반은 40대 전반에 비해 1인가구 예비군이 될 확률이 낮다. 자영업자는 자영업자가 아닌 사람에 비해 1인가구 예비군이 될 확률이 1.8배 높다. 이외에 학력이나 직업상의 지위는 유의미한 영향을 끼치지 않는다.

요약하자면, 미혼자에서 1인가구 예비군의 결정요인을 분석하면 ① 연소득이 낮을수록 1인가구 예비군이 될 확률이 높다는 것, ② 가족 중에 개호필요자가 있는 사람은 1인가구 예비군이 될 확률이 높다는 것, ③ 직장에서 사회보험에 가입하지 않은 여성은 1인가구 예비군이 될 확률이 높다는 것 등을 지적할 수 있다.

5장 주요내용

— 1인가구 예비군은 1인가구보다 저소득층의 비율이 높다. 그 원인으로는 1인가구 예비군의 무직자 비율이 높은 것을 들 수 있다.

— 1인가구 예비군에서 남성의 40% 이상, 여성의 약 70%가 동거하는 부모가 생계 유지를 주로 책임지는 가장이다. 또 본인의 연소득 100만 엔 미만인 1인가구 예비군 중 70~80%는 부모가 가장이다. 이 상황이 계속되면 부모 등 동거인이 사망한 후에 빈곤에 빠질 리스크가 높다.

— 1인가구 예비군의 50~60% 이상은 부모가 소유한 집에 거주하고 있다. 부모와의 동거로 집세 부담을 덜 수 있는 사람이 상당 정도 있다고 추정할 수 있다.

— 1인가구 예비군의 사회적 고립 현황을 보면, 현재는 부모 등 동거인으로부터 경제 지원이나 간병·가사 지원을 받을 수 있으나 향후에는 이러한 지원을 기대하기 어려워질 것으로 예상된다.

— 1인가구 예비군은 가족 중 개호필요자가 있는 사람의 비율이 높다. 가족의 개호가 동거의 이유인 것으로 추정된다. 특히, 무직인 여성의 약 40%가 무직의 이유로 부모의 개호 등 가족사정을 꼽았다.

― 1인가구 예비군에서 60%를 넘는 사람이 국민연금만 가입한 가입자(제 1호 피보험자)이다. 노후에 연금 이외의 수입이 없으면 빈곤에 빠질 위험이 있다.

― 중년 미혼자가 1인가구 예비군이 되는 결정요인을 분석하면 ① 연소득이 낮을수록 1인가구 예비군이 될 확률이 높아지고, ② 가족 중 개호필요자가 있는 사람은 1인가구 예비군이 될 확률이 높으며, ③ 직장에서 사회보험에 가입되지 않은 미혼 여성은 1인가구 예비군이 될 확률이 높다는 점을 지적할 수 있다.

― 1인가구인 중년 미혼자의 과제로는 비정규직이거나 무직인 독신남성에서 국민연금 보험료 미납자의 비율이 높은 것을 들 수 있다. 또 1인가구의 다수는 임대주택에 살고 있고 고령기가 되어도 임대료 부담을 진다고 할 수 있다. 또 인간관계를 보면 노후시점뿐만 아니라, 현재시점에도 경제 지원이나 간호·가사 등의 수단적 지원을 중심으로 의지할 수 있는 사람이 없는 사람의 비율이 높다.

제 6 장

해외의 고령 1인가구와의 비교

미국, 독일, 스웨덴과 일본의 비교

지금까지 근로세대 1인가구, 고령 1인가구, 1인가구 예비군으로 나누어 빈곤, 개호필요, 사회적 고립 등의 리스크를 살펴보았다. 여기에서는 일본과 해외 고령 1인가구의 생활 실태와 리스크에 대한 대응 등을 비교하고자 한다.

그런데 유럽의 여러 나라를 보면 일본보다 1인가구 비율이 높은 나라가 많다. 예를 들어 전 가구에서 차지하는 1인가구의 비율은 독일 (40.4%: 2011년), 노르웨이(39.7%: 2011년), 덴마크(38.5%: 2012년), 네덜란드(36.1%: 2010년), 오스트리아(36.0%: 2010년), 프랑스(34.4%: 2009년), 미국(32.9%: 2010년), 일본(32.4%: 2010년), 캐나다(27.6%: 2011년)의 순으로 높다. [1]

---

1 사인연(2013b)에서의 '평균가구인원과 1인가구 비율의 국제비교'에서 인용.

일본은 미국과 거의 같은 수준으로 북유럽이나 서유럽 여러 나라에 비해 1인가구의 비율이 낮다. 향후 일본에서도 1인가구가 증가할 것이 예상되고 있으며 2035년에는 37.2%에 이를 것으로 추계되고 있다. 이 비율은 현재 덴마크와 네덜란드 사이에 해당되지만 독일이나 노르웨이에는 미치지 못한다. 유럽의 여러 나라에서 1인가구 비율이 높은 배경으로는 주로 여성 중에서 고령기에 혼자 사는 사람의 비율이 높은 것을 들 수 있다. 2000년대 전반의 오래 전 데이터지만, 성·연령대별 인구 중 1인가구 비율을 보면, 일본의 여성 1인가구 비율은

〈도표 6-1〉 성·연령대별 인구 대비 1인가구의 비율(국제비교)

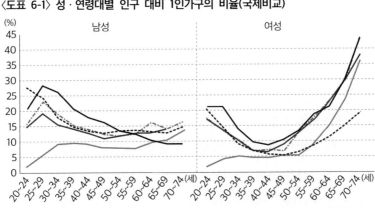

━ 독일(02년) ┈ 네덜란드(02년) ━ 프랑스(02년) ━ 이탈리아(02년) ┅ 일본(05년)

주 1. 해외데이터의 기초가 된 EU Labour Force Survey의 가구란, 일반가구(private house-holds)를 말하고, 노인홈 등의 시설입소자는 포함하지 않는다. Fokkema(2008), 1356p.
   2. 독일, 프랑스, 네덜란드, 이탈리아는 2002년의 수치.
자료. 독일, 프랑스, 네덜란드, 이탈리아의 1인가구 비율은, Tineke Fokkema & Aart C. Liefbroer, *Trends in living arrangements in Europe. Convergence or divergence?*, Demographic Research(Max Planck Institute for Demographic Research), Vol.19, Article 36, July 2008, 1376-1377p(데이터의 출처는 EU Labour Force Survey). 일본은 총무성 〈2005년 국세조사〉에 기초하여 작성. 후지모리(藤森, 2010), 204p 참조.

U자형이지만 독일, 프랑스, 네덜란드, 이탈리아 등은 J자형이다 (〈도표 6-1〉). 상기의 유럽 4개국에서는 여성 1인가구 비율이 40대와 50대 후반부터 급속히 상승하고 70~74세에서는 35~45% 수준이 된다. 이에 비해 일본 70대 전반 여성의 1인가구 비율은 19.4%(2005년)에 머물고 있다. [2]

그럼, 주요 선진국의 고령 1인가구는 일본의 고령 1인가구와 어떤 차이가 있을까? 또 어떤 생활리스크가 있고 어떻게 대응하고 있을까? 여기에서는 내각부(2016)의 〈제 8회 고령자의 생활과 의식에 관한 국제비교 조사〉를 이용하여, 일본과 미국, 독일, 스웨덴의 고령 1인가구에 대해서 ① 사회적 고립, ② 신체 기능이 떨어진 경우의 거주 장소, ③ 경제적 상황을 비교하겠다.

---

[2] 후지모리 가츠히코(藤森克彦, 2010), 203~206p 참고. 2015년 70대 전반 여성의 1인가구 비율은 19.3%로 2005년과 거의 같은 비율이다.

1. 사용 데이터

먼저 내각부(2016)의 〈제 8회 고령자의 생활과 의식에 관한 국제비교조사〉에 관해서 설명하겠다. 내각부에서는 고령화 문제의 기초조사로서 1980년부터 5년마다 일본과 해외 여러 나라의 고령자의 역할, 활동 및 의식 등에 관해 조사·분석을 해왔다. 제 8회 조사에서는 일본과 미국, 독일, 스웨덴 4개국의 60세 이상 남녀(시설 입소자 제외) 각각 약 1,000명을 조사대상으로 하였다. 고령자의 연령 하한이 60세인 점에는 유의할 필요가 있다.

조사시기는 2015년 9~12월이며 조사원에 따른 개별면접 청취 조사를 실시하였다. 유효회수 수는 일본 1,105명, 미국 1,003명, 독일 1,008명, 스웨덴 1,000명이다.[3] 또 각국 1인가구의 샘플 수는 일본 171명, 미국 381명, 독일 409명, 스웨덴 479명이다.

이번 조사는 내각부 정책총괄관(공생사회정책담당)의 위탁에 따라 주식회사 일본리서치센터가 실시하였다. 필자는 기획분석위원으로 이 조사에 협력했다.[4]

---

[3] 내각부(2016), 1~2p 참고.
[4] 이 장은 후지모리 가츠히코(2016), 238~247p를 수정하여 옮겼다.

2. 고령 1인가구의 비율과 속성

먼저 각국의 고령 1인가구의 비율과 속성에 대해 살펴보겠다. 고령자 (60세 이상)에서 1인가구가 차지하는 비율을 보면, 스웨덴 47.9%, 독일 40.6%, 미국 38.0%, 일본 15.5%였다. 일본은 4개국 중에서 고령자에서 1인가구 비율이 가장 낮다(〈도표 6-2〉). 다른 가구 유형의 비율을 보면, 일본은 2세대 가구(본인과 자녀의 동거)와 3세대 가구 (본인과 자녀와 손주의 동거)의 비율이 높다. 즉, 일본의 고령자는 자녀와의 동거율이 다른 나라에 비해 높기 때문에 1인가구 비율이 낮은 것을 알 수 있다.

다음으로 각국에서 고령 1인가구의 속성에 대해서 살펴보자. 1인 가구에서 여성이 차지하는 비율을 보면, 일본은 독일에 이어 여성의 비율이 높다(〈도표 6-3〉). 또 1인가구에서 75세 이상 고령자가 차지하는 비율을 보면, 일본은 4개국 중에서 75세 이상 고령자의 비율이 가장 높다. 이는 국제적으로 비교하면 일본 여성의 평균 수명이 길기 때문에, 배우자와 사별하고 1인가구가 되는 75세 이상 여성이 상당 정도 있기 때문이라고 볼 수 있다.

고령 1인가구의 배우관계를 보면 일본은 미혼자(17.0%)와 사별자 (60.8%)의 비율이 4개국 중에서 가장 높다. 한편, 이혼자의 비율을 보면 다른 3개국은 30~40% 이상 수준인데 일본은 20% 수준으로 4개국 중에서 가장 낮다.

또 1인가구 중에서 자녀가 없는 사람의 비율을 보면, 일본 24.0%,

독일 21.4%, 스웨덴 20.7%, 미국 18.7%로 일본은 자녀가 없는 1인가구의 비율이 약간 높다. 이는 일본에서 1인가구 중 미혼자가 차지하는 비율이 가장 높은 것 등이 영향을 미치고 있다고 볼 수 있다.

〈도표 6-2〉 고령자(60세 이상)의 가구유형별 비율

단위: %

| | 1인가구 | 부부 가구 | 2세대 가구 | | 3세대 가구 | 그 외 | 무응답 |
			부모와 동거	자녀와 동거			
일본	15.5	36.5	3.3	26.9	13.4	4.4	-
미국	38.0	38.3	1.0	10.7	7.1	5.0	-
독일	40.6	47.7	0.2	6.5	0.1	4.6	0.3
스웨덴	47.9	47.4	0.1	2.5	0.4	1.7	-

주. 조사대상은 각국 60세 이상 고령자.
자료. 후지모리 가츠히코(藤森克彦, 2016).

〈도표 6-3〉 고령 1인가구의 속성

단위: %

| | 여성의 비율 | 75세 이상 비율 | 배우관계(각국 합계: 100%) | | | | 자녀 없음 |
			미혼	유배우	이별	사별	
일본	69.6	53.2	17.0	2.3	19.9	60.8	24.0
미국	55.1	45.7	11.5	3.1	35.2	50.1	18.7
독일	76.0	42.1	9.8	3.7	27.8	58.7	21.4
스웨덴	64.3	38.8	14.2	4.4	45.3	36.1	20.7

주. 조사대상은, 각국 60세 이상 고령자.
자료. 후지모리 가츠히코(藤森克彦, 2016).

3. 고령 1인가구와 사회적 고립

다음으로 해외 고령 1인가구의 사회적 고립과 관련하여 ① 타인과의 교류, ② 의지할 수 있는 사람의 유무, ③ 사회참여를 살펴보도록 하겠다. 4장 2절에서 논의한 사회적 고립 4유형과의 연관성을 보면 타인과의 교류는 대화 결여형 고립, 의지할 수 있는 사람의 유무는 지원 수혜 결여형 고립, 사회참여는 사회참여 결여형 고립에 관련된 것이라 할 수 있다.

1) 타인과의 교류

'평소 얼마나 자주 사람과 직접 만나서 이야기를 하는지'에 대한 각국 1인가구의 응답결과를 보면, 일본은 4개국 중에서 대화의 빈도가 가장 낮다. '거의 매일'의 비율은 일본이 4개국 중에서 가장 낮고, 반대로 '주 1회', '거의 없다'의 비율(합계)은 일본이 15.2%로 가장 높다 (〈도표 6-4〉). 일본의 고령 1인가구는 다른 3개국의 고령 1인가구에 비해 대화 결여형 고립에 빠지기 쉬운 상황이라고 볼 수 있다.

다음으로 '얼마나 자주 별거 자녀와 만나거나 전화 등으로 연락하는가?'에 대한 응답결과는 '1년에 수 회 이하'가 일본 17.1%, 독일 15.9%, 미국 8.7%, 스웨덴 6.7%로 나타나 일본은 독일과 함께 별거 자녀와의 연락 빈도가 낮은 수준을 보였다(〈도표 6-5〉). 또 '별거 자녀가 없다'의 비율을 보면, 일본은 23.5%로 가장 높았다.

〈도표 6-4〉 대화빈도

단위: %

	1인가구					합계	2인 이상 가구					합계
	거의 매일	주 4~5회	주 2~3회	주 1회	거의 없다		거의 매일	주 4~5회	주 2~3회	주 1회	거의 없다	
일본	54.4	15.2	15.2	8.2	7.0	100	92.4	1.8	2.5	1.1	2.2	100
미국	74.2	13.4	6.1	4.7	1.6	100	89.4	5.2	3.2	1.3	1.0	100
독일	63.7	14.7	12.7	5.1	3.7	100	72.7	9.1	11.4	4.4	2.4	100
스웨덴	78.9	7.3	8.8	3.3	1.7	100	96.5	1.0	1.7	0.4	0.4	100

주 1. '평소 사람과 직접 만나 얼마나 자주 대화하는가'에 대한 응답.
　 2. 조사대상은, 각국 60세 이상 고령자.
자료. 후지모리 가츠히코(藤森克彦, 2016).

〈도표 6-5〉 따로 사는 자녀와의 연락빈도

단위: %

	1인가구					합계	2인 이상 가구					합계
	거의 매일	주 1회 이상	월 1~2회	년 수 회 이하	별거 자녀 없음		거의 매일	주 1회 이상	월 1~2회	년 수 회 이하	별거 자녀 없음	
일본	23.5	22.9	12.9	17.1	23.5	100	14.3	24.1	22.2	16.9	22.5	100
미국	30.5	31.1	11.1	8.7	18.7	100	38.3	28.5	11.4	4.8	16.9	100
독일	22.1	31.7	11.3	15.9	19.1	100	20.2	31.8	18.5	16.8	12.6	100
스웨덴	22.3	38.6	11.7	6.7	20.7	100	28.8	43.8	13.1	6.2	8.3	100

주 1. '따로 사는 자녀와 얼마나 자주 만나고, 전화 등 연락을 하고 있습니까'에 대한 응답 결과.
　 2. '1년에 수 회 이하'는, '1년에 수 회', '거의 없다'의 합계.
　 3. 조사대상은 각국 60세 이상 고령자.
자료. 후지모리 가츠히코(藤森克彦, 2016).

한편, 별거 자녀와의 연락빈도를 1인가구와 2인 이상 가구로 나누어 보면, 일본에서는 1인가구가 별거 자녀와 더 자주 연락을 하는 경향이 있다. 구체적으로는, 일본에서 '거의 매일'이라고 응답한 사람의 비율은 2인 이상 가구(14.3%)보다 1인가구(23.5%)가 높았다.

미국, 스웨덴에서는 별거 자녀와 '거의 매일' 연락하는 비율은 2인이상 가구가 1인가구보다 높다. 독일은 1인가구가 2인 이상 가구를조금 넘는 정도였다. 일본에서 1인가구가 2인 이상 가구보다 별거 자녀와의 연락빈도가 높은 것은 자녀가 혼자 사는 부모를 걱정하기 때문일 것으로 추정된다.

2) 의지할 수 있는 사람의 유무

다음으로 '병에 걸렸을 때나 일상생활에 필요한 작업(전구 교환이나 정원 손질 등)을 혼자 할 수 없을 때, 동거 가족 이외에 의지할 만한 사람이 있는가'라는 질문(복수응답 가능)에 대한 응답결과를 보면, '별거가족·친지'로 답한 사람의 비율은 일본 67.3%, 독일 63.3%, 스웨덴 58.0%, 미국 55.9%로 나타나 일본이 가장 높다(〈도표 6-6〉).

한편, '친구'로 응답한 사람의 비율은 스웨덴 49.1%, 미국 48.0%, 독일 46.0%, 일본 21.1%로 나타나 일본은 다른 3개국에 비해 가장 낮은 수준이었다. 또한 '이웃'이라는 응답은 독일 45.0%, 스웨덴 30.1%, 미국 27.0%, 일본 15.8%로 나타나 일본은 다른 3개국보다 매우 낮았다. 마지막으로 '기댈 수 있는 사람이 없다'는 응

<도표 6-6> 간호, 일상생활 지원 등 동거가족 외에 의지할 수 있는 사람

단위□%

	1인가구					2인 이상 가구				
	별거가족	친구	이웃	그 외	없음	별거가족	친구	이웃	그 외	없음
일본	67.3	21.1	15.8	7.0	12.9	66.1	18.0	18.7	3.1	16.7
미국	55.9	48.0	27.0	9.2	13.1	63.7	43.1	23.2	6.6	12.9
독일	63.3	46.0	45.0	5.9	6.1	73.2	44.1	40.4	4.4	5.5
스웨덴	58.0	49.1	30.1	9.6	9.2	60.3	38.2	32.2	6.0	12.3

주 1. '질병에 걸렸을 때, 혼자 할 수 없는 일상생활에 필요한 작업(전구 교환, 정원 손질 등)이
　　필요할 때, 같이 사는 가족 이외에 의지할 사람이 있습니까'(복수응답)에 대한 응답 결과.
　2. 조사대상은, 각국 60세 이상 고령자.
자료. 후지모리 가츠히코(藤森克彦, 2016)

답 비율은 일본(12.9%)이 미국(13.1%)과 같은 수준으로 스웨덴
(9.2%), 독일(6.1%)보다 높았다.

　이웃과의 관계에 대한 질문에서 '병에 걸렸을 때 도와주는 이웃이
있다'고 응답한 1인가구 비율은 독일(33.5%), 미국(30.2%), 스웨덴
(19.6%), 일본(3.5%)의 순서로 나타나 일본은 매우 낮았다.

　또 이웃과 '상담하거나 상담을 받는 관계'라고 응답한 1인가구 비율
은 독일(45.0%), 미국(30.2%), 스웨덴(27.1%), 일본(23.4%)의
순으로, 역시 일본이 가장 낮았다.

　일본의 1인가구는 다른 나라에 비해 병에 걸린 경우 등의 상황에
별거 가족에 의지하는 경향이 강하다. 반면, 다른 나라에 비해 친구
나 이웃 사람과의 사이에서 의지할 수 있는 관계는 부족하다.

　별거 가족뿐만 아니라 친구나 이웃과의 사이에서 의지하거나 의지

<표 6-7> 사회활동 참여 현황

단위: %

	1인가구		2인 이상 가구	
	예전에는 참가, 지금은 참가하지 않는다	참가한 적이 전혀 없다	예전에는 참가, 지금은 참가하지 않는다	참가한 적이 전혀 없다
일본	17.5	54.4	19.4	46.4
미국	18.6	22.3	17.0	24.3
독일	20.0	51.1	27.5	39.4
스웨덴	16.9	24.8	21.7	20.2

주 1. '복지나 환경 개선 등을 위한 자원봉사활동, 그 외의 사회활동을 한 적이 있습니까'라는
　　 질문에 대해, '예전에는 참가했으나, 지금은 참가하지 않는다', '참가한 적이 전혀 없다' 는
　　 응답자 비율.
　 2. 조사대상은 각국 60세 이상 고령자.
자료. 후지모리 가츠히코(藤森克彦, 2016)

를 받는 인간관계를 쌓을 수 있는지 여부는 고령 1인가구가 지역사회
에서 편하게 살 수 있을지 여부에 큰 영향을 끼칠 것이다. 바꿔 말하
면, 미국이나 유럽의 여러 나라에서 고령 1인가구 비율이 높은 것은
친구, 이웃과의 사이에서 서로 도울 수 있는 관계를 만들고 있는 것을
한 원인으로 볼 수 있다.

3) 사회 참여

'복지나 환경을 개선할 것 등을 목적으로 한 자원봉사, 그 외의 사회
활동을 하고 있는가?'라는 질문에 대한 각국 1인가구의 응답결과를
보면, '이전에는 참여했으나 지금은 참여하지 않고 있다'와 '전혀 참

여한 적이 없다'는 비율은 일본(71.9%)과 독일(71.1%)이 스웨덴 (41.7%)과 미국(40.9%)보다 크게 높았다(〈도표 6-7〉). 특히, 일본 은 '전혀 참여한 적이 없다'(54.4%)의 비율이 4개국 중 가장 높았다.

다음으로 1인가구의 '참여하지 않는 이유'를 보면, 일본에서는 상 위 3개 항목으로 '건강상의 이유, 체력에 자신이 없다'(34.1%), '시간 적·정신적 여유가 없다'(22.0%), '관심이 없다'(13.8%)를 들었다 (〈도표 6-8〉). 이 3개의 항목은 다른 나라에서도 상위에 올랐으나 일 본과 큰 차이는 다른 3개국에서는 사회활동 불참의 이유로서 '달리

〈도표 6-8〉 사회활동에 참여하지 않는 이유(상위 3개, 복수응답)

단위: %

		1인가구			2인 이상 가구	
일본	1	건강상 이유, 체력에 자신 없다	34.1	1	시간적·정신적인 여유가 없다	30.0
	2	시간적·정신적인 여유가 없다	22.0	2	건강상 이유, 체력에 자신 없다	26.2
	3	관심이 없다	13.8	3	관심이 없다	14.0
미국	1	달리 하고 싶은 일이 있다	28.2	1	관심이 없다	37.0
	2	건강상 이유, 체력에 자신 없다	24.4	2	달리 하고 싶은 일이 있다	23.3
	3	관심이 없다	22.4	3	시간적·정신적인 여유가 없다	19.8
독일	1	관심이 없다	38.8	1	관심이 없다	35.3
	2	건강상 이유, 체력에 자신 없다	27.5	2	달리 하고 싶은 일이 있다	23.1
	3	달리 하고 싶은 일이 있다	18.6	3	건강상 이유, 체력에 자신 없다	21.6
스웨덴	1	달리 하고 싶은 일이 있다	30.0	1	가족의 개호를 하고 있다	26.1
	2	건강상 이유, 체력에 자신 없다	24.0	2	달리 하고 싶은 일이 있다	25.7
	3	시간적·정신적인 여유가 없다	19.0	3	시간적·정신적인 여유가 없다	25.2

주 1. '사회활동에 현재 참여하지 않는 이유'에 대한 질문의 응답 결과(복수응답).
  2. 조사대상은, 각국 60세 이상 고령자.
자료. 후지모리 가츠히코(藤森克彦, 2016)

하고 싶은 일이 있다'는 적극적인 이유를 상위 3개로 꼽은 점이다. 일본에서는 불참 이유 상위 3개에 '달리 하고 싶은 일이 있다'가 포함되지 않았다.

한편, 일본의 1인가구에서는 '관심이 없다'는 응답 비율이 독일이나 미국보다 낮다. 사회활동에 관한 정보제공이나 동기부여에 따라 사회활동에 참여하는 1인가구가 늘어날 여지는 있다.

4. 신체기능이 약화될 경우 희망하는 거주장소

1) 희망하는 거주장소

신체기능이 약화되어 휠체어나 도움이 필요하게 될 경우 희망하는 거주장소를 묻는 질문에 '자택에 머물고 싶다'는 응답은 미국 72.4%, 독일 68.1%, 스웨덴 60.8%, 일본 45.6%로 나타나 일본이 가장 낮다(〈도표 6-9〉). '고령자용 주택 또는 노인홈에 입주하고 싶다'는 응답은 일본 33.9%, 스웨덴 31.3%, 독일 22.9%, 미국 14.2%의 순으로 나타나 일본이 가장 높았다.

4개국 모두에서 자택거주를 희망하는 비율은 1인가구가 2인 이상 가구보다 낮았다. 그리고 1인가구와 2인 이상 가구와의 차이를 비교하면, 일본은 24%로 그 차가 가장 크다. 다른 3개국에서는 4~15% 정도의 차이가 있어 일본보다 작았다.

2) 일본 1인가구에서 '자택에 머물고 싶다'는 응답비율이 낮은 이유

그럼, 왜 일본의 1인가구는 '자택에 머물고 싶다' 고 응답한 비율이 다른 나라에 비해 낮은지 추정해보면, 조사결과로부터 아래의 세 가지 이유를 거론할 만하다.

먼저 일본에서는 다른 나라에 비해서 친구나 이웃과의 사이에서 의지할 수 있는 인간관계가 형성되지 않고 있다는 것을 들 수 있다. 앞서 서술했던 바와 같이, 일본의 1인가구는 다른 나라의 1인가구에 비해 병에 걸렸을 때나 일상생활에 필요한 작업에 대해 별거 가족에 의

〈도표 6-9〉 신체기능이 약화된 경우의 희망하는 거주장소

단위: %

	1인가구						2인 이상 가구					
	자택	자녀 주택	고령자 주택/ 노인홈	병원	그 외	합계	자택	자녀 주택	고령자 주택/ 노인홈	병원	그 외	합계
일본	45.6	3.5	33.9	4.7	12.3	100	69.1	0.5	22.8	3.0	4.5	100
미국	72.4	7.1	14.2	0.0	6.3	100	76.4	7.6	10.9	0.2	5.0	100
독일	68.1	5.4	22.9	0.0	3.7	100	78.0	3.4	15.6	0.0	3.0	100
스웨덴	60.8	0.2	31.3	0.0	7.7	100	75.4	0.4	15.7	0.0	8.4	100

주 1. '만약 신체기능이 약화되어 휠체어나 개호자가 필요해진 경우, 자택에 머물고 싶습니까. 아니면 다른 곳으로 이사하고 싶습니까'에 대한 응답.
  2. '자택에 머물고 싶다'는, '이대로 자택에 머물고 싶다'와 '개축해서 자택에 머물고 싶다'의 합계
  3. '고령자용 주택 · 노인홈'은 '고령자용 주택으로 이사하고 싶다'와 '노인홈에 입소하고 싶다'의 합계
  4. 조사대상은, 각국 60세 이상 고령자.
자료. 후지모리 가츠히코(藤森克彦, 2016).

지하려는 사람의 비율이 높으나 친구나 이웃 사람에게 의지하려는 사람의 비율은 가장 낮았다. 친구나 이웃에게 도움을 받을 수 있는 관계가 형성되어 있는지 여부가 고령 1인가구가 자택거주를 지속하는 데 큰 영향을 미치는 것으로 볼 수 있다.

두 번째로 주택 자체가 거주하기 힘든 환경인 점을 들 수 있을 것이다. '신체기능이 약화되어 휠체어나 도움을 필요로 할 경우 주택은 거주할 만한가'라는 질문에 '거주하기 힘들다'고 응답한 1인가구의 비율은 일본 62.0%, 독일 52.3%, 스웨덴 48.8%, 미국 44.7%로 일본이 가장 높았다.[5] 사람들의 의식이 어느 정도 실태를 반영하고 있는지는 불명확하지만, 일본의 주택은 외국보다 좁기 때문에 휠체어나 도움이 필요하게 된 경우 거주를 지속하기에 어려운 점이 있을 것으로 볼 수 있다.

세 번째로 개호서비스 이용빈도의 차이가 자택에서 거주를 지속하고 싶은 의향에 영향을 주고 있을 가능성이 있다. 개호서비스 이용빈도에 대한 질문에 대해 '거의 매일'이라고 응답한 1인가구의 비율은 독일 36.6%, 스웨덴 33.7%, 미국 21.9%의 순으로 높았다. 반면, 일본에서는 8.5%의 낮은 수준에 머물고 있다.[6]

---

[5] 한편 2인 이상 가구 중 '거주하기 힘들다'고 응답한 비율도 1인가구와 거의 같은 결과를 보였다(일본 62.2%, 독일 55.3%, 스웨덴 44.0%, 미국 39.1%).

[6] 2인 이상 가구의 경우, '1년에 수회', '이용하지 않고 있다'의 비율(합계)이 스웨덴 85.1%, 미국 73.3%, 독일 68.8%, 일본 41.6%로 일본은 개호서비스 이용빈도가 높았다.

5. 고령 1인가구의 경제적 상황

1) 경제적 곤궁에 관한 의식과 실태

다음으로 고령 1인가구의 경제적 곤궁에 대한 의식을 살펴보겠다. '일상생활에서 경제적으로 곤란한 일이 있는가?'에 대한 질문에 일본 1인가구의 52.0%는 '곤란하지 않다'고 응답하여 4개국 중에서 그 비율이 가장 높았다(〈도표 6-10〉).

한편, 각국의 소득분배 현황을 보기 위해 가구소득 4분위 중 1분위(하위 25%)에 속한 각국 1인가구 비율을 보면, 일본은 4개국 중에서 가장 높은 49.1%로 나타났다(〈도표 6-11〉). 또 4분위(상위 25%) 비율은 스웨덴 다음으로 낮았다. 따라서 일본의 1인가구는 스스로 '곤란하지 않다'고 인식하는 사람이 많았으나 실제적으로는 저소득층의 비율이 높은 것을 볼 수 있다.

2) 일본의 1인가구에서 저소득층 비율이 높은 배경

그럼, 왜 일본의 1인가구는 다른 나라에 비해 저소득층 비율이 높은 것일까? 여러 요인을 생각할 수 있으나 이 조사에서는 아래와 같은 점을 거론할 수 있다.

첫째, 지금까지 수입을 동반한 일 중 가장 길게 종사한 직업을 보면, 일본의 1인가구는 자영업이나 비정규직 사원의 비율이 다른 3개

<도표 6-10> 경제적 곤란에 대한 의식

단위: %

	1인가구					2인 이상 가구				
	곤란하다	조금 곤란하다	그렇게 곤란하지 않다	곤란하지 않다	합계	곤란하다	조금 곤란하다	그렇게 곤란하지 않다	곤란하지 않다	합계
일본	10.5	18.7	18.7	52.0	100	5.0	16.3	27.2	51.5	100
미국	7.9	25.5	36.3	30.3	100	5.3	25.1	29.5	40.1	100
독일	5.9	25.7	30.1	38.2	100	2.9	13.9	31.6	51.6	100
스웨덴	4.0	16.7	30.9	48.4	100	1.3	4.0	27.4	67.2	100

주 1. '일상생활에서 경제적으로 곤란한 일이 있는가'에 대한 응답.
　 2. 조사대상은, 각 국 60세 이상 고령자.
자료. 후지모리 가츠히코(藤森克彦, 2016).

<도표 6-11> 4분위 소득계층별 1인가구 비율

단위 : %

	1분위	2분위	3분위	4분위	합계
일본	49.1	32.6	11.3	7.0	100
미국	38.5	27.4	19.8	14.4	100
독일	33.5	32.5	22.4	11.7	100
스웨덴	41.9	33.2	22.6	2.3	100

주 1. '연금을 포함하여 월평균소득(세전)은 대략 어느 정도인가'에 대한 응답결과로, 선택지는
　 7개 - 수입이 없다, 5만 엔 미만, 5만~10만 엔 미만, 10만~20만 엔 미만, 20만~30만
　 엔 미만, 30만~40만 엔 미만, 40만 엔 이상에서 하나를 선택하도록 하였다.
　 2. 소득 4분위 계산은, 각 소득계층에서는 하한소득에서 상한소득까지 인원수에 따라 비례
　 하여 소득이 늘어난다는 가정 하에 모든 응답값을 활용하였다. 유효샘플수에서 4분위의
　 한계에 해당하는 사람의 소득기준을 구했다. 또 설문상 최상위 소득계층이 40만 엔 이상
　 으로 최고수입액이 명확하지 않기 때문에, 30만~40만 엔 미만 구간에서의 소득증가가
　 40만 엔 이상도 지속된다고 가정하여 계산했다.
　 3. 1인가구의 소득도 각 소득계층의 하한부터 상한까지 인원수에 비례하여 수입이 증가한다
　 고 가정하여 각 계층별 인원수를 계산했다.
　 4. 조사대상은, 각국 60세 이상 고령자.
자료. 후지모리 가츠히코(藤森克彦, 2016).

국에 비해 높다(〈도표 6-12〉). 일본의 공적연금 제도에서는 자영업자나 단시간 근로에 종사해 온 비정규직 노동자는 배우자(사별한 배우자도 포함)가 급여소득자가 아닌 이상 국민연금만 가입하여(제1호 피보험자), 고령기에는 공적연금으로서 기초연금만 수급받는다. 기초연금 수급액은 40년간 보험료를 납입하면 최대 월 6만 5천 엔이다. 자영업자나 단시간 노동자는 보수 비례 부분을 수급받지 못하기 때문에 급여소득자에 비해서 연금급여 수준이 낮다.**7** 이 때문에 단시간 근로에 종사해 온 미혼 1인가구나 자영업자의 배우자 등은 경제적 곤궁에 빠지기 쉽다.

두 번째로 일본의 1인가구는 노후대비가 충분하지 못한 가구 비율이 다른 나라보다 높다. 현재 저축이나 자산은 노후 대비로 충분하다고 생각하는지에 대해서 '부족하다'**8**고 응답한 1인가구 비율은 일본 55.0%, 미국 27.0%, 독일 24.9%, 스웨덴 23.0%의 순으로 일본이 현저하게 높았다. '50대까지 노후의 경제생활에 대비하기 위해서 특별히 무엇을 해 왔는가?'라는 질문에 '특별히 아무것도 하지 않았다'고 응답한 1인가구 비율은 일본이 가장 높아 일본 45.6%, 스웨덴 32.2%, 독일 29.1%, 미국 24.1%로 나타났다.

---

7 후생연금의 가입기준은 연소득과 관계없이 1일 또는 1주일의 소정 근로시간 및 1개월의 소정 근로일수가 정규직의 거의 3/4(1주일이라면 30시간) 이상이면 가입할 수 있다. 소정 근로시간이 상기 가입기준을 만족하지 못하는 단시간 근로자는 후생연금에 가입할 수 없다. 2016년 10월부터는 새로운 기준이 시행되고 있다(8장 1절 참고).
8 '부족하다'는, '조금 부족하다고 생각한다', '매우 부족하다고 생각한다'의 합계.

〈도표 6-12〉 수입을 동반한 일 중에 가장 오랫동안 한 일

단위: %

	1인가구				합계	2인 이상 가구				합계
	자영업	정규직	비정규직	일한 적 없다		자영업	정규직	비정규직	일한 적 없다	
일본	21.6	51.5	22.2	4.7	100	23.0	59.4	14.5	3.1	100
미국	10.8	78.7	8.1	2.4	100	15.9	76.4	5.0	2.7	100
독일	9.1	79.6	9.1	2.2	100	10.2	83.7	5.0	1.0	100
스웨덴	9.6	81.2	9.0	0.2	100	11.1	81.4	7.3	0.2	100

주 1. '지금까지 수입을 동반한 일 중에 가장 오랫동안 한 일은 무엇인가'에 대한 응답.
　 2. 자영업은 '자영 농림어업(가족종사자 포함)', '자영 상공서비스업(가족종사자 포함)'의 합
　　 계. 정규직은 '장기고용(풀타임)의 사무직·기술직 직장인', '장기고용(풀타임)의 노무직 직
　　 장인'의 합계. 비정규직은 '장기고용(파트타임)', '임시·일용직·파트타임'의 합계.
　 3. 조사대상은, 각국 60세 이상 고령자.
자료. 후지모리 가츠히코(藤森克彦, 2016)

〈도표 6-13〉 수입을 동반한 일을 최종적으로 그만둔 연령

단위: %

	1인가구			합계	2인 이상 가구			합계
	65세 미만	65세 이상	아직 일을 그만두지 않았다		65세 미만	65세 이상	아직 일을 그만두지 않았다	
일본	50.0	32.7	17.3	100	45.3	24.5	30.2	100
미국	53.1	29.0	17.9	100	52.3	23.4	24.2	100
독일	73.4	14.7	11.9	100	69.1	17.8	13.2	100
스웨덴	43.9	42.7	13.4	100	39.4	41.3	19.2	100

주 1. '수입을 동반한 일을 최종적으로 그만두었을 때의 나이는 몇 살인가'에 대한 응답결과.
　 2. 조사대상은 각국 60세 이상 고령자.
자료. 후지모리 가츠히코(藤森克彦, 2016)

그리고 일본의 1인가구는 소득이 낮고 저축, 자산이 충분하지 못한 상황에 대해 일을 계속 하는 것으로 대응하고 있는 것으로 추정된다. 구체적으로는, '최종적으로 수입을 얻는 일을 그만 둔 연령'에 대한 질문에 '65세 이상'이라고 응답한 비율이 일본은 32.7%로 스웨덴(42.7%)에 이어 두 번째로 높은 수준이다(〈도표 6-13〉). '아직 일을 그만두지 않았다'는 응답을 보면, 일본(17.3%)은 미국(17.9%)과 비슷한 수준으로 스웨덴(13.4%), 독일(11.9%)보다 높다. 특히, 일본의 고령 1인가구가 다른 3개국에 비해 75세 이상 고령자 비율이 높은 것을 감안하면(〈도표 6-3〉), 일본의 1인가구는 타국에 비해 일을 계속 하는 경향을 보이고 있다.

6장 주요내용

― 일본의 고령 1인가구는 다른 3개국에 비해 ① 병에 걸린 경우 별거 가족에 의지하는 경향을 보이는 반면, 친구나 이웃과의 관계성이 부족하고, ② 신체기능이 약화될 경우에 자택에 머물고 싶어 하는 사람의 비율이 낮으며, ③ 저소득층의 비율이 높고 계속해서 일하는 것으로 부족한 노후자산을 보충하는 특징을 보였다. 이러한 특징의 대부분은 2인 이상 가구에서도 공통적으로 보이지만, 특히 고령 1인가구의 생활에 미치는 영향이 크다고 할 수 있다.

― 일본의 고령 1인가구는 다른 3개국에 비해 미혼자 비율이 높다는 특징을 보이며 앞으로 미혼인 고령 1인가구는 더욱 증가할 것으로 예상된다.

― 미혼 고령 1인가구는 배우자와 자녀가 없기 때문에 노후를 가족에게 의지하는 것이 더욱 어려워질 것이다. 사회보험제도의 강화와 함께 친구나 이웃 등 혈연을 넘어 인간관계를 어떻게 만들어 나갈 것인지가 앞으로의 중요한 과제가 될 것이다.

1인가구
리스크에 대한
사회의 대응

2부에서는 1인가구를 몇 가지 유형으로 나누어서 그 생활 실태나 리스크 등을 살펴보았다. 3부에서는 1인가구 증가에 따라 현실화되고 있는 여러 가지 리스크에 대해 사회적으로 어떤 대응을 해야 하는지 검토해보겠다.

1인가구 증가에 따라 가족의 기능이 위축되고 있는 가운데 사회보장 기능을 강화하기 위해서는 재원을 확보하는 것과 지역사회의 역할이 중요하다. 또 빈곤이나 사회적 고립을 막기 위해 가능한 한 노동을 계속할 수 있는 사회를 구축하는 것도 필요하다. 또 최근에는 인지장애 고령자가 증가함에 따라 가족이 없는 고령 독신자가 판단능력이 약화될 경우에 대한 대응도 중요하게 되었다.

3부에서는 먼저 1인가구의 주거와 지역사회 만들기(7장)에 관해 살펴보고, 다음으로 일을 계속 할 수 있는 사회(8장)에 대해서 검토해보겠다. 그리고 고령 독신자가 판단능력이 약화될 경우의 대책(9장)을 다루고, 마지막으로 사회보장 기능 강화와 재원 확보의 필요성(10장)에 대해서 논의하겠다.

제 7 장

1인가구의 주거와
지역사회 만들기

이 장에서는 1인가구의 주거와 지역사회 만들기라는 2개의 과제를 검토해 보겠다. 주거가 하드웨어적인 측면이 있는 것에 비해서 지역사회 만들기는 의료나 개호 등을 제공하는 전문직의 네트워크나 지역주민 네트워크 등 거주하는 데 필요한 소프트웨어라 말할 수 있다. 특히, 가족이 없는 고령 1인가구가 개호가 필요하게 될 경우 정든 지역에서 계속 살기 위해서는 지역사회 만들기가 중요하다.

따라서 이 장에서는 1절에서 1인가구의 주거에 대해서 살펴보고, 2절~4절에서는 선진적인 대응 사례를 소개하며 지역사회 만들기에 대해 검토해 보겠다.

1. 1인가구의 주거

'신혼 시절은 작은 아파트에서 시작해서, 자녀가 태어날 즈음에는 조금 넓은 임대 아파트로 옮기고, 꿈꾸던 분양 아파트를 구입하고, 나중에 그것을 팔아 도시 근교에 정원이 있는 주택을 손에 넣은 것으로 끝을 낸다.'1 — 이것은 고도경제성장기 즈음부터 오랫동안 전형적이라고 여겨져 온 일본인의 주택거주 패턴이다. 주택전문가들은 이것을 '주택주사위'라고 불러 왔다. 주택을 마련함으로써 주택 구입이 비로소 완결된다는 것이 특징이지만, 최근에는 고령기에 주택을 팔아서 '고령자서비스 제공주택'이나 '유료 노인홈'에 입주하는 새로운 방식도 등장하고 있다. 어쨌든 주택주사위라는 단어가 상징하는 바와 같이, 주택 구입은 많은 사람들에게 인생의 하나의 목표였기 때문에 정부는 국민들의 주택 마련을 지원해 왔다.

그러나 최근에는 주택 구입이라는 목표에 도달하지 못하는 사람, 또는 주택주사위 자체에 참여하지 않는 사람, 참여할 수 없는 사람들이 증가하고 있다. 이 책에서 다뤄온 미혼 1인가구나 1인가구 예비군의 다수는 주택주사위에 참여하지 않고 있다. 아래에서는, 먼저 1인가구나 1인가구 예비군의 주거 형태를 고찰하고, 주택주사위에서 이탈한 사람의 실태와 과제 그리고 앞으로 필요한 대책에 관해 검토하겠다.

---

1 건설성 건축연구소(1993)에서 인용.

1) 주택주사위에서 이탈된 1인가구의 실태

주택주사위에서 이탈된 1인가구의 수는 어느 정도일까? 먼저 1인가구와 2인 이상 가구의 주거 형태를 비교해 보자.

연령대별로 1인가구와 2인 이상 가구의 자가보유율을 비교하면, 1인가구는 상당히 낮은 수준이다(〈도표 3-4〉). 예를 들어, 40대 1인가구의 자가보유율은 24.3%로 2인 이상 가구의 40대 세대주(69.9%)보다 45.6%나 낮은 수준이다. 가구형태가 자가주택 취득에 큰 영향을 미치고 있는 것이다.

그래도 70세 이상에서 1인가구의 자가보유율은 68.4%로 2인 이상 가구(88.5%)와의 차이가 20.1%까지 좁혀진다. 이는 70세 이상이 되면 배우자와 사별한 독신자가 증가하는 것이 큰 요인이다. 배우자와 사별한 고령 독신자는 기혼자로서 자녀가 있는 경우도 있을 수 있다. 결혼이나 출산에 따라 주택 구입을 검토하는 계기가 있었기 때문에 사별한 고령 독신자의 대부분은 주택주사위에 참여해 온 사람들이라고 할 수 있을 것이다. 이것이 주요한 원인이 되어 1인가구라도 고령기에는 자가보유율이 높아진다.[1]

---

[1] 여기에 더해서 미혼 1인가구가 부모가 가진 집을 상속받거나 주택을 구입하는 것도 한 원인이라 생각할 수 있다.

<도표 7-1> 배우관계별 고령 1인가구의 주거형태(2010년)

단위: %

	합계				고령 1인가구 남성				고령 1인가구 여성			
	미혼	유배우	사별	이별	미혼	유배우	사별	이별	미혼	유배우	사별	이별
주택소유 합계	48.5	67.4	75.1	38.6	38.7	62.5	71.4	34.8	56.1	73.5	75.9	41.7
단독주택	35.6	57.5	67.0	30.0	31.3	53.5	64.3	29.0	38.9	62.5	67.6	30.9
공동주택	11.5	8.8	6.7	7.6	6.2	8.0	5.9	5.0	15.6	9.8	6.9	9.6
연립주택	1.2	0.9	1.3	1.0	1.0	0.8	1.1	0.8	1.4	1.1	1.3	1.1
그 외	0.1	0.2	0.1	0.1	0.1	0.2	0.1	0.1	0.2	0.1	0.1	0.1
임대주택 합계	51.5	32.6	24.9	61.4	61.3	37.5	28.6	65.2	43.9	26.5	24.1	58.3
민영	36.4	22.2	13.3	38.7	47.1	26.8	17.7	47.0	28.1	16.6	12.3	32.2
공영	8.3	5.0	8.0	15.9	7.7	4.4	7.0	11.3	8.7	5.7	8.2	19.5
도시재생기구/공사	4.2	2.5	2.1	4.1	3.4	2.7	2.2	4.0	4.8	2.3	2.0	4.2
셋방	2.0	1.6	1.4	2.1	2.2	1.6	1.3	2.2	1.9	1.5	1.4	2.1
급여주택	0.6	1.3	0.2	0.5	0.8	2.0	0.3	0.7	0.4	0.4	0.1	0.4

주. 배우관계 미상을 제외하여 계산.
자료. 총무성, <2010년 국세조사>에 기초하여 작성.

총무성 <2010년 국세조사>에서 65세 이상 1인가구의 배우관계별 자가보유율을 보면, 사별한 독신자 75.1%, 유배우 독신자 67.4%, 미혼 독신자 48.5%, 이혼한 독신자 38.6%의 순이다(<도표 7-1>). 65세 이상 1인가구 중 사별한 독신자의 자가보유율은 70%를 넘는 높은 수준이나 미혼 또는 이혼한 독신자의 자가보유율은 40~50%의 낮은 수준에 머물고 있다. 향후에는 미혼이나 이혼 독신자가 증가할 것으로 보이는데, 이들은 임대주택 거주자의 비율이 높기 때문에 고령기에 임대료 부담이 더 가중될 것으로 우려된다.

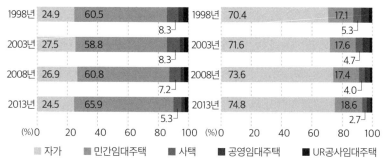

〈도표 7-2〉 세대주가 40대인 1인가구와 부부와 자녀만의 가구의 거주형태 추이

	1인가구(40~44세)		부부와 자녀만의 가구(40~44세)	
1998년	24.9 / 60.5 / 8.3		1998년	70.4 / 17.1 / 5.3
2003년	27.5 / 58.8 / 8.3		2003년	71.6 / 17.6 / 4.7
2008년	26.9 / 60.8 / 7.2		2008년	73.6 / 17.4 / 4.0
2013년	24.5 / 65.9 / 5.3		2013년	74.8 / 18.6 / 2.7

자가 ■ 민간임대주택 ■ 사택 ■ 공영임대주택 ■ UR공사임대주택

자료. 총무성, 〈1998년 주택·토지통계조사〉의 표 58, 〈2003년 주택·토지통계조사〉의 표 32, 〈2008년 주택·토지통계조사〉의 표 39, 〈2013년 주택·토지통계조사〉의 표 60표에 기초하여 작성

'1인가구'와 '부부와 자녀만의 가구'에서의 거주형태 변화

다음으로 세대주가 40대인 1인가구와 부부와 자녀만의 가구에서 주거형태가 어떻게 변화했는지 1998년부터 2013년까지 비교해 보겠다 (〈도표 7-2〉).

먼저 세대주가 40대인 부부와 자녀만의 가구의 주거 형태를 보면, 1998년에는 자가보유율이 70.4%였으나 2013년에는 74.8%으로 상승하여 15년간 4.4% 증가하였다.

반면, 40대 1인가구의 자가보유율은 1998년부터 2003년까지 증가하다가 그 후에는 감소하여 2013년에는 24.5%가 되었다. 한편, 민간 임대주택에 사는 1인가구 비율은 1998년 60.5%에서 2013년 65.9%로 5.4% 증가하였다. 또 사택은 1998년 8.3%에서 2013년에는 5.3%로 감소하였다.

이와 같이 1998년부터 15년간 세대주가 40대인 부부와 자녀만의 가구의 자가보유율은 증가하고 있는 것에 반해 같은 연령대의 1인가구 자가보유율은 약간 감소하고 있는 상황이다.

40대 · 50대 미혼자의 주거형태: 1인가구와 1인가구 예비군의 비율

그런데, 주택주사위는 유배우자를 전제로 한다. 그렇다면 주택주사위의 전제가 되지 않는 중년 미혼자의 경우는 어떠한지 살펴보자. 5장에서 고찰한 바와 같이, 40대와 50대의 미혼자를 1인가구와 1인가구 예비군으로 나누어 주거형태를 보면 1인가구에서는 60% 이상(남성 62.2%, 여성 63.1%)이 임대 주택에 거주하고 있다(〈도표 5-7〉). 본인 소유의 집에서 사는 자가거주는 약 30%(남성 30.4%, 여성 31.7%)에 불과하다.

한편, 1인가구 예비군에서는 부모 소유의 집에 거주하는 비율이 가장 높고, 50~60% 이상(남성 54.8%, 여성 66.5%)이 부모 소유의 집에서 거주하고 있다. 다음으로 높은 비율은 자가거주이다(남성 25.9%, 여성 13.7%). 1인가구 예비군의 자가거주 비율은 1인가구보다 낮은 수준이지만 부모 소유의 집에서 생활하면 부모 사망 후 집을 상속받을 수 있는 사람도 상당 정도 있다고 추정할 수 있다. 한편, 1인가구 예비군의 임대주택 거주는 약 15%(남성 15.9%, 여성 15.0%)로 1인가구보다 꽤 낮은 수준이다.

총무성 〈2010년 국세조사〉에 따르면, 40대 · 50대인 유배우 세대주(2인 이상 가구)의 자가보유율은 78.6%로 높은 수준이었다.

이상과 같이, 중년 미혼자는 1인가구 및 1인가구 예비군 모두 자가 거주 비율이 낮다. 특히, 40대·50대 미혼 1인가구는 60% 이상이 임대주택에서 거주하고 있다.

2) 1인가구와 1인가구 예비군의 자가거주 비율은 왜 낮은가?

40대·50대 미혼 1인가구나 1인가구 예비군의 자가거주 비율은 왜 같은 연령대의 유배우 세대주(2인 이상 가구)에 비해 낮은 것일까?

첫째로, 1인가구나 1인가구 예비군은 2인 이상 가구의 세대주에 비해서 저소득층 비율이 높은 것을 들 수 있다. 1인가구는 2인 이상 가구의 세대주에 비해서 비정규직 노동자나 무직자 비율이 높다(〈도표 3-6〉).

또 1인가구 예비군은 1인가구보다 더욱 어려운 경제상황에 놓여있다. 예를 들어, 본인 연소득 100만 엔 미만인 사람의 비율이 1인가구는 남성 19.6%, 여성 15.5%인 데 비해 1인가구 예비군은 남성 25.4%, 여성 38.5%로 높은 수준이다(〈도표 5-4〉). 1인가구 예비군에서 높은 비율을 차지하는 저소득층은 부모가 소유하는 집에 살면서 임대료 부담을 덜고 있는 것으로 추정된다.

1인가구 예비군의 주거 형태를 소득수준별로 보면, 대체적으로 본인의 연소득이 높으면 자가거주 비율도 높다. 1인가구 예비군의 자가거주 비율은 본인 연소득 기준 100만 엔 미만에서는 남성 14.8%, 여성 12.1%에 지나지 않지만, 500만 엔 이상에서는 남성 45.7%, 여

성 37.9%로 높다.[2]

둘째로 미혼인 중년 1인가구는 결혼이나 출산 등으로 인해서 가구 규모가 확대되지 않기 때문에 이사나 주택구입 수요가 매우 적다는 점을 들 수 있다. 1인가구 예비군도 미혼자이기 때문에 마찬가지다.

그러나 수요가 적다고 해서 앞으로 과제가 없다고는 할 수 없다. 앞서 언급한 바와 같이, 1인가구나 예비군에서는 다른 가구유형에 비해 저소득층 비율이 높다. 그렇기 때문에 1인가구나 예비군 중에서는 주택구입이나 이사가 어렵고 그로 인해서 결혼을 포기하거나 주저하는 사람들이 있을 것으로 추정된다.

3) 주택주사위를 전제로 한 시책의 폐해

1인가구와 1인가구 예비군의 다수는 자기 집이 없고 '내 집 마련'을 목표로 한 주택주사위에서 이탈하였다. 한편, 국가의 주택정책은 경기를 활성화시키기 위해서 자기 집 마련을 위한 정책에 중점을 두어 왔다. 예를 들어, 리먼 쇼크 후에도 주택대출에 대한 감세나 세금우대 조치가 시행되어 왔다.[3] 그러나 이러한 주택정책에 대해 다음과 같은 폐해를 지적할 수 있다.

---

2 후지모리 가츠히코(藤森克彦, 2016), 90p.

3 리먼 쇼크 후에도 불황대책을 위해 세금 감면을 통해 자기 집 마련을 권장하였는데, 2014년의 소비세 증세에 관련하여 주택대출 감세가 실시되었다. 히라야마 요우스케 (平山洋介, 2014), 22p.

첫째로, 미혼을 더욱 증가시키는 것이다. 4 앞에서 살펴본 바와 같이 1인가구는 비정규직 노동자나 무직자 비율이 2인 이상 가구보다 높고, 결혼을 하고 싶어도 경제적 요인 때문에 결혼을 포기하거나 주저하는 사람이 상당 정도 있다. 결혼해서 자녀를 낳는다고 해도 경제적 요인으로 인해 주택을 마련하기 어렵고, 자기 집을 구입하고 싶어도 주택대출을 받기 어렵다. 한편 가족을 대상으로 하는 임대주택은 공급량이 적기 때문에 임대료가 높다. 5 임대주택 거주자에 대한 지원이 없으면, 저소득층인 1인가구나 1인가구 예비군의 경우 미혼이 더욱 증가할 가능성이 있다.

단독주택에서 임대주택이 차지하는 비율을 국제적으로 비교하면, 영국 24%(2010년), 프랑스 18%(2009년), 미국 17%(2011년), 독일 12%(2010년), 일본 6%(2013년)의 순으로 나타난다. 6 단독주택은 가족을 대상으로 하고 있는데 일본은 국제적으로 보면 주택시장에서 단독주택 임대가 발달하지 못하고 있다.

두 번째로 자기 집 마련에 비중을 둔 주택정책은 주택을 구입할 수 있는 자금력을 가진 사람과 그렇지 않은 사람과의 격차를 확대하고 고착시킬 가능성이 있다. 7 자기 집을 구입하는 가구는 결혼을 해서

---

4 히라야마 요우스케(平山洋介, 2016), 62~63p. 참고.
5 히라야마 요우스케(平山洋介, 2014), 15p.
6 국토교통성 홈페이지, 2015년 주택경제 관련 데이터(http://www.mlit.go.jp/common/001134005.pdf, 2016년 10월 5일 열람)
7 히라야마 요우스케(平山洋介, 2009), 187~188p.

세대를 형성한 2인 이상 가구가 많다. 일정한 자금력을 가지고 주택주사위에 참여할 수 있는 사람들이다. 이에 비해서, 1인가구나 1인가구 예비군은 저소득층 비율이 높고 주택을 구입할 수 없는 사람이 많다.

앞으로 중장년 미혼 1인가구가 점차 증가할 것으로 보이므로 임대주택에 거주하는 사람들에 대한 지원을 검토할 필요가 있다.

세 번째로 임대주택에 거주하는 1인가구가 고령기를 맞는 경우, 임대료 부담이 더욱 무겁게 가중될 것으로 우려된다. 고령 1인가구의 임대율은 36.0%이지만 미혼 고령 1인가구로만 한정하면 이 비율은 51.5%로 높아진다. 또 배우자와 이혼한 고령 1인가구에서는 이 비율이 더욱 높아 61.4%로 올라간다(〈도표 7-1〉). 그리고 임대주택에 거주하는 고령 1인가구의 월평균 임대료 부담액(2013년)은 65~69세에서 약 4만 3천 엔, 70세 이상에서 약 4만 1천 엔 정도이다.8 연금 수입으로 매월 이 정도의 임대료를 부담하는 것은 쉽지 않다. 자기 집 마련에 비중을 둔 주택정책은 임대주택에 거주하는 저소득 고령자를 지원 대상으로 하고 있지 않은 것이다.

---

8 총무성(2015), 〈2013년 주택 · 토지 통계조사〉, 표 112.

4) 새로운 시책의 필요성

그럼 어떤 대책이 필요할까? 저소득층 임대주택 거주자를 대상으로 임대료 부담을 경감하는 주택수당제도의 도입을 검토해야 한다.

일본의 생활보호제도에는 연소득이 국가가 정하는 최소한의 생활비를 충족하지 못하는 가구를 대상으로 일정 범위 내에서 주거비용을 실비로 지급하는 주택부조제도가 있다. 그러나 생활보호 수급은 쉽지 않다. 생활보호를 수급받기 위해서는 자산조사를 받지 않으면 안 되고, 저금이나 가재를 처분하여도 수입이 최저생활비에 미치지 못할 때에만 비로소 생활보호를 받을 수 있다. '몸에 걸친 전부를 벗은 상태'가 아니면 생활보호를 수급할 수 없을 정도이다.

한편, 생활보호를 수급할 정도는 아니더라도 임대료 부담이 무겁기 때문에 생활이 곤궁에 빠지는 가구가 상당 정도 있다. 생활의 기초인 주택이 불안정하면 취직하거나 가구를 형성하는 것이 어렵다. 따라서 생활보호에 이르지 않을 단계에서 주택수당을 지급하는 것은 생활곤궁자 본인에게도 생활을 자립하기 쉽게 만들어 준다. 경제적 요인 때문에 결혼하지 못하는 젊은이에 대한 지원도 검토한다.[9] 이것은

---

[9] 2015년 4월에 시행된 〈생활곤궁자 자립지원법〉에 따라 '주택마련 급여금'이 설치되었다. 이는 실업 등으로 주택을 잃거나 그럴 위험이 높은 생활곤궁자, 소득이 일정 수준 이하인 사람을 대상으로 3개월 기한을 정해 지급된다. 이 급여가 제정된 의의는 크지만 원칙적으로 3개월 기한을 정해 놓았다는 점에서 이 장에서 논의할 '주택수당제도'와는 다른 것이다(후생노동성, 〈주택확보 급여〉).

중산층을 부양하는 정책과도 연계될 수 있다.

유럽과 일본의 주택정책

유럽 국가들의 주택정책은 주택을 사회자본으로 보는지, 시장에서
매매되는 상품으로 보는지에 따라 크게 두 가지 유형으로 분류된다.
주택을 사회자본으로 보는 나라에서는, 저소득층만이 아니라 비교적
넓은 계층을 대상으로 정부·지자체, 공공기관, 비영리조직 등이 저
렴한 임대료로 사회임대주택(공적 자금이 포함된 공공 또는 비영리 조직
에 의해 설립된 주택)을 제공하고 있다. 임대주택 시장은 위의 사회임
대주택 공급기관과 민간 임대업자들로 구성되어 있는데 사회임대주
택 공급기관(주택공사 등)이 시장 경쟁력을 갖도록 하여 민간 임대업
자들의 임대료 인상을 억제하고 질을 개선하도록 하는 효과를 가지고
있다. 10 이는 '유니테리즘(Uniterism, 통합모델)'이라 불리는 주택정책
으로 독일, 스웨덴, 덴마크 등의 나라가 여기에 해당된다.

　반면 주택을 시장에서 매매되는 상품으로 보는 국가에서는 정부가
자기 집 마련을 지원하는 정책을 추진하여 주택 구입이 어려운 저소
득자에게 공영주택을 공급한다. 즉, 사회임대주택의 대상을 저소득
층에 한정하여 공영주택이 그 역할을 담당해 왔다. 공영주택과 민간
임대주택은 분리되어 있고, 이런 주택정책은 '듀얼리즘(Dualism, 이
원화 모델)'이라 불리고 있다. 듀얼리즘의 나라에서는 자가보유율이

---

10 히라야마 요우스케(平山洋介, 2009), 95~96p.

높고 유니테리즘의 나라에 비해 민간 임대주택의 임대료가 높고 질적 수준도 낮다. 영국, 미국 등이 이 모델에 해당한다.

일본은 듀얼리즘 모델에 가깝다고 볼 수 있지만, 공영주택 공급량이 부족하기 때문에 저소득층 주택 문제가 큰 과제로 남아 있다.

주택수당제도의 도입

1인가구나 1인가구 예비군이 증가하고 있으며 자기 집 마련이 어려운 점을 감안하면, 생활보호 수급에는 이르지 않지만 생활이 곤궁한 저소득층을 대상으로 한 주택수당제도를 검토할 필요가 있다. 이런 제도는 저소득층 미혼자가 결혼하여 2인 가구를 형성할 수 있는 여건을 조성하는 효과도 있을 것이라 생각된다. 재정 확보가 어려운 상황이지만 제도 도입의 의의는 클 것이다.

임대주택에 거주하는 고령 독신자가 개호를 필요로 하는 단계가 되면, 외부의 개호서비스를 제공하는 '고령자서비스 제공주택'을 이용할 수 있다. 고령자서비스 제공주택은 2012년부터 급속히 확대되어 2016년 3월 현재 19만 9천 채가 등록되어 있다.[11] 그러나 도쿄권에서는 이러한 주택의 임대료가 비싸서 입주하기 힘들다는 비판도 있다. 주택수당제도는 도시 지역 저소득층들에게 고령자서비스 제공주택으로의 입주 가능성을 높여줄 것이다.

또 현재 민간주택 단지에 빈 집이 늘어나는 현상을 배경으로 하여

---

11 국토교통성(2016), 4p.

NPO(비영리활동 법인) 등이 저소득층에게 빈 집을 활용한 민간 임대 주택을 공급하고 있다. 단순하게 임대주택만 공급하는 것이 아니라 지역 주민과의 교류를 강화하는 활동도 하고 있다. 이런 활동에 대한 공적 지원도 강화해 나갈 필요가 있다.

2. 정든 지역에서의 거주를 지속하기 위해서:
   : 지역포괄케어시스템

2절부터 5절에서는 가족이 없는 고령 독신자가 개호가 필요하게 되어도 정든 지역에서 계속 생활할 수 있도록 하는 지역사회 만들기에 대해 논의해 보겠다.

지역사회 만들기는 최근에 시작되었지만 그래도 몇몇 지역에서 선진적인 대응 사례를 볼 수 있다. 아래에서는 정든 지역에서 계속 거주하기 위한 '지역포괄케어시스템'을 대략적으로 살펴본 후(2절), 지역포괄케어시스템의 구축을 향한 지바현 가시와시의 대처(3절), 주민 네트워크 구축의 선진 사례로 도쿄도 하치오지시에 있는 다테가오카 단지의 대처(4절), 새로운 거주형태의 사례(컬렉티브하우스, 5절)에 관해 살펴보겠다.

1) 지역포괄케어시스템이란

만약 혼자 살고 있는 고령자가 병원에서 뇌경색 치료를 받고 후유증으로 반신불구가 된다면 퇴원 후에 집에서 생활할 수 있을까?

2012년 개호필요 인정률은 65~74세에서는 3.0%이나 75세 이상이 되면 23.0%로 상승한다.[12] 2025년까지 베이비붐세대가 모두 75세 이상이 되면 앞으로 개호필요 고령자는 급속하게 증가할 것으로 예상된다. 구체적으로는, 2015년 75세 이상 고령자는 1,631만 명이었으나 2030년에는 2,278만 명이 되어 1.40배(647만 명 증가)가 된다고 추계되고 있다(〈도표 7-3〉).[13] 특히, 증가가 현저한 것은 도쿄권(1도 3현)이다. 도쿄권의 75세 이상 고령자 수는 2015년부터 2030년에 걸쳐 1.51배(202만 명 증가)가 될 것으로 보인다. 지역별로는 지바현 1.61배, 사이타마현 1.60배, 가나가와현 1.56배, 도쿄도 1.39배이다. 앞으로 대도시권을 중심으로 개호 수요는 한층 높아질 것이다.

게다가 고령 1인가구도 크게 증가할 것이기 때문에, 가족에게 개호를 의지하지 못하는 고령자가 늘어날 것이다. 75세 이상 독신자 수를 보면 전국적으로는 2015년 339만 명에서 2030년에는 473만 명으로

---

[12] 내각부(2014), 24~25p.
[13] 사인연의 2010년 기준 추계에 따르면 전국의 75세 이상 고령자는 2010년부터 2030년까지 계속 증가고 그 후 2031년(2,277만 명)부터 2039년(2,217만 명)까지 완곡히 감소 국면에 접어든다. 그러나 2040년(2,223만 명)에서 2053년(2,408만 명)까지는 다시 증가 국면이 된다. 사인연(2012a), 〈일본의 장래추계인구〉(2012년 1월).

〈도표 7-3〉 75세 이상 인구와 1인가구의 증가율(전국/도쿄권, 2015년/2030년)

	인구 (만 명)			1인가구 (만 명)			인구 대비 1인가구 비율(%)	
	2015년	2030년	증가율(%)	2015년	2030년	증가율(%)	2015년	2030년
전국	1,631	2,278	39.7	339	473	39.3	20.8	20.7
도쿄권	394	596	51.3	91	137	50.1	23.1	22.9
도쿄도	147	203	38.7	42	58	39.1	28.6	28.7
사이타마현	77	124	60.0	14	23	63.9	17.9	18.4
지바현	71	114	60.9	14	21	58.2	19.2	18.8
가나가와현	99	155	56.3	22	34	57.5	21.8	22.0

주 1. 2015년 데이터는 연령 미상을 안분하였으므로 〈국세조사〉 수치와 일치하지 않는다.
　　2. 2030년의 장래추계는 사인연의 2010년 기준 추계.
　　3. 도쿄권은 도쿄도, 사이타마현, 가나가와현, 지바현의 합계.
자료. 2015년의 데이터는 총무성, 〈2015년 국세조사〉. 2030년의 데이터는 사인연(2012a), 〈일
　　본의 장래추계인구〉, 사인연(2013b), 〈일본 가구수의 장래추계 (전국)〉, 사인연(2013a),
　　〈일본의 지역별 장래추계인구〉, 사인연(2014), 〈일본 가구수의 장래추계(지자체)〉에 기초
　　하여 작성.

1.39배가 되지만 도쿄권에서는 91만 명에서 137만 명으로 1.50배가 된다. 특히 사이타마현에서는 1.64배, 지바현과 가나가와현에서는 1.58배로 증가율이 높다.

2) 병원완결형 의료에서 지역완결형 의료로

75세 이상의 고령자가 증가함에 따라서 의료비와 개호비를 늘려갈 필요는 있으나 현재의 의료공급체계를 전제로 고령화에 맞추어서 장래에 예측되는 의료비까지 조달하기는 어렵다.14 의료·개호의 효율화

도 진행하지 않으면 안 된다.

그런데, 75세 이상이 되면 병을 완전히 치료하는 것보다는 건강 상태의 악화 방지나 현상 유지를 목적으로 장기적인 치료를 계속하는 만성질환 환자가 늘어날 것이다. 즉, 지금까지의 치료를 목적으로 한 병원완결형 의료에서 정들었던 지역이나 자택에서 생활을 계속하기 위한 의료, 지역 전체에서 치료를 지원하는 지역완결형 의료로의 전환이 요구된다.[15]

이러한 인식은 과거에도 있었으나 실현되기 어려웠다. 왜냐하면, 지역에서 퇴원환자를 지원할 수 있는 체계가 부족했기 때문이다. 게다가 가족이 없는 고령 독신자가 퇴원 후에 지역이나 자택에 돌아가서 정상적으로 살아가기 위해서는 치료만이 아닌 생활 측면에서의 지원체계도 필요하게 된다.

이러한 배경에서 비록 가족 없이 혼자 사는 고령자라고 하더라도 안심하고 정든 지역에서 자립된 생활을 할 수 있도록 지역 모두가 힘을 모아 지원하는 것이 '지역포괄케어시스템'이다. 구체적으로는 일상생활권의 범위에서 주치의를 포함한 의료·간호, 방문 개호 등의 개호·재활, 보호나 배식 서비스 등의 생활지원·복지, 보건·예방, 고령자 자택 등을 포함한 주거와 주거방식의 서비스가 연속적·포괄적으로 제공되도록 공급체계를 정비해야 한다.[16] 여기서 말하는 일상

---

14 겐조 요시카즈(權丈善一, 2015), 44p.
15 사회보장제도개혁국민회의(2013), 21p.

생활권이란 대략 30분 이내에 필요한 서비스가 제공되는 범위(구체적으로는 중학교권)를 단위로 상정하고 있다.

3) 정기순회 · 수시대응형 방문 개호의 중요성

여러 가지 의료 · 개호서비스 중 집에서 서비스를 받으면서 혼자 살고 있는 개호필요 고령자에게 특히 중요한 것은 정기순회 · 수시대응형 방문개호 · 간호이다. 정기순회 · 수시대응형 개호 · 간호란 2012년 4월에 도입되어 주간 · 야간의 방문 개호와 방문 간호를 통합적으로 또는 밀접하게 연계하여 정기순회와 수시대응을 제공하는 서비스이다.[17] 이 서비스의 도입 배경은 중증 환자를 비롯한 개호필요 고령자의 재택생활을 24시간 지원하는 형태의 서비스가 부족하고 의료 수요가 높은 고령자에 대한 의료와 개호의 연계가 부족했다는 것이었다.

서비스요금은 정액제로 개호필요도별로 방문간호를 이용하는 경우와 이용하지 않는 경우로 나누어서 설정되어 있다. 즉, 이용횟수가 늘어나도 매월 이용금액은 일정하다. 예를 들어 개호필요도 3등급의 고령자가 방문간호를 포함한 서비스를 이용하는 경우에는 월 1만 9,686엔의 이용료로 이 서비스를 활용할 수 있다.

---

16 미쓰비시UFJ 리서치&컨설팅(2013), 1~4p 참고.

17 후생노동성 홈페이지, "24시간 대응 정기순회 · 수시대응 서비스 창설"(http://www.mhlw.go.jp/file/06-Seisakujouhou-12300000-Roukenkyoku/0000077236.pdf, 2016년 11월 30일 열람).

4) 덴마크의 방문개호

정기순회·수시대응형 개호·간호의 중요성을 절감한 것은 2013년에 고령자주택재단이 주최한 덴마크 고령자 개호서비스 현장방문에 참가했을 때였다.[18]

덴마크 제3의 도시, 오덴세(Odense)에서 현지의 방문개호사와 동행한 사람의 보고에 따르면, 오전 7시 30분~10시 30분 3시간 동안 방문개호사는 8명의 개호필요 고령자를 방문했다.[19] 8명 중 2명은 2회나 방문했기 때문에 총 10건의 방문개호가 이루어진 것이다. 또 8명 중 5명은 혼자 살고 있었다. 그리고 중도의 개호필요자도 포함되어 있었다.

10건의 방문개호에 대한 체류시간을 보면 5분이 4건, 10분이 4건, 20분이 1건, 40분이 1건이었다. 5~10분으로 체류시간이 짧고, 수차례에 걸친 방문도 이루어지고 있는 점이 특징이다.

5분 동안 수행한 개호는 안약 넣기, 우유와 시리얼 등 간단한 식사 준비, 배변 지원 등이었다. 이러한 지원을 한두 가지 정도 수행하였다. 10분 동안에는 기저귀 교환, 이동식 화장실 처리하기, 환복 지원하기, 인슐린 주사하기 등이 추가되었다. 또 야간에는 주간과 달리

---

[18] 현장방문 프로그램에 '방문개호자와의 동행'이 있었지만, 아쉽게도 필자는 인원제한으로 동행하지 못하고 동행한 현장방문단원으로부터 보고를 받았다.

[19] 일반재단법인 고령자주택재단(2014), 67~71p.

응급대응이나 정기적인 기저귀 교환 정도가 이루어졌다.

덴마크에서는 혼자 사는 개호필요 고령자의 재택생활을 위한 필요 조건으로서 배변, 안약, 샤워, 식사 등을 보조받을 수 있도록 하루에 여러 차례 정기순회하며 짧은 시간에 개호하는 방문서비스를 제공하는 동시에 응급상황을 위해 24시간 대응하는 체제를 운영하는 것을 확인할 수 있었다.

5) 일본의 정기순회 · 수시대응형 개호 · 간호의 이용 현황

일본에서도 2012년부터 정기순회 · 수시대응형 개호 · 간호가 시행되었고, 2015년 이용자는 약 2만 명이다.[20] 2012년부터 이 서비스의 연간 이용자 수는 7.3배로 급속히 성장하였다. 서비스 제공 사업소도 2014년 7월의 509개에서 2016년 8월 899개로 1.76배 늘어났다.[21]

다만, 2015년 방문개호 이용자가 143만 명, 방문간호 이용자가 57만 명인 점에 비해서 정기순회 · 수시대응형 개호 · 간호서비스의 이용자가 2만 명에 불과해 아직 충분히 보급되었다고는 말할 수 없다.

---

20 1년 중 한 번이라도 개호서비스를 이용한 사람으로서, 동일인이 2회 이상 이용한 경우 1명으로 계산한다(후생노동성, 〈개호급여비 등 실태조사〉, 2012년, 2015년).

21 각 보험자가 지정한 사업소의 수. 동일사업소가 복수의 보험자에게 지정받는 경우도 있으므로 실제 사업소 수와는 일치하지 않는다(후생노동성 홈페이지, 〈정기순회 · 수시대응 서비스〉(http://www.mhlw.go.jp/stf/seisakunitsuite/bunya/hukushi_kaigo/kaigo_koureisha/gaiyo/teikijunkai.html, 2016년 11월 30일 열람).

앞으로 이 서비스를 한층 더 확충하기 위해서는 이동시간을 줄여 효율적인 순회가 가능하도록 하는 것과, 적절한 수준의 개호보수를 지급하는 것 등이 필요하다. **22**

6) 지역포괄케어시스템의 본질은 네트워크

다시 지역포괄케어시스템으로 돌아가자. 지역포괄케어시스템의 구축상황은 지역에 따라 다르다. 이는 니키(2015)가 지적한 것처럼, 지역포괄케어는 상의하달의 '시스템'이 아니라 환자에 대한 의료와 개호, 생활지원을 담당하는 전문직의 '네트워크'이기 때문일 것이다. **23** 시스템이라면 의료보험이나 개호보험처럼 법률 등을 통해 전국에서 일률적으로 실시할 수 있지만 네트워크는 전국에 일률적으로 적용할 수 있는 모델이 없고, 지역의 자주적인 대처에 맡겨야 하는 측면이 크다. 또 지역포괄케어시스템의 주요 담당자는 지역에 따라 다르다. 따라서 지역포괄케어의 추진은 쉽지 않고 자연스럽게 지역 간 격차도 크게 벌어져 버렸다.

  베이비붐세대가 모두 75세 이상이 되는 2025년까지 남은 시간은

---

22 지역포괄케어시스템을 시행한다고 해서 의료・개호비가 줄어든다고 말할 수 없는 점도 유의해야 한다. 니키에 따르면, '적어도 중도인 개호필요자・환자의 경우에는 지역포괄케어의 비용이 시설케어에 비해 높은 것'이 1990년 이후의 의료경제학의 실증연구에서 지적되고 있다고 한다. 니키(二木, 2015), 15~16p 참고.
23 니키(二木, 2015), 6~7p, 17~19p.

짧은데, 지역포괄케어시스템의 구축을 위한 행보는 더딘 점은 우려
스럽다. 다행히 몇몇 지역에서는 선진적인 대처가 계속되고 있다.
아래에서는 지역포괄케어시스템 구축을 위해 선진적으로 대처하고
있는 지바현 가시와시를 사례로 들어보도록 하겠다.

3. 지역포괄케어시스템 구축을 위한 대처와 노력: 가시와시 사례[24]

지바현 가시와시는 도쿄에서 약 30km 떨어진 베드타운으로 발전해
왔다. 인구는 약 41만 명이다. 2010년 현재 고령화율은 19.9%이지
만 앞으로 급속하게 고령화가 진행되어 2030년에는 26.7%에 이를
것으로 보인다.[25] 개호시설의 병상 수가 부족하기 때문에 재택 의료
·개호의 필요성이 높아지고 있었다.[26]

　이런 상황에 대응하기 위해서 가시와시는 2010년 5월에 UR 도시
기구, 도쿄대학과 3자 협정을 맺었고 '정들었던 장소에서 자기답게
늙어갈 수 있는 마을 만들기(Aging in Place)'를 콘셉트로 지역포괄케
어시스템을 구체화하기 위해 노력하였다.

---

24 기무라 세이치(木村淸一, 2016b), 미즈호정보총연 혁신 포럼 및 기무라 세이치
　(2016a) 참고.
25 사인연(2013a), 〈일본의 지역별 장래추계인구〉(2013년 3월)에 따름
26 〈아사히신문〉(2015년 12월 12일).

그리고 이를 위해 유기적으로 결합된 10개의 사업을 추진하였다 (〈도표 7-4〉). **27** 이 중 특히 주목할 사업은 ① 재택의료 추진을 위한 주치의·부주치의 제도, ② 직종 간 연계를 위한 전문가 네트워크 회의, ③ 시청 내 사무국 역할을 수행하는 전담부서 설치이다.

〈도표 7-4〉 가시와시의 지역포괄케어시스템 실현을 위한 10개 사업

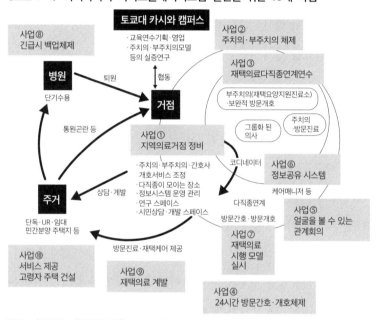

자료. 나카무라 세이치(木村清一, 2016b).

27 도쿄대학고령사회종합연구기구 편(2014).

1) 주치의 · 부주치의 제도

개호필요자의 재택생활을 지원하기 위해서는 먼저 방문진료를 할 의사를 확보하는 것이 필요하다. 일본에는 방문진료를 하는 의사가 적은데, 이것이 지역포괄케어시스템을 구축하지 못하는 원인 중 하나다. 이것은 지역에 밀착해 있는 진료소의 경우 한 사람의 의사가 개인적으로 개업하고 있고, 팀을 이루지 않고 있기 때문이다. 한 명의 의사가 방문진료를 담당하면 24시간 365일 대응해야 하는 사태도 벌어질 수 있어 도저히 지속하기 어렵다. 28 한편, GP〔General Practitioner, 종합진료의(한국의 일반의)〕라고 불리는 주치의 제도가 발달한 영국의 경우에는 진료소를 여러 명의 GP가 공동으로 경영하는 형태가 일반적이다. 29

가시와시에서는 방문진료를 하는 의사의 부담을 경감할 목적으로 2012년부터 '주치의 · 부주치의 제도'를 도입하였다. 30 가시와시의사회를 중심으로 주치의가 3~5명의 그룹을 형성하여 서로 지원한다. 주치의는 방문진료를 담당하는 의사이며 부주치의는 주치의가 방문진료를 할 수 없을 때 보완한다. 31 또 재택의료를 담당하는 의사와 전문직 직원 사이에서 환자에 대한 데이터와 정보를 공유하는 시스템도

28 도쿄대학고령사회종합연구기구 편(2014), 20p.
29 영국 의료보장제도에 관한 연구회(2016), 28p.
30 노무라종합연구소(2015), 54p.
31 도요시키다이 지역고령사회종합연구회(2014).

구축되어 있다.

이 결과, 가시와시에서 방문진료를 담당하는 의사는 2010년 11월에 15명이었으나 2015년 3월에는 28명으로 약 2배로 늘었다. 또한 재택의사가 임종하여 사망선고를 하는 건도 2010년 53건에서 2013년 174건으로 3배 이상으로 증가하였다. **32**

2) 직종 간 연계를 위한 전문가 네트워크 회의

두 번째로 직종 간 연계를 위해서 가시와시가 사무국을 담당하고 있는 '전문가 네트워크(정보 공유) 회의'이다. 앞서 말한 바와 같이, 지역포괄케어시스템은 의료와 개호전문직뿐만 아니라 배식서비스 등 생활지원을 제공하는 서비스 사업자, 지역포괄케어센터 등과의 연계도 필요하다.

전문가 네트워크 회의에서는 의사, 지역포괄지원센터 직원, 개호서비스 사업자, 개호보험시설 직원 등의 다양한 직종의 전문가들이 한자리에 모여 워크숍을 통해 '얼굴을 볼 수 있는 관계'를 만들어간다. 인적 네트워크를 만들기 위해서는 얼굴을 마주하고 이야기를 나누며 서로를 알게 되는 것이 중요하다. 직종 간 연계체제를 구축함으로써 효과적인 의료·개호 서비스를 제공할 수 있다.

전문가 네트워크 회의에서는 구체적으로 어떤 내용을 다루고 있는

---

32 기무라(木村, 2016b) 참고.

지 살펴보자. 워크숍은 ① 취지 소개, ② 명함 교환, ③ 자기소개 및 친교(동료 만들기), ④ 그룹 토의(1팀당 8명 이내로 나누어 직종 간 연계가 잘 되지 않은 점을 토의. 포스트잇과 모조지 활용), ⑤ 발표 등으로 이루어진다. 명함 교환을 할 때는 미리 참석자들을 북부, 중앙, 남부 등으로 나누어 그룹을 형성해 놓는다. 또 그룹토의는 사전에 역량을 갖춘 진행자를 지정하여 토론이 활발하게 이루어지도록 촉진한다.[33] 인적 네트워크는 단순히 다양한 직종이 모인다고 형성되지 않는다. 꼼꼼한 사전 준비와 경험을 통한 기획이 중요하다.

전문가 네트워크 회의는 2014년 4월부터 2016년 8월까지 총 18회가 개최되어 3,439명이 참가하였다. 이외에도 재택의료(지역포괄케어시스템) 추진을 위해서 각종 워킹그룹 회의도 진행되었다. 구체적으로는 ① 의사회를 중심으로 주치의·부주치의 제도 등을 토론하는 의료워킹그룹은 2010년부터 2014년까지 20회, ② 직종 간 연계된 토론이 이루어지는 연계워킹그룹은 2010년부터 2014년까지 28회, ③ 주치의·부주치의 제도 등 구체적 사안에 대한 시행과 검증을 하기 위한 시행워킹그룹은 2011년부터 2014년까지 10회, ④ 병원에서의 재택의료 지원이나 퇴원 조정에 대해서 논의하기 위한 병원회의는 2010년부터 2014년 3월까지 10회의 회의를 개최했다. '얼굴을 볼 수 있는 관계'를 구축하기 위해서는 관계자들이 이렇게 빈번하게 대화를 나눌 수 있도록 치밀하고 충실한 준비가 필요하다.

---

[33] 기무라(木村, 2016b) 참고.

3) 시청 내 사무국 역할의 전담부서 설치

세 번째로 재택의료를 추진하기 위해서 사무국 역할의 전담부서를 시청사 안에 설치한 것이다. 가시와시는 개호보험을 담당하는 보건복지부 소속으로 재택의료를 추진하는 전담부서로 복지정책실을 설치했다.

전문가 네트워크 회의나 각종 워킹그룹의 사무행정 기능은 복지정책실의 직원이 담당한다. 복지정책실은 2010년 당초 4명이었으나, 각종 직능단체와 조정을 하기 위해서는 전문지식이 필요한 것을 고려해서 직종을 확대하여 2014년에는 복지정책과로 명칭을 변경하고 13명으로 증원하였다. 직무 구성은 보건사 3명, 치과위생사 1명, 비상근 간호사 1명, 임상심리사 1명, 사회복지사 1명, 사무원 6명이다. 그리고 복지정책과는 재택의료뿐만 아니라 또 하나의 중점 사업인 '고령자 취업을 통한 삶의 보람 만들기'도 추진하고 있어 고령사회에 대응하기 위한 사령탑의 역할도 맡고 있다. **34**

4) 지역포괄케어시스템의 성공 요인: 가시와시 사례

이와 같이 가시와시는 지역포괄케어시스템의 구축을 위해 ① 주치의
·부주치의 제도, ② 전문가 네트워크 회의, ③ 시청 내에 사무국 기

---

34 노무라종합연구소(2015), 54p.

능을 가진 전담조직의 설치 등과 같은 주목할 만한 사업들을 추진하고 있다. 이러한 사업을 시행하는 과정에서 도쿄대, UR도시기구, 가시와시 간의 3자 협정은 강력한 추진동력을 제공한 것으로 보인다. 또 지자체 직원이 의사회 등 관계기관과의 연결·조정을 하는 등 적극적으로 사무국 역할을 담당한 것이 든든한 기반이 되었다.

직종 간 연계나 행정부서 내의 조정에는 정열과 끈기가 필요하다. 당시 보건복지부장으로 재택 의료추진에 진력해온 기무라 세이치(木村清一, 현재 도쿄대 고령사회종합연구소 소속)에게 그 동기를 물었더니, 시내에서 고립사한 고령자를 대응한 경험이 계기였다고 했다. 두 번 다시 이런 사태가 벌어지면 안 된다고 결의하고, 이를 부하직원들과 공유하여 지역포괄케어시스템의 추진에 힘썼다고 한다.

현재 많은 지역에서 지역포괄케어시스템을 확대하려고 하지만, 키맨(Key Man)이 없다는 이유로 추진하지 못하는 지역도 적지 않다. 지역에 키맨이 없으면 지자체가 기초 만들기를 추진해야 한다. 가시와시처럼 전담부서를 설치하고 열정과 실행력을 가진 인재를 배치해야 한다. 정원 13명의 전담부서를 설치하는 것은 현실적으로 힘든 일이지만 그만한 성과를 가져올 것이다.

재정 사정이 어려운 지자체가 많기 때문에 비용을 국가에서 지원하는 방법을 검토할 수 있을 것이다. 또 지역포괄케어시스템을 포함하여 지역사회 만들기를 담당할 수 있는 행정직원이나 NPO 등의 민간 전문가를 육성하기 위한 커리큘럼이나 인재들의 역량개발 기회도 필요할 것으로 보인다.

4. 주민 네트워크의 구축:
다테가오카 단지의 대처와 노력

앞 절에서 본 지역포괄케어시스템은 의료·개호 전문가와 생활지원 서비스의 제공자 등 '공급자' 네트워크의 성격이 강하다. 가족이 없이 혼자 사는 고령자가 퇴원 후 정들었던 지역에서 생활하기 위해서는 지역포괄케어 네트워크의 구축은 필수적이다. 고령 1인가구의 입장에서 재택 생활을 계속하기 위해 필요한 서비스를 공급자들이 연계해서 제공하지 않으면 안 된다.

그러나 공급자 네트워크와 함께 주민들의 네트워크도 중요하다. 개인적인 이야기지만, 필자의 어머니는 80대 전반으로 지방의 시골에서 혼자 살고 있다. 질병을 앓아 개호보험서비스를 받으며, 혼자 살고 있지만 개호보험서비스만으로는 생활을 지속하기 어렵다. 예전부터 이웃이 생활을 도와주고 있다. 온천지역이기 때문에 대부분의 집에 욕조가 없어서 공중목욕탕(온천)을 이용한다. 공중목욕탕이 지역주민의 살롱 역할도 하고 있다. 지방에서는 이렇게 주민 네트워크가 남아 있어 고령 1인가구의 생활을 지원하고 있다.

그런데 급속하게 고령화가 진행되면서 75세 이상 고령자가 늘어나고 있는 것은 대도시권이다. 혼자 사는 고령자가 늘어나는 속도도 지방보다 대도시권에서 현저히 빠르다(〈도표 7-3〉). 그러나 대도시권에서는 예전처럼 주민 네트워크가 남아 있는 지역은 드물다. 특히, 대규모 단지나 아파트에서는 이웃이 누구인지 모르는 사람도 적지 않다. 당연하게도 대도시권 단지나 아파트에도 고령 1인가구는 늘어나고 있다.

아래에서는 도쿄도 하치오지시의 다테가오카 단지를 사례로 들어서 지역사회의 주민 네트워크의 구축을 위한 대처와 노력을 소개하도록 하겠다. 35

1) 다테가오카 단지

다테가오카 단지는 하치오지 시내에서 다카오산을 가까이에서 조망할 수 있는 곳에 1975년 조성된 단지이다. 부지의 면적은 도쿄돔의 6배 크기로 2015년 9월 현재 2,252가구, 3,554명이 살고 있다. 입주민 중 65세 이상 고령자 수는 1,765명으로 고령화율은 49.7%에 달해 입주민의 절반이 고령자다. 고령 입주민 중 43.9%, 775명이 1인가구이다.

다테가오카 단지는 2011년에 시로부터 지원받은 '도쿄도 실버파출소 설치사업 보조금'을 활용하여 '하치오지시 다테가오카 실버 살짝상담실'(이하, 살짝상담실)을 개설하였다. 36 살짝상담실은 3개의 역할

---

35 이마이즈미 야스노리(今泉鎭德, 2016)와 이마이즈미 야스노리(2015), TBS라디오 홈페이지, "고령자를 지원하는 다테가오카 단지의 대처"(http://www.tbsradio.jp/51896, 2016년 7월 9일 열람).

36 당초에는 '도쿄도 실버파출소 설치사업'이었으나, 2015년부터 '도쿄도 고령자 보호 상담창구 설치사업'으로 사업명칭이 변경되었다.

을 수행한다. 첫째, 고령자의 종합상담 창구이다. 곤란한 일이나 고민에 대해 상담을 하고 도움을 주거나, 사정에 따라 지역의 관계기관을 연결해 준다. 둘째, 고령자가 보호 네트워크에 참여할 수 있도록 지원한다. 예를 들어, 자치회·노인회·서클 활동에 참여하도록 지원하거나 지역자원을 활용해 보호체제를 구축한다. 셋째, 개별방문이나 상담실 운영을 통해 고령자의 실태를 파악한다.

살짝상담실이 위와 같은 사업을 수행하게 된 데에는 이마이즈미 야스노리(今泉鎭德) 씨가 공헌한 바가 컸다. 그는 시에서 사업수탁을 받은 하치오지보건생활협동조합의 직원으로 개설 당시부터 살짝상담실의 실장으로 근무했다. 많은 고령자가 거주하는 대규모 단지에서 이런 막중한 사업을 실행하는 책임을 맡는 일은 상당한 심리적 부담감을 주었을 것이다.

2) 어떻게 주민 네트워크를 구축하였는가

그럼 이런 사업을 어떻게 실현할 수 있었을까? 분석 결과, 3개의 성공요인이 있었다.

상담실 내 카페 운영

첫째, 상담실 안에 카페를 운영한 점이다. 공식적인 상담실이라면 마음먹고 들어가야 하지만, 카페라면 커피를 마시러 고령자가 부담 없이 들를 수 있다. 상담실은 다테가오카 단지의 입구 근처에 있고, 면적은 7평 정도였다. 상담실의 좌측이 카페지만 상담실과 카페를 정확하게 구분할 수 없게 되어 있다. 상담실에 들어서면 고령자들이 1잔당 100엔짜리 커피를 마시면서 왁자지껄 대화를 나누고 있다. 상담실이라기보다 카페라는 인상이 강하다. 또 카페만이 아닌 뜨개질이나 수화, 십자수 등 취미활동의 장소, 주민들의 화합장소로도 활용되고 있다.

이렇게 카페에 사람이 모이게 됨에 따라 주민끼리의 네트워크나 상담실 직원과의 관계가 형성되어 갔다. 곤란한 일이 생길 때에도 인간관계가 형성되어 있으면 직원들에게 상담하기가 쉬워진다. 한편 카페에 모인 주민으로부터 다양한 정보를 수집하기도 한다. 예를 들어 우편함에 우편물이 쌓여 있으면 주민들이 알려줘서 개별적으로 방문한다.

2015년 1년간 카페의 이용자 수는 1만 3,500명. 하루에 평균 약 50명이 카페를 방문했다.

복합적인 목적을 가진 이벤트 개최

두 번째로 복합적인 목적을 가진 이벤트를 개최하고 있는 점이다. 다테가오카 단지에서는 매년 8월 1일부터 31일까지 '주먹밥 계획'이라는 이벤트를 개최하고 있다. 주요 활동 내용은 ① 단지 내 가구 방문하여 열사병에 관한 주의 환기, ② 직접 만든 주먹밥으로 함께 점심식사, ③ 단지 내 여러 장소에 급수대를 설치하고 음료 배부, ④ 여름축제 준비와 정리 등이다.

그리고 열사병에 관한 주의 환기를 위해 단지 내 가구들을 방문할 때에도 생활에서 곤란한 점 등에 관해 설문조사를 실시하여 고령자의 실태를 파악하는 데 도움을 주고 있다. 열사병 주의 환기라는 이벤트와 병행하기 때문에 설문조사 참여를 이끌어내기가 쉽다. 또 단지에는 1인 가구가 많기 때문에, 고령자가 혼자 밥을 먹는 것이 문제가 되고 있다. 그래서 이벤트 기간 중에는 점심에 주먹밥을 먹으며 '함께 먹는 것은 즐겁다'는 메시지도 전달하고 있다.

참고로 일본어 '주먹밥 계획'이라는 표현에서 주먹밥, 즉 '오무스비'(おむすび)에는 2가지 의미(주먹밥, 맺음)가 있다. 하나는 지역주민들이 이 활동을 위해 밥을 지어 '주먹밥'을 만들어준다는 뜻이고, 다른 하나는 지역주민들이 '연결된다'는 의미이다. 이벤트의 이름을 삼각김밥을 뜻하는 '오니기리(おにぎり'가 아니라 '주먹밥(오무스비) 계획'으로 지은 이유를 상담실장은 이렇게 설명했다.

학생이나 아이들 등 다세대 참여

세 번째로 학생 자원봉사자나 아이들이 다테가오카 단지의 활동에 참여하고 있는 점이다. 하치오지시에는 대학의 캠퍼스가 많다. '주먹밥 계획'의 개별 방문도 학생 자원봉사자가 2인 1조로 실시하고 있다. 또 카페에는 초등·중학생도 와서 아이들과 고령자의 교류가 일상적으로 펼쳐지고 있다. 그리고 부모도 자녀를 보러 오게 되어 '주먹밥 계획'에 부모가 자연스럽게 참여하게 되면서 카페가 지역사회에 개방되는 효과가 크다.

젊은이와 아이들의 참여는 고령자에게 활력을 제공하여 예상하지 못한 멋진 이야기들이 지역에서 생겨났다. 예를 들어 카페에 모인 고령자들이 학교를 졸업하는 아이들에게 '코르사주'(가슴에 다는 꽃)를 선물하고 싶다고 하여 코르사주 만들기가 시작되었다. 단지의 초등학교와 중학교를 졸업하는 100명 이상의 아이들에게 고령자들이 만든 코르사주를 선물해서 아이들이 그것을 가슴에 달고 졸업식에 참석하였다. 학교의 배려로 지역의 고령자도 졸업식에 초대되었고, 지역의 어른들이 아이들을 축하했다고 한다. 이런 이야기가 지역사회의 활력이 되고 있다.

3) 주민 네트워크가 토양

상담실장은 '고령자를 묘목에 비유한다면 햇빛이나 물도 필요하지만 토양, 즉 지역사회가 영양을 충분히 공급하여 토양이 비옥해지지 않으면 묘목이 건강하게 자랄 수 없다. 살짝상담실은 고령자가 안심하고 살 수 있는 지역사회 만들기를 목적으로 한다'고 말한다.

여기에서 말하는 비옥한 토양이란 지역사회를 말한다. 주민들이 '얼굴을 볼 수 있는 관계'를 형성해서 서로 지원하는 관계가 만들어진 것이다. 지역포괄케어시스템은 의료나 개호 등의 '공급자 네트워크'에만 주목하고 있지만, 주민 네트워크가 없으면 기능하지 못한다. 적어도 고령 독신자가 안심하고 집에서 생활할 수 있는 환경이 되어야 한다.

대규모 단지에서 주민 네트워크를 만들기 위해서는 주민들끼리 연결할 수 있는 지혜와 실천이 필요하다. 살짝상담실은 ① 지역사회로부터 이야기를 들을 수 있는 카페의 설치, ② 복합적인 목적을 가진 이벤트 개최, ③ 각종 활동에 고령자뿐만 아니라 학생이나 아이들, 그 부모 등의 다세대가 참여하고 있다는 점이 특징이었다.

또 중요한 것은 상담실장이 주도하는 분위기가 상담실을 활력 넘치는 교류의 장소로 만들고 있다는 점이다. 카페 개설은 누구나 검토할 수 있는 한 가지의 방안이지만 거기에 즐거운 분위기를 불어 넣는 것은 운영하는 사람의 역량에 달려있다. 그만큼 인재육성이 중요하다.

5. 새로운 거주방식을 찾아서 – 컬렉티브 하우스[37]

다음으로 '혈연에 의지하지 않는 새로운 인연'을 만들어가는 거주형태로 '컬렉티브 하우스(collective house)'를 소개한다. 컬렉티브 하우스란 1960년 스웨덴에서 직장에서 일하는 여성들을 중심으로 시작되어 1980년대에 실현한 거주 형태이다. 여성의 사회진출을 배경으로 가사·육아를 다른 거주자가 함께 분담하며 살아가는 것을 목적으로 만들어졌다.

---

37 필자는 2014년 5월 17일, 2016년 7월 16일에 컬렉티브 하우스 칸칸모리를 2차례 방문, 조사할 수 있었다.

일본에서는 1989년에 컬렉티브 하우스가 소개되어 2003년에 컬렉티브 하우스 제1호로 도쿄도 아라카와구 닛포리에 '컬렉티브 하우스 칸칸모리'(이하 칸칸모리)가 탄생하였다. 여기에서는 새로운 주거문화의 사례로 칸칸모리를 소개하겠다.

1) 세대수와 구조

칸칸모리는 고령자 대상 주택이나 유료 노인홈 등이 입주한 12층짜리 복합시설의 2층과 3층에 위치해 있다. 대략적으로 보면 일반적인 아파트와 다르지 않다.

칸칸모리의 총세대수는 28호이며 모두 임대로 운영된다. 가족이나 혼자 사는 사람 등 다양한 가구가 거주할 수 있도록 각 호의 구조도 다양하다. 구체적으로는 원룸이 16호, 주방이 있고 방이 하나 있는 집(1K)이 3호, 거실과 주방, 식당, 하나의 방이 있는 집(1LDK)이 4호, 2개의 방과 거실, 주방이 있는 집(2LDK)이 4호, 쉐어 룸이 2실로 되어 있다.

2016년 11월 현재, 24세대 42명이 살고 있다. 혼자 사는 사람은 17명으로 그중 5명이 70세 이상이다. 현재 중학생은 없으며 초등학교 저학년 이하의 아동이나 유아가 10명 있다.

임대료는 구조에 따라 다른데 월 7만 3천~15만 3천 엔으로 일반 시세에 비해 조금 높은 임대료이지만 이것은 나중에 소개할 힐링 등을 위한 공유공간(shared space)이 넓기 때문이다. 공유공간에서는 일이나 휴식을 할 수 있기 때문에 각 호실의 넓이만으로는 임대료가 적정 수준인지를 판단할 수가 없다. 그리고 임대료에 더해서 거주자 조합의 조합비로 1인 거주 시 7천 엔, 2인 거주 시 1만 1천 엔을 지불해야 한다.

2) 컬렉티브 하우스는 아파트와 무엇이 다른가?

컬렉티브 하우스가 일반적인 아파트와 크게 다른 점은 명확한 콘셉트를 가지고 있다는 점이다. 2003년에 칸칸모리가 설립되기 2년 전부터 입주예정자들이 모여 컬렉티브 하우스의 콘셉트 등에 대해 이야기해 왔다.[38] 말하자면 건물이라는 하드웨어가 만들어지기 전부터 주민들이 거주방식이라는 소프트웨어에 대해 함께 논의한 셈이다. 그리고 이렇게 만들어진 콘셉트는 지금도 컬렉티브 하우스 주민들의 거주방식의 기초가 되어 있다. 일반적인 아파트에서는 거주방식이라는 소프트웨어를 입주예정자들이 모여 함께 논의하는 것 등을 상상하기도 어렵다.

컬렉티브 하우스의 특징으로는 ① 넓은 공유공간이 있고, ② 생활의 일부를 거주자와 공유하며, ③ 거주자가 자치적인 운영을 해 나간다는 3가지를 들 수 있다.

---

38 시노하라 사토코(篠原 聰子, 2015), 92~96p.

넓은 공유공간

첫째, 넓은 공유공간이 있는 점이다. 컬렉티브 하우스의 모든 호실에는 화장실과 조리대가 있어서 프라이버시가 확보된다. 그러나 일반 아파트와는 다르게 거주자 전원이 사용하는 공유공간이 있다. 구체적으로는 부엌·식당·거실이 일체화된 공간, '커먼 키친·다이닝룸·리빙룸'(넓이는 105.48m²)**39**이 있어서 거주자들이 모여 식사를 하거나 회의를 하기도 한다. 물론 개인적으로 휴식을 취하거나 노트북을 가져와서 일을 하는 것도 자유다. 거주자들이 늦은 시간까지 함께 술을 마시기도 한다.

'커먼 다이닝룸'(공용식당)에는 나무로 만들어진 테이블과 의자가 있어서 40명이 앉을 수 있다. 위층까지 뚫린 천장이 있고 창문이 커서 개방적이고 세련된 분위기이다. 한편 '커먼 키친'(공용부엌)에는 대형 오븐이나 식기세척기가 설치되어 있어서 거주자끼리 30인분 이상의 요리를 만들 수 있다. 넓은 공유공간은 거주자의 교류장소가 되고 있다.

생활의 일부를 거주자들과 공유: 커먼 밀과 공동 육아

두 번째로 '커먼 밀'이라 불리는 거주자끼리의 식사모임과 맞벌이 세대의 공동보육 등을 통해 생활 일부분을 거주자들과 공유한다는 점이다. '커먼 밀'이란 당번이 된 거주자 3~4명이 요리를 만들어 거주자

---

39 오픈테라스를 합치면 124.76m².

가 커먼 다이닝룸에 모여 함께 식사를 하는 모임이다. 함께 요리를 하거나 식사모임을 하면서 거주자끼리 교류가 강화된다.

원래 일본의 식문화는 일식, 양식, 중식 등 메뉴가 다양하고 풍부하기 때문에 스웨덴의 컬렉티브 하우스와 달리 칸칸모리에서 커먼 밀은 어려울 것이라고 생각되어 왔다. 그러나 요리가 특기인 거주자와 그렇지 않은 사람을 한 조로 편성하는 등 지혜를 발휘하고 있다.

그리고 거주자는 원칙적으로 월 1회 커먼 밀의 요리당번이 되어 식사모임을 개최하도록 되어 있다. 요리당번은 일정이 맞는 사람 3~4명이 담당한다. 칸칸모리 전체에서는 주 2회 정도 커먼 밀이 열리고 있다. 그러나 업무나 건강상태에 따라 여러 가지 사정이 있을 수 있는데, 거주자끼리 서로 이해하며 운영하고 있다. 요리당번의 역할은 의무이지만 식사모임 참석은 선택사항이다. 사전에 현관 옆 게시판에 희망자가 참석여부를 체크하도록 하여 참석인원을 파악한다.

스웨덴의 컬렉티브 하우스에서 커먼 밀은 거주자들이 일을 마치고 돌아오는 평일 저녁에 열린다. 이를 보면, 원래 커먼 밀은 식사모임이라기보다 더욱 일상적인 것일지도 모른다. 그러나 일본에서는 평일에 잔업 등으로 참석할 수 없는 사람이 적지 않기 때문에 주말에 열리는 것이 일반적이다.

커먼 밀뿐만 아니라 단시간의 유아보육을 주민끼리 협력하는 것도 있다. 이메일로 연락을 하여 특정시간에 거주자 중에서 아이를 돌볼 수 있는 사람을 찾고, 아이를 돌보기로 한 거주자는 자택이나 커먼 룸 등에서 아이와 여러 시간을 보내며 부모의 귀가를 기다린다.

부모는 아이를 돌봐 준 주민에게 칸칸모리에서 사용할 수 있는 지역통화(칸칸모리 통화)를 송금해 준다. 1시간당 400모리(400엔에 상당)이다. 이 통화를 사용하여 커먼 밀 등의 참석비용을 지불하는 것도 가능하다.

이외에도 가을축제(9월), 할로윈 파티(10월), 크리스마스(12월), 떡만들기(1월), 된장 만들기(2월) 등 연중 여러 행사가 개최되고 있다. 한 가족만으로는 이렇게 다양한 행사를 하는 것은 어렵다. 어릴 때부터 행사를 통해 다양한 사람들과 어울리는 기회를 가지는 것은 자녀의 성장에 있어 유익할 것이다.

거주자에 의한 자치적인 운영과 역할 분담

세 번째로 거주자들이 자치적인 운영을 하여 자신들이 스스로 생활에 필요한 일을 만들고 공간과 시간을 공유하는 것이다. 칸칸모리에는 청소나 정원정리 등 담당(20개), 도서관리 담당(5개 그룹), 모리노카제(숲의 바람)라는 거주자 조합의 임원 역할 등을 거주자 스스로 맡아 담당한다. 한 사람이 2개 정도의 담당이나 그룹 등을 맡고 있다.

예를 들어, 정원정리 담당은 공유공간에 있는 채소밭에서 사용하는 기구의 구입이나 수확까지 관리한다. 커먼 밀 담당은 부족한 식기 보충, 소금이나 후추 구매 등을 한다. 청소 담당은 청소당번의 할당이나 청소도구 같은 비품관리 등을 한다.

또 거주자 조합의 임원은 월 1회 거주자를 모아서 정기회의를 개최한다. 시간이 걸려도 다수결로는 정하지 않고 거주자끼리 철저하게 이야기를 나눈다고 한다. 이렇게 컬렉티브 하우스에서는 거주자가 담당이나 월 1회 요리당번 등 의무를 갖는다.

그런데 만약 이런 제도를 지키지 않는 사람이 있으면 어떻게 할까? 그 경우에는 그 이유를 묻고 정기회의 등을 통해 공유하는 등의 대응을 한다. 이와 같이 모두가 납득을 하며 운영하는 것이 컬렉티브 하우스의 성공적인 운영을 위해 매우 중요한 것으로 보인다.

3) 가족이 없는 고령자의 '마지막 보금자리'가 될 수 있을까?

필자의 큰 관심은 컬렉티브 하우스가 목표로 하는 '혈연에 의지하지 않는 새로운 인연'이 가족을 대신할 수 있을지 여부이다. 구체적으로는 개호가 필요하게 되었을 때 개호서비스는 외부에서 도입하더라도 돌보는 기능이나 각종 서류의 작성 등 가족이 담당하는 역할이 많다. 이런 기능을 거주자끼리 담당하여 가족이 없는 고령자의 '마지막 보금자리'가 될 수 있을 것인지에 주목한 것이다.

설립한 지 13년이 지나자 거주자 중에서 80대 후반의 여성이 개호가 필요하게 되었다. 그녀는 여러 담당 중에서 부담이 적은 담당을 맡고 있었으나 그것도 맡기 어렵게 되었다. 그래서 개호보험서비스를 이용하며 거주자로부터 쇼핑의 지원이나 커먼 밀에 참가할 때의 지원을 받았다. **40**

---

40 시노하라 사토코(篠原聰子, 2015), 102~103p.

그러나 최종적으로는 자의로 퇴거하였다. 그 이유는 컬렉티브 하우스 내의 역할을 할 수 없었던 것이 컸다. 또 칸칸모리에서는 최근 60세 이상의 거주자 비율이 감소하는 경향이 있는데, 그 배경에는 위와 같은 역할을 담당할 수 없는 것을 걱정한 고령자가 칸칸모리를 떠나고 있는 것이 원인으로 보인다.

4) 대도시권의 자치회 모델의 가능성

필자는 당초 '컬렉티브 하우스는 가족의 기능을 대체할 수 있는가' 라는 문제의식을 가지고 있었다. 그러나 컬렉티브 하우스는 '가족의 대체기능'이라기보다 대도시권의 '이웃 주민끼리의 자치회·조나이카이(반상회 같은 모임) 네트워크'를 구축하는 모델 정도로 생각된다. 컬렉티브 하우스의 특징은 주민 네트워크를 형성하는 구조로 잘 기능하고 있다.

그 본질은 일상생활의 귀찮은 일을 주민끼리 모여 함께 하는 것이다. 예를 들어, 월 1회의 커먼 밀 요리, 정기회의 참석, 정원정리, 청소담당 등도 일반적으로는 귀찮은 일이다. 그러나 이렇게 귀찮은 활동이 사람들을 연결하여 인간관계를 키워 나간다.

도시에서는 많은 사람들이 외부서비스를 구입하여 이런 귀찮은 것을 해결해 버린다. 예를 들어, 관리인을 고용하거나 청소업자를 이용하는 등 돈으로 해결해버리는 것이 많다. 그 결과 이웃과의 연계를 잃어버리는 면이 있다.

이에 비해 지방의 지역사회에서는 축제 등의 행사나 공민관(주민문화센터) 청소, 도로 청소, 조나이카이(반상회) 등의 지역활동이 일상생활에 뿌리를 내리고 있다. 그리고 이런 활동이 지역주민들을 연결하고 있다. 다만, 지방의 지역사회는 이런 활동에 대한 참가가 강제적인 곳이 적다. 반면, 컬릭티브 하우스는 사람들과의 연계를 중시하는 콘셉트를 공유할 수 있는 사람들의 거주장소이지 강제는 아니다. 그리고 커먼 밀 등 주민끼리 교류를 형성하는 구조가 우수하다.

컬렉티브 하우스가 '마지막 보금자리'가 될 것인지는 앞으로의 과제가 될 것이다. 그래도 컬렉티브 하우스에서는 오랜 기간에 걸쳐서 형성된 인간관계를 기초로 해서 함께 사는 거주자끼리 서로 지원해 나갈 가능성이 있다. 또 그러한 인간관계를 형성하는 장소야말로 컬렉티브 하우스의 본질이라고 생각한다. 앞으로 어떻게 발전할 것인지 주목할 만하다.

7장 주요내용

— 1인가구의 자가보유율은 2인 이상 가구에 비해 상당히 낮은 수준이다. 또한 배우자와 사별한 고령 1인가구에 비해서 미혼이나 이혼한 고령 1인가구는 자가보유율이 낮고 고령기에 임대료 부담이 무겁게 가중된다는 점은 우려할 만한 일이다.

— 일본의 주택정책은 자기 집 마련 정책에 비중을 두어 왔다. 그러나 미혼 1인가구나 1인가구 예비군이 증가하는 상황에서는 임대주택 거주자에 대한 지원을 확대할 필요가 있다. 구체적으로는 저소득층을 대상으로 임대료 부담을 경감하는 주택수당제도의 도입을 검토해야 한다. 이러한 정책은 중산층의 육성이라는 성과로도 이어질 것이다.

— 1인가구가 정든 지역에서 계속 생활하기 위해서는 지역포괄케어시스템의 구축이 중요하다. 또한 정기순회 · 수시대응형 개호 · 간호를 충실히 확대해 나갈 필요가 있다.

— 지역포괄케어시스템을 구축한 선진적인 사례로서 지바현 가시와시에서는 ① 주치의 · 부주치의 제도, ② 전문가 네트워크(정보공유) 회의의 개최, ③ 지자체 내부에 사무국 역할의 전담조직 설치 등의 사업이 주목을 받고 있다. 지자체가 전담조직을 만들어 시스템 운영의 기초를 다졌다는 점을 중요한 성공요인으로 볼 수 있다.

─ 대규모 단지에서 주민 네트워크를 구축한 사례로 하치오지시 다테가오카 단지의 '살짝상담실'을 소개하였다. 주민들을 연결하기 위한 지혜와 실천이 중요하다. 살짝상담실은 ① 지역 주민에게 열린 카페의 설치, ② 복합적인 목적을 가진 이벤트의 개최, ③ 고령자만이 아닌 아이들이나 부모, 학생 등 다세대 참여라는 점을 특징으로 들 수 있다. 상담실 안에 카페를 설치하여 사람들의 교류가 활발하게 이루어지고 있다.

─ 새로운 거주 방식으로의 예로서 '컬렉티브 하우스 칸칸모리'를 소개하였다. 컬렉티브 하우스의 특징은 ① 넓은 공유공간이 있고, ② 생활 일부를 거주자끼리 공유하며, ③ 거주자가 자치적인 운영을 해 나가는 것 등 3가지를 들 수 있다. 일상생활의 여러 가지 활동을 주민들이 함께 하는 것을 통해 사람들이 연결되고 인간관계가 형성된다. 물론 이런 콘셉트에 대해 거주자가 공감하는 것이 전제가 된다.

─ 향후에는 대도시권에서 고령 1인가구가 증가할 것이다. 사람들을 연결하는 구조를 만들고 이를 운영할 인재를 키워나가는 것이 중요한 과제가 될 것이다. 그리고 지자체에서는 의료와 개호의 연계나, 주민끼리의 네트워크 등 고령 독신자들이 정든 곳에서 계속 살아갈 수 있는 지역사회의 기반을 구축해야 할 것이다.

제 8 장

1인가구와 취업

계속 일할 수 있는 사회의 실현

2부에서는 근로세대 1인가구와 고령 1인가구가 다른 가구 유형에 비해 빈곤이나 사회적 고립에 빠지는 사람의 비율이 높다는 점을 지적하였다. 1인가구의 빈곤이나 사회적 고립을 어떻게 하면 방지할 수 있을까?

당연한 말처럼 들릴 수 있으나, 빈곤이나 사회적 고립을 예방하기 위해서는 '일하는 것'이 중요하다. 일을 하면 수입을 얻을 수 있기 때문에 안정된 생활의 기초가 된다. 또 직장의 동료들과 인간관계가 형성된다. 더욱이 일을 통해 사회와의 접점을 가지고 자기유용감(자기가 필요한 사람이라는 인식)을 갖기도 쉽다. 고객이나 동료로부터 '고맙다'는 말이나 자기 일을 끝마쳤다는 성취감이 인생의 의미를 더하고 보람이 이어지도록 한다. 일을 하는 것은 단순하게 수입을 얻기 위한 수단만이 아니라, 사회적 고립을 해소하는 데에도 유효하다.

그러나 모든 사람이 일을 할 수 있는 것은 아니다. 병이나 장애를 가진 사람, 거주할 곳이 없는 사람 또는 지금 당장은 일반적인 취업을 시작하기가 곤란한 사람도 있다. 이러한 경우에는 병을 치료하는 것, 안정적인 거주지를 마련하는 것, 중간적 취업이나 체험 취업 등의 단계를 밟을 필요가 있다. 당연한 말처럼 들릴 수 있지만 일할 능력이나 의욕이 없는 사람을 강제로 취업시키면 안 된다. 초조해하지 말고 다른 사람과 상담하면서 지금까지의 인생이나 앞으로의 인생에 대해 대화하는 과정에서 길을 찾을 수도 있다. 또 생활보호제도를 포함한 사회보장제도를 통해 구제하거나 사회적 고립에 빠지지 않도록 거주할 곳을 마련해 주는 것도 중요하다.

1인가구가 빈곤에 빠지기 쉬운 배경에는 2인 이상 가구에 비해 비정규직 노동자나 무직자 비율이 높은 점이 있다. 5장에서 살펴본 바와 같이 1인가구 예비군 중에는 부모의 개호를 목적으로 일을 그만둔(개호 이직) 무직자도 상당 정도 있을 것으로 추정된다.

8장에서는 근로세대 1인가구와 고령 1인가구의 취업과 관련하여 다음의 내용을 검토해 보겠다. 먼저 비정규직 노동의 과제와 대책이다(1절). 비정규직에 대한 사회보험의 확대나 동일노동·동일임금 등 비정규직 노동자의 처우 개선에 관해 검토해 보겠다. 다음으로 개호이직에 대해 살펴보고자 한다(2절). 1인가구 예비군에서는 부모의 개호를 목적으로 개호이직을 하는 사람이 있기 때문에 그 방지책에 대해서 검토해 보겠다. 세 번째로 취업이 곤란한 1인가구에 대한 중간적 취업(3절)과 고령 1인가구의 취업촉진에 관해 살펴보겠다(4절).

1. 비정규직 노동자의 과제와 대책

1) 파트타임 노동자에 대한 후생연금 적용 확대: 고령 빈곤의 예방

왜 비정규직 노동자는 증가하고 있는가? 그 이유 중 하나는 비정규직 노동자에 대해 사회보험 적용을 제외할 수 있는 법규가 있기 때문에, 기업이 사회보험료를 부담하지 않고 비정규직 노동자를 고용할 수 있다는 점을 들 수 있다. 실제로 후생연금과 건강보험은 노사가 절반씩 보험료를 갹출하고 있어서 거의 모든 정규직은 후생연금과 건강보험이 적용된다. 하지만, '정규직 이외'인 자에서 후생연금 적용자는 52.0%, 건강보험 적용자는 54.7%이다. 고용보험도 마찬가지로 '정규직 이외'의 적용률은 67.7%이다(2014년).[1] 기업의 입장에서 비정규직 노동자는 저렴한 노동력이다.

비정규직 노동자가 안고 있는 여러 과제 중에서 비정규직 노동자에 대한 사회보험의 적용 제외 법률의 재검토가 가장 시급한 과제이다. 따라서 여기에서는 파트타임 노동자에 대한 후생연금의 적용 확대에 관해서 검토하겠다. 파트타임 노동자는 비정규직 노동자의 50% 정도를 차지하고 있다.[2] 파트타임 노동자에 대한 후생연금의 적용 확대

---

[1] 후생노동성(2015c), 22p 및 김명중(金明中, 2015), 30~31p.

[2] 2015년 현재, 비정규직 노동자는 1,980만 명이고 전체 노동자(임원 제외) 대비 비정규직 노동자의 비율은 37.5%. 그리고 비정규직 노동자의 유형별로는 파트타임 961만 명(48.5%), 아르바이트 405만 명(20.5%), 계약직 287만 명(14.5%), 파견직

는 고령기에 빈곤에 빠지는 것을 막는 예방책이 될 수 있으며, 지금부터 준비해야 하는 시책이다. 이 문제를 방치하면 가까운 미래에 파트타임 노동에 종사해 온 1인가구가 고령기에는 빈곤에 빠져 생활보호제도의 수급자가 급증할 것이 우려된다.

불충분한 후생연금의 적용 확대

무엇보다 2016년 10월 시행된 〈연금기능 강화법〉에 따라서 파트타임 노동자에 대한 후생연금의 적용 확대는 이미 시작되었다. 2016년 9월 말까지는 정해진 노동시간이 대략 주 30시간 미만의 단시간 노동자는 국민연금에만 가입할 수 있었고 후생연금은 적용되지 않았다. 하지만 법 시행에 따라 2016년 10월 1일 이후, 정해진 노동시간이 주 20시간 이상의 파트타임 노동자에게도 후생연금이 적용되게 되었다.

법률에 따라 후생연금 적용을 받기 위해서는 여러 가지 조건이 있다. 구체적으로는 근무시간·근무일수가 상시고용자의 4분의 3 미만으로 ① 1주당 정해진 노동시간이 20시간 이상일 것, ② 임금이 월 8만 5천 엔(연소득 106만 엔 상당) 이상일 것, ③ 고용기간이 1년 이상 예측될 것, ④ 학생이 아닐 것, ⑤ 종업원수 501명 이상의 기업일 것이라는 5가지의 요건 모두를 충족해야만 파트타임 노동자에게 후생연금이 적용된다.[3]

126만 명(6.4%), 촉탁직 117만 명(5.9%), 그 외 83만 명(4.2%)이다(총무성, 〈2015년 노동력조사〉).

그 결과, 25만 명의 파트타임 노동자가 새롭게 후생연금의 적용대상이 되었지만, 아직 미미한 정도이다. 근로시간이 주 20시간 이상 30시간 미만인 파트타임 노동자는 총 400만 명으로 추계되고 있지만, 이번 확대 적용 대상자는 그중 겨우 6% 정도에 그친 것이다.

공적연금제도의 개요

그럼 후생연금이 적용되는 것이 어느 정도 유리한 것일까? 이 질문에 대해 살피기에 앞서 일본의 공적연금제도에 대하여 간단히 설명하면, 공적연금은 2층 구조로 되어있고, 1층 부분이 20세부터 60세 미만의 모든 국민이 가입하는 국민연금이다. 국민연금 가입자 중 급여소득자(피고용자) 그룹만이 2층 부분의 후생연금에 가입할 수 있다. 급여소득자 그룹 이외의 자영업자 그룹(농업종사자나 학생 등을 포함)이나 급여소득자를 배우자로 둔 전업주부 그룹은 2층의 후생연금에 가입하지 못하고, 노후에는 국민연금만 수급받는다. 파트타임 노동자의 대부분은 급여소득자임에도 불구하고 자영업자 그룹으로 구분되고 있는데, 이 점이 본질적인 문제이다.

후생연금에 가입하는 것은 어느 정도 유리한가?

여기에서는 미혼의 파트타임 노동자가 국민연금에만 가입할 경우와 후생연금에 가입할 경우의 보험료와 연금액을 비교하여 후생연금을

---

3 일본연금기구(2016) 및 후생노동성(2014b).

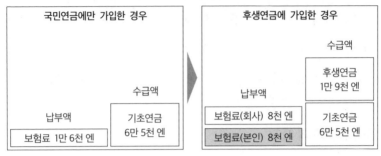

〈도표 8-1〉 공적연금의 보험료와 연금액의 모델케이스(40년간 가입)

자료. 후생노동성, 팸플릿(2016) "단시간(파트타임 등)으로 일하는 여러분께 2016년 10월 1일 부터 후생연금의 가입대상이 넓어집니다!(사회보험의 적용 확대)"를 참고로 작성.

적용함에 따라 얼마나 유리한지를 알아보자(〈도표 8-1〉).

먼저 미혼의 파트타임 노동자가 국민연금에만 가입할 경우, 정액 보험료로 매월 1만 6천 엔의 보험료를 납부한다.4 그리고 40년간 보험료를 계속해서 납부하고, 연금수급 연령에 도달하면 국민연금을 수급할 수 있고, 연금액은 월 6만 5천 엔(2016년 현재)이다.

후생연금에 가입하여 동일하게 1만 6천 엔의 보험료를 납부하는 경우를 검토해 보자. 보험료는 월 1만 6천 엔이지만 후생연금에서는 기업과 본인이 절반으로 보험료를 부담하므로 본인부담의 보험료는 월 8천 엔이다. 연금수령액은 1층의 국민연금 6만 5천 엔에 2층의 후생연금(보수 비례 부분)으로서 매월 1만 9천 엔을 종신으로 받을 수 있

---

4 또 결혼 후 남편 혹은 아내가 후생연금에 가입하여 스스로는 전업주부(혹은 남성전업주부)가 된 사람은 국민연금 제3호 피보험자로서 보험료를 납부하지 않고, 국민연금을 받을 수 있다.

다. 따라서 미혼의 파트타임 노동자가 국민연금에만 40년간 가입한 경우에는 납부한 보험료는 월 1만 6천 엔이고 수급하는 연금수령액은 월 6만 5천 엔인데, 동일한 사람이 후생연금에 가입하면 본인부담의 보험료는 월 8천 엔으로 절반에 불과하지만, 연금수령액은 월 8만 4천 엔에 달한다.

이처럼 후생연금은 노사가 절반으로 보험료를 납부하는 것과 국민연금에 더해 후생연금이 지급된다는 점에서 국민연금보다 압도적으로 유리한 연금이다.

정액보험료, 정액급여의 국민연금 창설 배경

그럼, 왜 자영업자 그룹은 유리한 후생연금에 가입하지 못하는가? 후생연금은 소득에 비례해서 보험료가 부과되어 소득 비례로 연금수령액이 지급되므로 소득이 중요한 기준이다. 그러나 자영업자 그룹은 가장 중요한 소득을 정확하게 파악하기가 어렵다. 예를 들면, 세무서가 과세대상인 소득을 어느 정도 파악하고 있는지를 보면, 급여소득자는 90%, 자영업자는 60%, 농림어업 종사자는 40%이다. 이러한 상황을 '구로욘(9:6:4)'이라 불러왔다. 그만큼 자영업자나 농림어업 종사자의 소득을 파악하는 것은 어렵다. 그래서 정액보험료이고 정액급여인 국민연금에만 가입하여 후생연금은 적용하지 않는 것으로 정했던 것이다. [5]

---

5 겐조 요시카즈(權丈善一, 2015), 347p.

또 자영업자나 농업종사자의 경우, 급여소득자 그룹과 달리 정년이 없으므로 고령기가 되어도 수입을 얻을 수 있는 점을 고려해야 한다. 바꿔 말하면, 국민연금에서에서는 월 6만 5천 엔의 연금수령액만으로 생활하는 것을 상정하지 않았던 것이다.

문제는 파트타임 노동자가 자영업자 그룹에 속해 있다는 것이다. 파트타임 노동자는 피고용자이므로 소득을 정확하게 파악할 수 있다. 또, 파트타임 노동자는 정년이 있어 고령기에 수입을 얻을 수단이 부족하다. 따라서 파트타임 노동자는 급여소득자 그룹에 포함되어야 한다. 정확한 소득 파악이 가능하고, 정년도 있기 때문에 파트타임으로 일하는 비정규직 노동자에게 후생연금을 적용하지 않는 것은 부적절하다.

만약 파트타임 노동자에게 후생연금의 적용을 더 이상 확대하지 않는다면, 파트타임으로 종사해온 노동자가 고령기에 빈곤에 빠져 생활보호 대상으로 흘러 들어갈 것으로 우려된다. 파트타임 노동자에게 후생연금 적용확대를 포함하여 비정규직 노동자의 사회보험에 대한 적용제외 법률을 재검토한다면, 기업이 비정규직 노동자를 고용하는 동기가 약화된다. 그 결과, 비정규직 노동자의 증가에 제동이 걸릴 가능성이 있다.

2) 비정규직 노동자의 처우 개선

다음으로 동일노동·동일임금의 실현 등 비정규직 노동자의 처우 개선에 대해 검토해 보자. 아베 정권은 2016년 6월에 '1억 총활약플랜'을 발표했다. 여기에서는 재도전이 가능한 사회를 만들기 위해 정규직·비정규직의 고용형태와 상관없이 균등·균형의 대우를 확보하고 동일노동·동일임금을 실현하겠다는 목표를 명시하였다. 또 정규직과 비정규직의 임금 차이에 대하여 유럽과 비교해도 손색이 없는 수준을 지향한다고 밝혔다.[6]

일본의 정규직과 비정규직 노동자의 임금 격차는 국제적으로 비교해도 확실히 크다. 예를 들면, 풀타임 노동자의 시간당 임금(정해진 급여)을 100으로 한 경우, 파트타임 노동자의 시간당 임금은 프랑스 89.1, 스웨덴 83.1, 독일 79.3, 네덜란드 78.8, 영국 71.4, 이탈리아 70.8, 일본 56.6, 미국 30.3이다. 일본의 풀타임 노동자와 파트타임 노동자의 시간당 임금 격차는 미국 다음으로 크다.[7]

동일노동·동일임금은 실현이 가능한가?

그럼 정규직 노동자와 비정규직 노동자 간의 동일노동·동일임금은

---

6 각의결정(2016), 7~8p.

7 일본, 미국, 영국은 2014년의 수치. 그 외의 국가는 2010년의 수치. (독) 노동정책연구·연수원(2016), 《데이터북 국제노동비교 2016》, 179p

실현될 것일까?

필자는 동일노동·동일임금이 지향하는 방향에 찬성하지만, 단기적으로는 동일노동·동일임금의 실현은 어려울 것으로 판단한다. 왜냐하면 일본형 고용시스템은 동일노동·동일임금이 형성된 유럽이나 미국과는 크게 다르기 때문이다.

먼저 유럽과 미국의 고용시스템을 보면, 인사·회계·기획·법무 등의 직무(job)를 전제로 하여 거기에 사람을 할당하는 '직무형' 고용계약을 기반으로 한다.[8] 예를 들어 인사팀에 공석이 있으면, 결원을 보충하기 위한 인재를 모집하여 자격·능력·경험을 평가하여 그 업무를 담당할 사람을 채용한다. 직무 중심의 채용이다. 역으로 말하면, 그 직무가 필요 없어지면 해고의 정당한 이유가 된다. 단, 법률상 해고규정이 있어 부당한 해고는 용납되지 않는다. '직무형' 고용형태에서는 임금체계가 인사·회계·기획·법무 등의 직무에 따라 다르다. 그렇기 때문에 동일노동·동일임금이 되기 쉽다.

반면, 일본형 고용시스템은 직무를 전제로 하지 않는다. 회사의 직원(구성원)으로서 적합한 사람을 선택하여 정규직으로 채용하고, 그 후에 일을 할당한다. 하마구치(2013)는 이것을 '멤버-잡형'이라고 부르며 일을 확실히 정해놓고 거기에 사람을 배치하는 방식의 유럽 국가들에 반해, 사람을 중심으로 관리가 이루어져 사람과 일의 관계를 가능한 한 자유롭게 바꿀 수 있도록 하는 것이 일본형 고용시스템의

---

8 하마구치 게이치로(濱口 桂一郎, 2013), 39~44p.

특징이라고 설명한다.

직무에 기반한 채용이 아니므로, 일본 기업은 직원의 의지와 무관하게 인사발령만으로 자유롭게 전환배치나 전근을 시킬 수 있다. 한편, 담당하는 업무가 불필요해져도 전환배치 등을 통해 회사의 구성원으로서 가능한 한 고용을 유지하려고 한다.

또 임금도 직무와 분리하여 정해진다. 만약 직무마다 임금체계가 다르다면 기업이 자유롭게 전환배치할 수 없을 것이다. 구체적으로 임금은 근속년수나 연령에 기초한 연공임금제도를 기본으로 하면서 인사평가에 따라서 어느 정도 임금의 차이가 발생하는 체계이다.

이처럼 일본 정규직의 임금체계는 직무와 분리되어 있고 동일노동·동일임금의 개념에 기초를 두지 않았다. 반면, 비정규직 노동자는 '멤버-잡형'의 고용계약이 아닌 말하자면 '일(의 내용)을 정해서 고용하는 '직무형'이다. 그렇기 때문에 정규직 노동자와 비정규직 노동자의 임금체계를 동일노동·동일임금이라는 체계로 통합하는 것을 단기적으로는 기대하기 어렵다. 더구나 임금체계는 기업의 재량에 따라 결정하는 것이지, 국가의 규제로 일률적으로 정할 수 있는 것이 아니다.

동일노동·동일임금 실현보다 앞서 해야만 하는 것

정규직 노동자와 비정규직 노동자를 동일노동·동일임금이라는 통일된 토대에 올리는 일은 시간이 걸리겠지만, 그보다 앞서 해야 할 일은 정규직 노동자와 비정규직 노동자의 격차에 대해 어디까지가 합리적인 것인지를 검토하는 것이다. 현재 정부는 합리적인 격차와 그렇지 않은 격차에 대해서 가이드라인을 정립하려 하고 있다. 가이드라인이 어느 정도 실효성을 가질 것인지에 대해서는 향후의 과제가 되겠지만, 이러한 검토는 정규직 노동자와 비정규직 노동자의 불합리한 격차를 시정하기 위해서 필요한 과정이다.

이러한 과정을 통해 비정규직 노동자도 향상된 경험이나 역량이 임금에 제대로 반영되기를 기대한다. 〈도표 3-7〉에서 본 것처럼 정규직 노동자의 임금 곡선은 50대 초반까지 상승하지만 비정규직 노동자의 임금 곡선은 평탄하다. 비정규직 노동자는 경험이나 역량이 향상해도 그것이 임금에 반영되지 않는다. 이 점을 개선할 필요가 있다.

먼저 비정규직 노동자의 고용방식이 '멤버-잡형'이 아닌 '직무형'이라 하더라도 임금 곡선이 상승하지 않는 점은 유럽의 '직무형' 고용방식과는 다르다. 이와 관련하여 겐조(2016a)는 일본과 네덜란드를 비교하여, 네덜란드에서는 파트타임 노동자도 풀타임 노동자처럼 연령이 올라갈수록 시간당 임금이 상승한다는 점을 지적하였다. 네덜란드는 1980년대부터 노동협약을 통해 파트타임 노동자의 처우 개선을 위해 노력하였고, 1990년대에는 관련 법률까지 정비하였다.[9] 일본 비정규직 노동자의 임금은 주부의 근로시간을 상정한 가계 보조적 임금으로, 유럽과 미국의 직무형 노동자 임금과는 큰 차이가 있다.

---

9 〈일본경제신문〉(2016년 10월 7일), "동일노동 동일임금의 논점 ⓣ - 네덜란드, 노사 합의로 추진", 겐조 에이코(勸丈英子, 2016a).

직무형 정규직 노동자의 근무방식

경제활동인구가 감소해가는 상황에서 기업은 앞으로 유능한 비정규직 노동자를 정규직으로 전환하는 것을 검토할 것이다. 일정 기간 비정규직 노동자의 일하는 방식을 관찰하면, 능력과 자질을 파악할 수 있다. 실제로 피고용자 중에서 비정규직의 비율은 40% 가까이를 차지하고 있는 상황이며, 비정규직 노동자 중에는 정규직과 같이 주요 업무를 담당하는 사람도 증가하고 있다. 기업은 유능한 비정규직 노동자를 적극적으로 정규직으로 전환할 것이다.

또 부득이하게 비정규직 노동에 종사하고 있는 사람들을 '직무형' 정규직(한정 정규직)으로 전환하는 방안도 필요하다.[10] 직무형 정규직은 원래의 정규직, 비정규직으로 이분화된 근무방식과는 전혀 다른 근무형태이다. 즉, 종래의 정규직과 같이 무기한 고용계약을 하지만, 직무와 근무지, 노동시간(잔업) 등이 한정된 고용형태이다. 종래의 정규직은 회사에서 전환배치나 전근, 잔업 등의 명령이 있으면 받아들여야 하지만 직무형 정규직은 한정된 범위에서 일하는 것이다. 그만큼 직무형 정규직의 임금은 정규직보다 낮아지지만 이것은 합리적인 범위 내에서의 격차이다.

한편, 직무범위가 한정적이기 때문에 무기한 고용계약이라고는 하지만 한정된 범위에서의 직무가 없어진다면 해고될 리스크가 있다. 하지만 매번 계약기간을 갱신하는 비정규직 입장과 비교하면 무기한

---

10 하마구치 게이치로(濱口桂一郎, 2013), 244~251p.

계약을 맺는 직무형 정규직이 안정적일 것이다. 그리고 노동시간이나 근무지를 한정할 수 있으므로 직장과 육아, 개호를 양립하기 쉽다는 장점도 있다. 더욱이 직무범위가 한정되면 업적에 대한 평가가 적절하게 이루어지는 것도 기대할 수 있다.

정규직 노동자의 근무방식 개선

한편, 정규직 노동자의 근무방식도 개선할 필요가 있다. 현재의 정규직 노동자의 근무방식은 직무범위가 무한정이고 장시간 노동이 되기 쉽다. 장시간 노동이 상시화된 남성 정규직의 근무방식을 '표준'으로 하여 거기에 비정규직 노동자를 맞추는 것은 타당하지 않다.

실제로 2015년 비정규직 노동에 종사하고, 앞으로도 회사에서 일하고 싶은 의향이 있는 사람 중 '정규직이 되고 싶은 사람'의 비율은 계약직 53.8%, 파견직 48.2%, 파트타임 23.9%였다.[11] 계약직이나 파견직은 약 50%가 정규직이 되는 것을 희망하지 않았다.

정규직 노동자의 장시간 노동을 억제하기 위해서는 규제를 강화해 갈 필요가 있다. 〈노동기준법〉에서는 노동시간에 상한을 두어, 1일 8시간, 주 40시간 이상 일할 수 없도록 하였다. 그러나 노사가 합의하면, 이 상한을 넘긴 잔업이 가능해져서 월 45시간, 연간 360시간의 범위 내에서 연장하는 것이 허용되었다(36협정).[12]

---

[11] 후생노동성(2015c), 26p에 따름. 참고로 2003년 비정규직 노동자 중에서 '정규직이 되고 싶은 사람'의 비율은 계약직 29.5%, 파견직 27.5%, 파트타임 17.4%였다.

더욱이 특별한 사정이 있는 경우를 배려하여 '특별조항 포함 36협정'이라는 예외 규정이 있다. 〈노동기준법〉에 따른 노동시간 상한이 정해져 있지만, '특별조항 포함 36협정'을 체결하면 일정 조건하에서 36협정의 상한을 초과하는 장시간 잔업이 가능하다. 바꿔 말하면, 〈노동기준법〉의 예외로서 설치된 '36협정'과 '특별조항포함 36협정'에 따라 일본식 고용관행에서 잔업이 '표준'이 되고 장시간 노동이 상시화된 것이다.

2016년 6월 아베 정권이 발표한 '일본 1억 총활약플랜'에는 '36협정'에서 시간외노동 규제 방침에 대한 재검토를 시작한다는 내용이 명기되어 있다. 13 상한의 수준과 실효성 있는 규제방안은 향후에 논의해야겠지만, 적어도 모든 노동자의 건강, 안전이라는 관점에서 노동시간을 실효성 있게 규제할 필요가 있다.

또, 정규직 노동자는 본인의 동의 없이 기업에 의한 전환배치나 전근이 자유롭게 이루어지고 있다. 그러나 기업에 인생을 통째로 맡겨버리는 듯한 관행에 거부감을 가지는 사람도 늘고 있다. 정규직 노동자에게도 직무형이라는 선택지가 부여되어 근무방식이 다양화되어야 한다.

---

12 36협정을 체결한 대기업은 94.0%, 중소기업은 43.4%이다. 특별조항 포함 36협정을 체결한 대기업은 62.3%, 중소기업은 26.0%이다. 후생노동성(2013), 4~5p.
13 각의결정(2016), 9p.

안정적 생활보장을 사회가 정비한다.

정규직 노동자나 비정규직 노동자의 근무방식이 다양화되는 가운데 큰 문제는 정규직 노동자에게 제공해 온 '생활안정 보장'을 누가 제공할 것인가라는 점이다. 일본식 고용시스템에서는 정규직 노동자는 장시간 노동 등 기업으로부터 강한 구속을 받는 대신 연공임금이나 사택 등의 안정적 생활보장을 동시에 제공받아 왔다.

그러나 이러한 생활안정 보장은 정규직 노동자를 대상으로 하고 있고 비정규직 노동자에게는 제공되지 않았다. 가계를 보조하기 위해 비정규직 노동에 종사하는 경우에는 생활안정 보장의 필요성이 낮았지만, 현재에는 가구의 주요 수입원으로서 비정규직 노동에 종사하는 사람이 남녀를 불문하고 증가하고 있다.

예를 들면, 남성 정규직 노동자의 임금은 연공임금을 기본으로 하고 있어서 50대 초반을 절정으로 하는 임금 곡선을 그린다. 40대 후반에서 50대까지는 교육비나 주택대출 상환 등으로 가계비 지출 부담이 높아지는 시기이므로 기업이 지불하는 연공임금은 이러한 부담을 덜어주는 생활급의 요소가 들어있다(〈도표 8-2〉). 그러나 비정규직 노동자의 임금은 정규직보다 낮고, 연령이 올라가도 거의 평탄하게 유지된다. 비정규직 노동자의 임금에는 생활급이 포함되지 않고, 결혼을 하고 싶어도 자녀 교육비나 주택비를 감당하기 어려워 결혼하는 데 큰 걸림돌이 될 수 있다. 비정규직 노동자가 스스로 극복할 수 있는 범위를 초월하였기 때문에 사회적 차원의 대응이 필요하다.

전술한 대로 향후 비정규직 노동자가 긴 시간에 걸쳐서 축적한 경

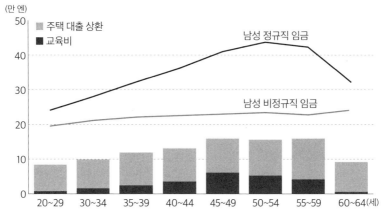

〈도표 8-2〉 연령대별 노동자의 임금 · 교육비 · 주택대출 상환금(월평균)

주 1. 교육비 · 주택대출 상환금은 2인 이상 근로세대 가구의 교육비 · 주택대출 상환금
　2. 정규직 노동자와 비정규직 노동자의 임금은 전체 가구의 임금이다. 교육비나 주택대출
　　상환을 하고 있는 가구만의 임금이 아니라는 점에 주의해야 한다.
자료. 총무성, 〈2014년 가계조사〉(2014년) 및 후생노동성, 〈임금구조 기본조사〉(2014년)에 따
　　라 작성.

험이나 스킬이 임금에 반영된다면 임금곡선이 연령과 함께 상승할 가
능성은 있을 것이다. 하지만, 생활급이 포함된 정규직 노동자의 임금
과는 여전히 격차가 있을 것으로 생각된다.

　한편, 생활급과 관련해서는 정규직 노동자에게도 큰 변화가 예상
된다. 글로벌경쟁이 심화됨에 따라 정규직 노동자의 근무방식이 다
양해지면서 정규직 노동자에게 지불되고 있는 생활급도 삭감될 가능
성이 있기 때문이다.

　지금까지 기업이 담당해 온 안정적 생활보장 기능을 사회가 어떻게
담당할 것인가를 검토할 필요가 있다. 유럽에서는 대학등록금을 대
부분 공적으로 부담하기 때문에 학생의 부담이 적어졌다. 또 급여형

의 장학금 제도도 일본보다 튼튼해졌다. 더욱이 7장 1절에서 지적한 대로 유럽에서는 저렴한 임대료로 사회임대주택이 제공되며, 폭 넓은 계층을 대상으로 한 임대료보조제도를 운영하는 나라가 많다. 일본도 기업이 생활급을 통해 부담해 온 부분을 사회가 담당할 수 있도록 중장기적으로 정비할 시기가 다가오고 있다.

2. 개호이직의 방지

1) 1인가구 예비군의 개호이직

5장에서 본 것과 같이, 1인가구 예비군의 20% 정도(남성 18.2%, 여성 21.5%)는 가족 중 개호필요자가 있거나 혹은 과거에 있었다. 그리고 가족 중 개호필요자가 있거나 있었던 1인가구 예비군에서는 '일을 그만두고 스스로 개호'하는 비율이 약 20% 수준(남성 23.1%, 여성 19.9%)으로 개호이직률이 높다.

참고로 후생노동성의 〈2013년 국민생활기초조사〉에 의하면, '65세 이상의 한부모와 미혼의 자녀로 구성된 가구 중, 부모가 보살핌을 필요로 하는 가구의 비율은 20.1%에 달했다.[14]

---

[14] 후생노동성, 〈2013년 국민생활기초조사〉, 1권 세대표, 표 111.

〈도표 8-3〉 연령대별 피고용자 대비 개호자의 비율(2012년)

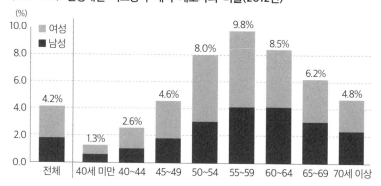

주. 개호자란 평소 가족의 개호를 하고 있는 사람으로서 입욕·옷 갈아입기·이동·식사 등 일
상생활의 지원을 하는 경우를 말하고, 개호보험제도로 개호필요 인정을 받지 않은 사람이
나 자택 외에 있는 가족의 개호도 포함된다. 또, '평소'를 정확히 정의할 수 없으나, 편의상
1년 동안 30일 이상 개호를 하고 있는 경우로 한다.
자료. 총무성, 〈2012년 취업구조 기본조사〉, 표 11 및 표 203에 따라 작성.

〈도표 8-4〉 개호이직자와 개호이직 예비군의 현황(2011년 10월~2012년 9월)

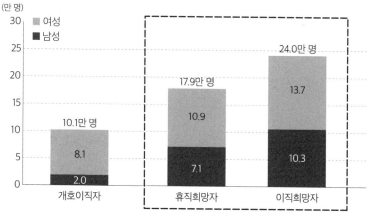

주. 이직자는 개호·간호를 위해 이직한 사람. 휴직희망자는 '개호를 하고 있다'고 응답한 사람
중 현재 하고 있는 일을 그만두려고 생각하고 있고 더 이상 일할 의사가 없는 사람. 이직희
망자는 '개호를 하고 있다'고 응답한 사람 중 이직을 희망하는 사람.
자료. 총무성, 〈2012년 취업구조 기본조사〉, 표 203, 표 125에 기초하여 작성. 〈주간 동양경
제〉(2015년 11월 21일) 참조.

개호이직의 실태

1인가구 예비군에 한정하지 않고, 직업을 가지고 일을 하면서 개호를 하고 있는 사람들의 실태를 전체적으로 살펴보자. 전체 피고용자 중에서 개호를 하고 있는 사람의 비율은 4.2%(239.9만 명)이다(〈도표 8-3〉). 일하면서 개호를 하는 사람의 남녀 비율을 보면, 여성의 비율이 57.2%이다. 연령대별로 보면 전체 피고용자 중 개호자의 비율이 가장 높은 것은 50대 후반이고, 50대 후반의 피고용자 중 약 10%가 직장 일을 하면서 개호를 하는 상황이다.

2011년 10월부터 2012년 9월까지 1년 동안 전국에서 가족의 개호, 간호를 이유로 이직한 사람은 10.1만 명이다(〈도표 8-4〉). 그중 여성이 8.1만 명(80%)에 달했다. 또, 직장 일을 하면서 개호를 하는 사람 중에서 '휴직희망자'는 17.9만 명, '이직희망자'는 24.0만 명에 달했다. 말하자면, '개호이직 예비군'이 41.9만 명인 셈이다.

그럼, 어느 연령대에서 개호이직이 많이 발생하고 있을까? 개호이직자(10.1만 명) 중 연령대별 비중을 보면, 50대 후반 21.6%, 60대 초반 19.0%, 50대 초반 16.0%, 40대 후반 9.4%의 순으로 나타나 50대 후반과 60대 초반이 개호이직자의 40%를 차지했다.[15]

일본의 경제활동인구(15~64세)는 2010년부터 2030년까지 연평균 70만 명 감소할 것으로 추계되고 있다. 여기에 더해서 개호이직자는 연간 약 10만 명씩 발생하고 있다. 개호이직의 문제를 방치한다면,

---

15 총무성, 〈2012년 취업구조 기본조사〉, 표 125.

앞으로도 개호이직자가 더 증가하여 경제활동인구 감소는 한층 더 가속화될 것이다.

주목할 점은 가족의 개호·간호를 이유로 일을 그만둔 이직자의 대부분이 이직 후 현재까지 무직자라는 것이다. 구체적으로는, 2011년 10월부터 2012년 9월까지의 1년간 이직자 10.1만 명 중 82.4%(8.3만 명)가 이직 후 무직자였다.

2) 싱글개호의 어려움

미혼자나 이별자가 부모를 개호하는 것을 일반적으로 '싱글개호'라고 부른다. 싱글개호의 어려움은 혼자 감당할 부담이 클 뿐만 아니라 미래를 낙관적으로 전망하기 어렵다는 점이다. 실제 개호를 이유로 일을 그만둔 후의 변화를 조사한 결과 정신적, 경제적, 육체적으로 부담이 증가했다는 응답이 감소했다는 응답보다 높았다(〈도표 8-5〉).

특히, 40대나 50대가 개호이직을 하면 재취업이 어렵고, 개호가 필요하게 된 부모의 연금에 의존하는 사람도 있다. 당연한 일이지만, 부모의 연금은 부모가 사망하면 지급되지 않는다. 장래에 부모가 사망하여 연금수입이 끊기면 그 후의 생활을 스스로 꾸려가기 어려워 곤란을 겪을 가능성이 있다.

싱글개호가 가져올 심각한 문제는 개호필요 고령자에 대한 학대가 다른 가구유형보다 높다는 점이다. 후생노동성에 따르면, 가족이나 동거인 등이 돌보고 있는 고령자에게 발생했던 학대 1만 5,739건

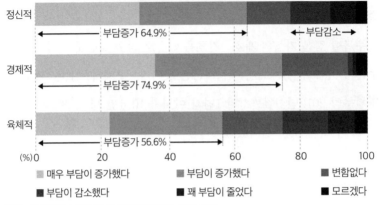

〈도표 8-5〉 개호 등을 계기로 일을 그만둔 후의 변화

정신적 부담증가 64.9% ←부담감소→

경제적 부담증가 74.9%

육체적 부담증가 56.6%

(%) 0   20   40   60   80   100

■ 매우 부담이 증가했다   ■ 부담이 증가했다   ■ 변함없다
■ 부담이 감소했다   ■ 꽤 부담이 줄었다   ■ 모르겠다

자료. 미쓰비시UFJ리서치&컨설팅(2013)에 따라 작성.

(2014년)의 가구유형별 비중을 보면 미혼 자녀와 동거 32.4%, 부부가구 19.9%, 자녀 부부와 동거 15.7%의 순으로 나타났다. **16**

또 고령자와 학대자의 관계를 보면, 아들 40.3%, 남편 19.6%, 딸 17.1%였다. 여기서 아들이 미혼자로 한정되지 않았지만, 가구유형별로는 '미혼 자녀와 동거'가 가장 많았던 점을 고려하면, 학대자가 부모와 동거하는 미혼 아들인 경우가 상당할 것으로 추정할 수 있다.

학대는 어떠한 이유에서도 용서받을 수 없다. 하지만 이와 같은 현상이 나타나는 배경에는 혼자서 개호를 담당하는 미혼자의 개호부담의 어려움, 미래에 대한 불안에서 오는 스트레스, 경제적인 문제 등이 복합적으로 작용했을 가능성이 있다.

---

16 후생노동성(2014c), 1p, 20p.

3) 싱글개호의 지속 증가 가능성

이와 같은 상황을 그대로 방치하면 다음의 3가지 요인에서 싱글개호가 더 증가할 가능성이 있다.

첫 번째로 대도시권을 중심으로 재택개호가 증가할 것이 예상된다. 대도시권에서는 개호수요에 충분히 대응할 만큼 개호시설을 증축하거나 병상수를 늘리는 것이 어려우므로, 재택개호를 중심으로 개호가 이루어질 것이다.

두 번째로 미혼이 증가함에 따라 1인가구 예비군도 증가할 것이다. 부모와 동거하는 40대, 50대 미혼자는 1995년부터 2010년까지 2.34배나 증가했다(〈도표 5-1〉). 변화 추이를 보면, 부모 세대의 고령화가 진행됨에 따라 부모를 개호하는 미혼자도 증가할 것이다.

세 번째로 40대, 50대에서 형제자매수의 변화이다. 1994년과 2014년을 비교하면 연령대별 형제자매수는 크게 감소했다. 예를 들어 50대 후반의 형제자매수는 1994년에 4.59명이었지만, 2014년에는 2.69명으로 약 2명이나 감소했다(〈도표 8-6〉). 형제자매수의 감소에 따라 부모를 개호해야 하는 상황이 될 경우 자식 1명이 감당할 부담이 커진다.

이와 같이 75세 이상 고령자의 증가, 부모와 동거하는 중년 미혼자의 증가, 형제자매수의 감소에 따라 싱글개호는 지속적으로 증가할 것으로 보인다.

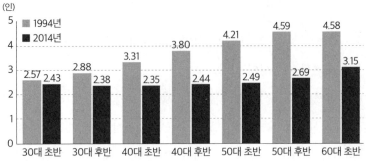

〈도표 8-6〉 연령대별 형제자매수의 변화(1994년과 2014년 비교)

주. 형제자매수에는 본인도 포함된다.
자료. 사인연, 〈제 7회 가구동태 조사결과의 개요〉(2014)에 따라 작성.

4) 개호이직의 예방: 일과 개호의 양립을 위해

개호이직을 예방하기 위해 기업에서는 일과 개호의 양립 대책을 마련할 필요가 있다. 2000년대 후반부터 저출산에 따라 직장 일과 육아의 양립이 중시되자 기업에서는 여러 대책을 강구하였다. 그리고 이러한 대책을 개호이직에 대한 대응에도 응용하는 기업이 적지 않다.

그러나 육아와 개호는 공통점보다는 차이점이 많다. 첫째, 임신기간에 해당되는 준비기간 없이 개호는 갑자기 찾아온다. 둘째, 육아는 자녀의 연령에 따라 미래의 계획을 세우기 쉽지만, 개호는 미래의 계획을 세우기 어렵다. 셋째, 인지장애나 보행곤란 등 개호필요자의 상황에 따라 개호의 내용이 전혀 달라진다. 동일한 개호라고 하더라도 개요필요자에 따라 각자 사정이 다르다. 마지막으로 육아를 하는 연령대는 20대 후반부터 40대가 중심인 데 반해, 개호를 하는 연령대는

40대부터 60대가 중심이다. 이른바 기업 내 관리직의 연령대에 해당된다.

사전에 계획을 세우기 어렵다는 점 등을 고려하면, 기업에서는 육아지원보다 개호지원을 위한 대책을 마련하는 것이 더 어려울 것이다. 현재까지는 많은 기업들이 일과 개호의 양립을 위한 지원대책을 모색하는 과정이라고 볼 수 있다.

일과 개호의 양립을 위한 기업의 대응

그럼, 기업은 어떤 점에 유의해서 직장 일과 개호의 양립을 지원해야 할 것인가? 후생노동성(2015)의 〈기업의 일과 개호 양립지원 실천매뉴얼〉 등을 참고로 중요한 점을 들면, ① 평소 종업원들에게 일과 개호의 양립을 지원한다는 방침을 주지시켜 개호필요 상황에 직면해도 일을 계속 할 수 있다는 인식을 갖도록 할 것, ② 사내에 상담창구를 만들어 개호필요 상황에 직면한 종업원의 사정에 따라 근무형태를 조정할 것, ③ 다양한 니즈에 맞춰 유연한 근무형태의 유형을 다양하게 제시하거나, 시간제약이 있는 것을 전제로 한 근무환경의 정비, 근무형태의 개선 등을 들 수 있다.[17]

이 중 특히 중요한 것은 근무형태의 개선일 것이다. 개호를 위한 근무시간 단축 등의 조치 현황을 보면, 단시간 근무제도 등은 약 60%의 기업이 도입하고 있다(〈도표 8-7〉). 근무시작 시각과 종료

---

[17] 후생노동성(2015a), 10p 참조.

〈도표 8-7〉 사업장 규모별 개호를 위한 근무시간 단축 등 조치 현황

단위: %

	제도 있음	단시간 근무제도	근무시각 조정	플렉스 타임제	재택근무·텔레워크	비용 지원
합계	59.5	57.5	27.6	11.5	2.2	3.2
500명 이상	94.2	85.2	41.6	22.9	9.2	14.7
100~499명	89.7	84.7	43.7	17.3	4.1	7.4
30~99명	79.3	76.7	34.7	13.0	2.1	4.0
5~29명	54.9	53.2	25.8	10.9	2.2	2.9

자료. 후생노동성, 〈2014년도 고용균등 기본조사(확보)〉(2014)에 따라 필자 작성

시각 등 근무시간의 조정, 개호자가 이용할 수 있는 플렉스타임제, 재택근무·텔레워크(Telework)는 30% 이하에 그쳐 더 많은 기업의 참여가 요구된다.

개호자의 유의사항

개호자가 유의할 사항으로는 개호를 혼자서 떠안고 고립되지 않도록 하는 것이다. 개호자가 가장 경계해야 할 것은 고립이다. 근무처나 지역포괄지원센터, 케어매니저 등에게 적극적으로 상담을 받고 가능한 한 일을 지속할 수 있는 상황을 모색해야 한다. 근무하는 기업의 일과 개호양립 지원책이나 개호지원 서비스 등을 잘 활용하는 것이 중요하다. 그리고 지역에서 같은 처지에 있는 동료를 만들기 위해 개호자 모임 등에 참석하는 것도 고립 방지에 도움이 될 것이다.

국가, 지자체의 역할

일과 개호의 양립을 위한 기업의 지원이나 개인적 활동의 토대가 되는 것은 공적개호보험제도이다. 따라서 적절한 공적개호서비스를 마련하여 안정적으로 제공하는 것은 무엇보다 중요하다. 토대가 흔들리면 기업이나 개인의 노력에도 한계가 있다. 예를 들면, 지역포괄케어시스템 구축, 정기순회·수시대응형 개호·간호의 보급, 데이케어서비스의 보급, 개호인력의 증원 등이 중요하다. 이 같은 공적개호의 기반을 충실하게 하려는 노력이 없다면. 아베 정권이 목표로 하는 '개호이직 제로(zero)'는 실현할 수 없을 것이다.

그런데 아베 정권의 2015년도 개호보수 예산은 2.27% 감액되었다. 세부적으로는 개호인력 처우 개선을 위한 예산은 분명히 증액(월 1.2만 엔)되었지만, 개호인력 부족 문제는 여전히 심각하고, 후기고령자는 더 증가할 것이다. 효율화를 추구하는 것은 수긍할 수 있지만, 전체 예산을 감축하는 것이 타당했는지 의문이다. '개호이직 제로'를 목표로 내걸면서 개호보수 예산을 감축한다는 것은 모순이다.

만약 개호이직자가 증가하면 경제활동인구의 감소를 더 가속화하고, 중장기적으로 경제성장에도 악영향을 미칠 것이다. 이를 방지하기 위해서는 일과 개호의 양립 지원을 위한 재원의 확보가 중요하다. 낭비요소를 절감하는 것만으로는 필요한 재원을 충당할 수 없다. 부담능력을 고려하면서 개호보험료도 인상해야 한다. 개호이직의 문제를 대하는 정부의 진정성은 적극적인 재원확보 노력을 보여주는 데에서 확인될 것이다.

3. 취업곤란자의 일할 기회: 중간적 취업의 확대

다음으로 무직인 1인가구의 취업에 대해서 검토해보겠다. 앞에서 논의한 바와 같이 근로세대 1인가구는 2인 이상 가구의 세대주에 비교하여 무직자의 비율이 높다.

그리고 40대나 50대 무직자 중에는 일할 의욕은 있지만, 일반취업이 곤란한 사람도 있다. 예를 들면, 실업이나 질병 등으로 인해 생활의 기반이 무너진 경우도 있다. 특히 중장년기에 직장을 잃으면, 재취업을 위한 준비기간이 길어져서 저축한 자금을 아껴 쓰며 생활하는 경우도 드물지 않다. 많은 이력서를 제출하고 모든 기업에서 불합격통지를 받으면, 정신적으로도 힘들어지고 심신이 불안정해지거나 건강을 해치는 사람도 적지 않다. 가족과의 관계가 깨지고, 이혼하여 혼자 사는 사람도 있다. 경제적 곤란과 사회적 고립이 겹쳐서 어떻게 생활을 다시 바로잡아야 할지 알 수 없게 된다. 이러한 상황은 누구나 살다보면 부딪칠 수 있는 일이다.

일본의 니트족(NEAT; *Not in Education, Employment or Training*, 자발적 실업자)은 약 60만 명(2013년), 은둔형 외톨이(히키코모리)는 약 26만 명(2006년)으로 추정된다. 1인가구 예비군 중에는 니트족이나 은둔형 외톨이도 어느 정도 포함되어 있을 것으로 추정된다. 더욱이 2011년 복지사무소 방문자 중 생활보호 수급대상에 도달하지 않은 사람은 고령자 등을 포함하여 연간 40만 명으로 추계되었다. 생활보호 수급에 미치는 상황은 아니지만, 생활이 곤란한 사람이 많은 것이다.

여러 사정 때문에 자력으로 생활을 꾸려가기가 어려운 사람에게 단순히 직업을 소개한다고 해서 취업으로 이어지는 경우는 많지 않다. 각각의 사정을 경청하고, 본인과 함께 다시 자립할 수 있는 길을 찾는 노력이 중요하다. 또 지금 당장 일반 취업이 어렵다면, 어떤 형태로라도 지원이나 케어를 받으며 취업하는 방식도 시도해야 한다. 예를 들면, 체험실습이나 취업을 위한 준비, 훈련 등 단계를 거쳐 일반 취업을 목표로 하는 것이다.

이러한 지원을 통한 취업은 일반 취업이나 장애인을 위한 복지적 취업의 중간에 위치하는 형태로서 '중간적 취업'이라고 불리고 있다. 중간적 취업은 2015년 4월에 시행된 '생활곤궁자 자립지원제도'에 포함된 공적인 제도로서 위치하고 있다. [18]

생활곤궁자 자립지원제도의 중간적 취업

생활곤궁자 자립지원제도는 전국의 복지사무소 설치 지자체가 주체가 되어 지역 생활곤궁자를 위한 지원체제를 구축하고 있다. 핵심은 자립상담 지원사업이다. 경제적 곤궁자뿐만 아니라 사회적으로 고립된 사람 혹은 곤궁한 상황에 처할 가능성이 있는 사람에게 폭넓은 상담을 제공하고, 취업이나 경제적 자립 등에 대해 논의하며 계획을 세

---

[18] 〈생활곤궁자 자립지원법〉은 생활곤궁자에 대한 ① 자립상담 지원사업, ② 주택마련 급여 지급, ③ 취업준비 지원사업, ④ 취업 훈련사업(중간적 취업), ⑤ 가계상담 지원사업, ⑥ 자녀학습 지원사업 등의 시책을 제도화하였다.

운다. 말하자면, 자기 스스로가 '되고 싶은 자신'이 되기 위한 인생의 계획을 상담원과 함께 수립한다. 그리고 당장 일반 취업을 하기 어렵다면, 중간적 취업을 지원하는 외부 사업소에 연계한다.

이 제도에서 규정한 중간적 취업의 내용을 살펴보자. 중간적 취업의 대상자는 지금 당장은 일반기업에서 일하는 것이 어려운 사람이다. 예를 들면, 장기 이직자, 니트족, 은둔형 외톨이 등이다. 또 중간적 취업을 실시하는 사업체는 사회복지법인, 소비생활협동조합, 비영리법인, 영리기업 등의 민간사업자로서 자체적으로 직업훈련을 실시한다. 그리고 중간적 취업의 사업자는 취업지원 담당자를 배치하여 대상자가 일에 적응할 수 있도록 지원한다. 민간사업자는 지자체 등에서 중간적 취업을 실시하는 사업자로서 인정을 받아야 한다.

한편, 중간적 취업을 시행하는 민간사업자에 대한 정부의 지원으로서는 사업설립 시의 초기비용 지원, 고정자산세나 부동산 취득세 등에 대한 비과세 조치, 지자체에 의한 상품 등의 우선 발주, 연수를 통한 노하우 제공 등이 있다. 중간적 취업은 어디까지나 민간사업자가 자체적으로 시행하는 사업으로서, 지자체가 제도 활성화를 목적으로 민간사업자에게 운영비를 보조해 주는 경우는 없다.[19]

중간적 취업에는 고용계약을 맺지 않는 비고용단계와 고용계약을 체결하여 최저임금을 지불하는 고용단계의 2단계가 있다. 따라서 중간적 취업을 통한 자립지원제도는 비고용단계에서 고용단계로 이행

---

19 후생노동성(2015b).

하고 최종적으로는 일반 취업을 목표로 한다고 할 수 있다.

중간적 취업의 확대는 가능한가

〈생활곤궁자 자립지원법〉이 시행된 이후 1년 6개월이 경과한 시점 (2016년 9월 말)에서 중간적 취업의 시행현황을 보면, 실시주체인 민간사업자의 인정건수는 664건이고 총이용자수는 2,041명이다. 추진 예정으로 되어 있는 주요 직업훈련 내용(복수응답)의 상위 5개를 보면, ① 청소·경비(423건), ② 복지서비스의 보조작업(345건), ③ 클리닝·리넨서플라이(93건) ④ 사무, 정보처리(75건) ⑤ 농림수산업 관련(63건)이다. [20]

시행 이전부터 중간적 취업을 자체적으로 시행한 민간사업자도 있으므로 1년 반 동안 시행한 후의 인정건수만으로는 시행현황을 정확하게 판단할 수 없다. 하지만 장기실업자, 니트족, 은둔형 외톨이의 인원수를 고려해보면 중간적 취업에 대한 잠재적 수요가 더욱 크고, 중간적 취업 사업장이 많이 부족한 것으로 보인다.

중간적 취업의 확대를 위해

향후 중간적 취업을 확대하기 위해서는 중간적 취업을 시행하는 민간 사업자에 대한 정부 지원 강화와 중간적 취업에 참여한 훈련생에 대한 생활비 지원 등이 필요할 것이다.

---

[20] 후생노동성(2016a).

정부 지원과 관련하여 〈생활곤궁자 자립지원법〉에 따라 중간적 취업의 운영비를 지자체가 지원하지는 않는다. 정부 차원의 지원은 사업을 시작할 때의 초기경비를 지원하거나 세제 혜택을 주는 등에 한정되어 있다. 민간사업자가 생활곤궁자를 훈련생으로 받아들여 인재로 육성하기 위해서는 일정기간 비용이 발생한다. 따라서 인재육성 비용이나 운영비에 대한 지원이 필요할 것이다.

훈련생 지원과 관련하여, 생활곤궁자 자립지원제도는 생활보호수급에 미치지 않는 생활곤궁자를 대상으로 하기 때문에 훈련생에게는 취업활동이나 직업훈련 기간 중 어떻게 수입을 확보하여 생활할지가 문제가 된다. 고용단계의 중간적 취업이라면 최저임금을 얻을 수 있지만, 풀타임으로 일하는 것이 어려운 사람도 있으므로 임금만으로 생활할 수 있다고는 할 수 없다. 비고용단계의 훈련생이라면 생활하기가 더욱 어렵다. 결국 부모 등 가족으로부터 생활비를 지원받는 사람이 많을 것으로 추정된다.

하지만 중장년의 독신자 등을 포함하여 생활비를 지원할 가족이 없는 생활곤궁자도 있으므로 훈련기간 중의 생활비 지원이 필요하다. 또 훈련기간 중의 생활비 지원은 취업곤란자가 중간적 취업에 참가하는 동기도 될 것이다.

영국의 취업지원책

영국에서는 1990년대 후반부터 취업곤란자에 대한 취업활동 지원과 직업훈련이 정부 주도로 진행되어 왔다. 구체적으로는 1998년부터

2000년대 후반까지 실시된 노동당정부의 '뉴딜 정책'과 2010년 이후의 보수당, 자유당 연립정부가 실시한 '워크프로그램'이 시행되었다.

뉴딜 정책에서는 18~24세에서 6개월 이상 실업수당을 받고 있는 청년실업자나 25~49세에서 18개월 이상 실업수당을 받고 있는 장기실업자 등을 대상으로 잡센터(Jobcentre)·잡센터플러스(Jobcentre Plus)가 취업활동을 지원한다. 구직기간에는 잡센터 직원이 개인 어드바이저로서 구직자와 상담을 진행한다. 4개월 정도의 구직기간을 거쳐도 취업하지 못한 사람들에게는 민간기업이나 자원봉사단체에서 직업훈련을 받을 수 있는 기회를 제공한다. 상담 등의 지원으로 취업하지 못한 사람에게 직업훈련을 제공하는 2단계의 지원체제이다. 이는 일본의 생활곤궁자 자립지원제도와 유사하다.

중요한 것은 영국에서는 구직기간 중 구직자에게 생활보호가 지급된다는 점이다. 영국의 생활보호제도는 대상자의 유형별로 제도가 마련되어 있어서 구직 중인 실업자에게는 생활보호수당(자산조사에 기초한 구직자 수당)이 지급된다.[21] 즉, 일본보다 생활보호제도의 폭이 넓은 것이다. 예를 들면, 고용보험에 기반을 둔 실업급여는 6개월

---

[21] 유럽의 많은 나라에서는 고용보험제도(사회보험)와 생활보호제도(공적부조) 사이에, '실업부조'라고 불리는 실업자 전용의 생활보호제도가 설치되어 있다. 또, 영국은 2013년부터 소득보조, 자산조사 기반 구직자수당, 고용·생활보조수당, 주택급여, 취업세액공제, 아동세금공제의 6가지 수당을 '유니버설·크레디트'로 통합하였다. 이것은 제도를 간소화하여 효율성을 높이고 취업 인센티브를 한층 강화하는 것을 목적으로 이루어졌다.

간만 지급되지만, 이후 자산조사를 거쳐 일정 기준을 충족하면 구직자 수당을 무기한으로 받을 수 있다.

구직기간 이후 직업훈련 기간에는 실업수당 대신에 직업훈련을 받는 사업장에서 급여를 받아서 생활한다. 자원봉사단체 등에서 임금을 지급하지 못하는 경우에는 정부에서 훈련생에게 실업수당을 지급한다. 단, 이러한 급여에는 조건이 있는데, 구직활동 지원이나 직업훈련을 받지 않으면 수당지급이 정지된다. 이러한 벌칙(penalty)은 좋든 나쁘든 구직자가 프로그램에 참가하는 동기가 된다. 실제로 1998년부터 2016년 11월까지 149만 명의 청년 실업자가 이 프로그램에 참여하였고 총 60만 명(40%)이 일반 취업을 했다.

직업훈련을 받아들이고 있는 고용주에 대한 영국정부의 지원

한편, 직업훈련 기간에 정부는 훈련생을 받아들인 고용주 등에 대해 위탁금을 지급하고 있다. 이러한 위탁금 지급은 고용주가 훈련생을 받아들이는 동기가 된다.

더구나 2010년에 집권한 캐머런 보수당·자유민주당 연립정부에서는 직업훈련을 시행하는 민간사업자의 동기를 더욱 높이기 위해서 훈련생의 취업실적에 따라 위탁금을 지급하기로 했다. 하지만 민간사업자가 취업하기 쉬운 훈련생을 우선적으로 지원함으로써 취업곤란자가 충분한 지원을 받을 수 없게 된다는 문제가 발생했다. 그래서 훈련생의 취업곤란도에 따라 위탁금을 지급하도록 개정했다.

일본의 과제

일본의 공적부조는 단일의 생활보호제도로 되어 있어서 실업자 전용의 생활보호급여가 없다. 또 취업능력이 있으면 생활보호의 수급이 어렵고, 수급자격 요건은 영국보다 까다롭다. 결국 많은 취업곤란자는 부모 등 가족에게 생활비 지원을 받으며 직업훈련을 받고 있다. 하지만 전술한 대로 모든 취업곤란자가 가족의 지원을 받을 수 있는 것이 아니다. 영국의 사례에서 볼 수 있듯이 구직활동 기간 중에 공적으로 생활비를 지원해 주는 것은 본인의 생활을 보장함과 동시에 구직활동, 직업훈련 참가 동기를 제공하기도 한다. 구직활동이나 직업훈련기간 중의 생활을 보장하기 위한 공적 지원 도입을 검토해야 한다.

한편, 민간사업자의 자체 사업이라고는 하나 취업곤란자를 교육훈련하는 데에는 비용이 발생한다. 중간적 취업을 담당하는 민간사업자를 늘리려면 설비비용 지원뿐만 아니라 민간사업자에 대한 위탁금 지급 등을 검토할 필요성이 있다.

취업지원의 사회적 의의

취업곤란자에 대한 취업지원의 강화는 본인의 경제적 자립에 효과가 있을 뿐만이 아니라 사회적으로도 의의가 크다. 구체적으로는 취업곤란자가 취업해서 세금이나 사회보험료를 납부하면 취업지원의 비용은 단순한 비용이 아닌 미래를 위한 투자가 될 수 있다.

필자는 일정한 조건의 가정 아래, 취업곤란자를 방치한 경우와 취업지원을 한 경우 국가의 재정에 대한 영향을 추계한 적이 있다. 22 취업곤란자에게 취업지원을 하지 않고 방치한 경우, 국가는 취업곤란자에게 생활보호비를 계속 지출해야 한다. 반면, 취업지원을 하면 훈련기간 중에는 취업지원비가 필요하지만, 취업 후의 '취업에 의한 세금, 사회보험료 수입'과 '지출하지 않아도 된 누적생활보호비'에 의해서 재정상으로도 플러스의 효과를 얻을 수 있다.

취업지원의 투자효과를 살펴보면, 먼저 국가가 취업곤란자에게 생활보호비를 계속해서 지급하고, 훈련에 의한 취업률이 10%일 때 취업기간이 2~3년이 되면 지출을 억제하는 효과가 나타난다. 이에 비해 생활보호비를 지급하지 않는 경우에는 취업지원비를 회수하는 데 필요한 취업기간은 취업률이 30%일 때 14~16년, 취업률이 50%일 때 9~10년이다. 일정한 조건의 가정 아래 추계한 것이라서 한계는 있지만, 단기적으로 비용이 발생한다고 해도 취업지원을 하는 것이 방치하는 것보다 사회적 비용 절감으로 이어질 가능성이 높다. 취업곤란자의 문제는 사회적 영향이 크기 때문에 취업곤란자가 안고 있는 과제에 사회가 적극적으로 관여하는 것이 중요하다.

---

22 후지모리 가츠히코(藤森克彦, 2013).

4. 고령 1인가구의 취업 촉진

마지막으로 고령 1인가구에 대한 취업 촉진에 대해서 검토해 보도록 하겠다. 고령 1인가구의 빈곤과 고립을 예방하기 위해서는 일할 의욕이 있는 사람은 가능한 한 오랫동안 일할 수 있도록 하는 것이 중요하다. 특히 고령 1인가구는 공적연금을 주요 수입원으로 하는 사람의 비율이 높지만, 앞으로는 저출산·고령화에 따라 공적연금 급여수준의 하락이 예상되고 있다.

공적연금 급여수준의 하락을 보충하기 위해서는 가능한 한 오랫동안 일을 계속 하고, 연금수급 개시연령을 늦추고 할증 보험료를 받는 대응이 바람직하다. 이를 위해서는 지속적으로 일할 수 있는 사회적 환경 조성이 필요하다

그러나 모든 고령자가 일을 할 수 있는 것은 아니다. 일을 하는 것이 곤란한 고령자는 생활보호제도를 포함한 사회안전망으로 구제하고 동시에 고립되지 않도록 지역에서 안심하고 생활할 수 있는 장소를 확보해 주는 등의 대응도 필요하다.

아래에서는 ① 공적연금의 급여수준 하락과 그 대응, ② 고령 1인가구 취업실태와 취업의욕, ③ 계속 일할 수 있는 사회를 위한 대책, ④ 빈곤 고령자의 구제에 대해서 검토해보자.

1) 공적연금의 급여수준 하락을 막기 위해

앞에서 지적한 바와 같이, 앞으로는 저출산·고령화에 따라 공적연금의 급여수준 하락이 예상된다. 여기에서는 향후 공적연급의 급여수준 하락 상황에 대해서 알아보도록 하겠다. 공적연금의 급여수준이 하락하는 것은 2004년의 연금제도 개정으로 도입된 '거시경제 슬라이드제'의 효과이다. 거시경제 슬라이드제란 현역 세대의 인구 감소와 고령 세대의 평균수명 증가에 따라 연금급여 증가를 자동적으로 억제하는 제도이다.

현행 공적연금제도는 현역 세대가 납부하는 보험료가 그대로 고령 세대의 연금액이 되는 송금형식이다(부과 방식). 보험료를 내는 현역 세대 감소와 연금을 받는 고령자 증가에 따라 공적연금의 수입과 지출의 균형이 무너질 수 있다. 그래서 저출산·고령화가 진전되어도 거시경제 슬라이드제를 통해 고령자의 연금급여 증가를 자동적으로 억제하여 수입과 지출의 균형을 맞추는 구조를 도입한 것이다. **23**

---

23 거시경제 슬라이드제는 디플레이션하에서는 적용되지 않는 것으로 되어있다. 그렇기 때문에 거시경제 슬라이드가 적용된 것은 2015년의 한 번뿐이다. 이것으로는, 현재 고령자의 연금액이 높은 채로 머물러 다음 세대의 급여수준이 저하되고 말 것이다. 그래서 새로운 개정법이 2018년도부터 도입된다. 구체적으로는 디플레이션하에서는 거시경제 슬라이드를 실시하지 않지만, 다음 년도 이후의 물가·임금이 상승한 국면으로, 그때까지의 미조정분을 정리하여 조정한다. 하지만, 디플레이션이 길어지면 미조정분이 축적되어 반대로 조정하기 어려워지는 사태도 우려된다. 디플레이션하에서도 매년 착실히 거시경제 슬라이드를 적용해야 한다.

거시경제 슬라이드제의 적용에 따라 향후 연금급여 수준은 어느 정도 하락할 것인가? 공적연금의 급여수준은 소득대체율에 따라 측정된다. 소득대체율이란 연금수급 개시연령(65세)에서 가구가 수령하는 연금액이 현역시절 실수입(보너스 포함)의 몇 %가 되는지를 나타낸다. 이때의 가구란 40년간 후생연금에 가입해서 그 동안의 평균수입이 후생연금(남성)의 평균 수입과 동일한 남편과, 40년간 전업주부였던 부인으로 구성된 표준가구를 이용하고 있다.

후생노동성에 따르면, 2014년 표준가구의 소득대체율은 62.7%이다.[24] 향후 추이를 보면 최종적으로 소득대체율은 경제성장률이 가장 높을 경우(사례 A)에서 가장 낮을 경우(사례 H)까지 8개의 사례를 제시하고 있다. 그리고 거시경제 슬라이드제에 따라서 급여수준이 조정된 결과, 경제성장률이 가장 높을 경우(사례 A)라도 소득대체율이 50.9%(2044년)로 하락하며, 가장 낮은 성장률일 경우(사례 H)에는 35.0~37.0%(2054년)가 된다고 추계하고 있다(〈도표 8-8〉에서 ①의 사례).[25] 거시경제 슬라이드제에 따른 급여수준 하락의 영향은 매우 크다고 할 수 있다.

---

[24] 2014년 현역 세대의 실수입은 34.8만 엔이었다. 남편의 후생연금 9.0만 엔(현역세대 실수입의 25.9%), 부부의 기초연금 12.8만 엔(동 36.8%)이고, 합계 21.8만 엔(동 62.7%)이 된다(일원화모델). 후생노동성(2016c).

[25] 2024년 이후 20~30년간의 실질경제성장률은 사례 A(1.4%)~사례 H(마이너스 0.4%). 소득대체율 50% 이하의 경우에는, 50%로 급여수준을 조정하였다. 하지만 사례 F부터 사례 H는, 50%로 종료하지 않고 기계적으로 급여수준을 조정하였다. 후생노동성(2014a), 11p.

<도표 8-8> 소득대체율의 장래 전망

	①	②	③	④	⑤
	현행 제도			개정 제도	
	40년 납부 +65세 수급개시	40년 납부 +68세 수급개시	40년 납부 +70세 수급개시	45년 납부 +65세 수급개시	47년 납부 +67세 수급개시
사례 A	50.9 (2044년)	63.7	72.3		
사례 B	50.9 (2043년)	63.7	72.3		
사례 C	51.0 (2043년)	63.9	72.4	57.6	68.7
사례 D	50.8 (2043년)	63.6	72.1		
사례 E	50.6 (2043년)	63.4	71.9	57.1	68.2
사례 F	45.7 (2050년)	57.2	64.9		
사례 G	42.0 (2058년)	52.6	59.6	48.4	57.8
사례 H	35.0~37.0 (2054년)	43.8~46.3	49.7~52.5	47.9(주4)	57.2(주4)

주 1. 2024년 이후 20~30년 동안 실질경제성장률은 사례 A(1.4%)~사례 H(- 0.4%) 이다.
   2. ②와 ③의 예는 '40년 납부+65세 수급개시(①)'에 연기수급의 증감률(②는 25.2%, ③은 42.0%)을 이용하여 계산.
   3. ④의 '45년 납부+65세 수급개시'는 기초연금급여 산정시의 납부기간 상한을 현재의 40년(20~60세)에서 45년(20~65세)으로 늘린 것에 맞추어 기초연금이 증액하는 구조로 변경한 경우. 또, 65세 이상의 재직노령연금은 폐지.
   4. ⑤의 '47년 납부 + 67세 수급개시'도 주 3과 같이 납부기간 상한을 47년으로 연장한 경우.
   5. 사례 H는, 경제변동으로 인한 거시경제슬라이드에 따른 조정이 최대한으로 발동되는 구조로 한 경우.
자료. ①의 예는 후생노동성(2014), 〈국민연금 및 후생연금에 관련된 재정 현상 및 전망: 2014년 재정검증결과〉, 11p에서 인용. ④와 ⑤의 예는 후생노동성(2014), 〈국민연금 및 후생연금에 관련된 재정 현상 및 전망의 관련 시산: 옵션 시산결과〉, 13p에서 인용. ②와 ③의 열은 필자가 계산. 또 후생노동성연금국 (2014), 〈고령기의 취업과 연금수급의 바람직한 모습〉과 겐조(權丈, 2015)의 도표 4-12를 참고했다.

일을 계속 해서 연금액을 증가시키는 방식: 연기수급

현행 공적연금제도는 20세 이상 60세 미만인 사람이 40년간 보험료를 납부해서 65세부터 연금수급을 개시하는 것을 기본으로 하고 있다. 그러나 본인이 희망하면 수급개시를 66세 이후로 연기하는 것이 가능한데 그 경우에는 연금액이 늘어난다. 이것은 '연기수급'이라고 불리고 있다(한국의 연기연금제도).

예를 들어, 68세부터 노령연금 수급을 시작하는 것으로 연기하면, 65세에 받기 시작한 경우에 비해 1개월당 25% 증가한 연금액을 사망할 때까지 받을 수 있다. 만약 70세부터 노령연금 수급을 시작하면 1개월당 42% 증가한 연금을 받을 수 있다(〈도표 8-9〉).

다음으로 거시경제 슬라이드제에 따른 소득대체율 변동까지 포함하여 살펴보자. 만약 68세부터 연기수급을 하면(〈도표 8-8〉의 사례 ②), 사례 A~사례 E에서는 현재의 62.7%보다 높은 소득대체율을 받을 수 있다. 반면, 사례 H의 소득대체율도 43.8~46.3%로 개선되지만 50% 이하로 낮아진다.

노령연금 수급을 시작하는 시점을 70세로 연기하면(사례 ③), 사례 F까지 현재보다 높은 소득대체율이 된다. 사례 H의 경우도 소득대체율이 49.7~52.5%로 50% 전후의 수준이 될 것으로 예상된다. 일을 계속 해서 공적연금의 수급개시 연령을 늦추는 것이 가능하다면 거시경제 슬라이드제에 따른 소득대체율의 하락을 대폭으로 보완하는 것이 가능하다.

<도표 8-9> 노령연금의 연기수급에 따른 증액률

청구 시의 연령(세)	연기에 따른 증액률(%)
66	8.4
67	16.8
68	25.2
69	33.6
70	42.0

자료. 후생노동성연금국(2014), 〈고령기의 취업과 연금수급의 바람직한 모습〉(제25회 사회보장 심의회).

보험료 납부기간을 연장하는 방식: 40년에서 45년으로 개정하는 경우

연금제도를 개혁하여 현재 40년인 보험료 납부기간(20~60세)을 45년(20~65세)로 변경하면 급여액은 12.5% 증가한다. 후생노동성에 따르면, '45년 보험료 납부 + 65세 수급 개시'(사례 ④)의 H 사례의 소득대체율은 47.9%로 추계된다. 납부기간 연장과 연기수급을 함께 적용한 '47년 보험료 납부 + 67세 수급 개시'(사례 ⑤)에서는 소득대체율이 57.2%에 이르는 것으로 추계된다.

이렇게 연기수급의 활용과 보험료 납부기간의 연장을 통해 거시경제 슬라이드에 따른 소득대체율의 하락을 막는 것이 가능하다. 또한 경제성장이 순조로운 추이로 진행된 경우에는 현재보다 높은 수준이 된다. 평균수명과 건강수명도 늘어나고 있기 때문에 그 정도 길게 일을 계속 한다는 선택지가 있어도 좋을 것이다. 일을 계속 하는 것은 중요한 생활방어 수단이 될 것이고, 정말로 일을 하지 못할 때 충분한 연금을 받는 것이 개인으로서도 합리적인 선택이 될 것이다.

2) 고령 1인가구 취업 실태와 취업 의욕

현재 고령 1인가구 중에서 얼마나 많은 사람들이 일을 하고 있을까? 2012년 연령대별로 고령 1인가구의 유직자 비율을 보면, 60대 전반 55.5%, 60대 후반 34.9%, 70세 이상 8.6%이다(〈도표 8-10〉).

〈도표 8-10〉 고령 1인가구의 취업현황(2012년)

단위: %

			유직자			무직자		무직자 대비 취업희망자 비율
				일이 주인 사람	일이 종인 사람	취업 희망자	비취업 희망자	
60~64세	2인 이상 가구 세대주		75.0	71.6	3.2	25.0	9.0	16.0	35.9
	1인가구		55.5	49.5	5.9	44.5	15.3	28.4	34.4
		남성	56.6	53.7	2.7	43.4	17.0	25.4	39.2
		여성	54.2	44.6	9.5	45.8	13.4	31.8	29.2
65~69세	2인 이상 가구 세대주		50.1	44.5	5.5	49.9	11.8	38.0	23.6
	1인가구		34.9	26.7	8.1	65.1	14.0	50.3	21.6
		남성	36.9	32.7	4.0	63.1	16.1	45.8	25.5
		여성	33.4	22.2	11.1	66.6	12.4	53.7	18.7
70세 이상	2인 이상 가구 세대주		22.9	19.2	3.6	77.1	7.0	69.8	9.1
	1인가구		8.6	5.6	3.0	91.4	5.2	84.3	5.7
		남성	13.4	10.8	2.6	86.6	8.5	76.3	9.8
		여성	7.0	3.8	3.1	93.0	4.1	87.1	4.4

주 1. 유직자와 무직자를 합산하면 100%가 된다.
   2. 취업희망자란 수입이 되는 일을 하고자 하는 사람.
   3. 취업비희망자란 일을 할 의사가 없는 사람.
자료. 총무성, 〈2012년 취업구조 기본조사〉, 전국 편, 인구·취업 관련 통계표, 표 1에 따라 작성.

2인 이상 가구 세대주의 유직자 비율과 비교하면, 모든 연령대에서 1인가구의 유직자 비율은 2인 이상 가구의 세대주보다 낮은 수준이다.

고령 1인가구의 유직자 비율을 성·연령대별로 보면, 60대 전반과 60대 후반에서는 남성과 여성의 차이가 거의 없다. 그러나 70세 이상이 되면 1인가구 남성의 유직자 비율은 13. 4%이고, 1인가구 여성은 7. 0%로 나타나 성별 차이가 크다.

일하지 않는 고령 1인가구에서 취업 의욕을 가진 사람은 얼마나 많을까? 1인가구인 무직자에서 취업 희망자가 차지하는 비율은 60대 전반에서 34. 4%, 60대 후반에서 21. 6%, 70세 이상에서 5. 7%이다. 취업 의욕을 가진 고령 1인가구 남성의 무직자 비율이 높기 때문에 취업할 수 있는 환경을 정비하는 것이 중요하다.

고령자는 일을 계속 할 수 있을까?

일을 계속 할 필요가 있다고 해서 모든 고령자가 일을 계속 할 수는 없을 것이다. 현재의 고령자는 10년 전의 고령자에 비해 체력적으로 젊어졌기 때문에 취업 가능한 고령자가 더 많은 것으로 밝혀지고 있다. 도쿄도 노인종합연구소(현재 도쿄도 건강장수의료센터) 는 1992년과 2002년에 고령자의 통상 보행속도를 조사하였다.

조사결과에 따르면, 2002년의 고령자는 1992년의 고령자에 비해 남녀 모두 11세 젊었다.[26] 즉, 2002년의 75세는 1992년의 64세에 상

---

[26] 스즈키 리쿠오(鈴木陸雄) 외(2006), 1~10p.

당한다는 것이다. 또 연령대별 노동생산성을 분석한 연구에서는 65세 이상 고령자의 생산성이 40세 미만의 생산성과 유사하다는 결과를 발표했다. **27**

청년층 고용에 대한 영향

고령자가 일을 계속 하면, 청년층의 일자리가 감소할 수 있다는 우려가 있다. 고령자와 젊은이의 고용 관계에 대해서는 현 시점에서 명확한 결론이 나오지 않았으나 양자가 대체관계에 있는 것은 아니라는 견해도 강하다. **28** 적어도 2006년에 고령자 고용확보조치가 의무화되어 60대 전반의 취업률이 증가하였지만, 젊은이의 취업률에 큰 변화는 보이지 않았다. **29** 게다가 젊은이와 고령자가 담당하는 일의 내용이 반드시 같은 것은 아니다. 더욱이 경제활동인구가 감소하는 동안에는 젊은이의 고용을 저해하지 않는 형태로 고령자의 고용을 확대하기 쉬운 상황이 되고 있다.

또 고령자와 젊은이가 서로 도와가며 일할 수 있는 방식을 찾아내는 것이 중요하다. 예를 들어, 고령자의 기술을 젊은이에게 전수할 수 있도록 젊은이와 고령자가 한 팀이 되어 업무를 수행하고 중요한 기술을 전수하는 방식 등을 연구할 필요가 있을 것이다. 현재 시간외

---

27 내각부(2015), 44~55p.
28 평생현역사회 실현을 위한 고용·취업환경 정비에 관한 검토회(2015a), 13p.
29 평생현역사회 실현을 위한 고용·취업환경 정비에 관한 검토회(2015b), 17p.

근로로 대응하고 있는 업무를 조정해서 고령자가 그 업무를 담당하는 방안 등도 검토할 수 있다. 그리고 고령기에도 일을 계속 할 수 있도록 하는 것은 고령자의 소비를 진작시켜서 경제 활성화 효과도 기대할 수 있다. 고령자가 일을 계속 하는 것은 근로세대에게도 긍정적 영향을 줄 수 있는 것이다.

3) 고령기에도 계속 일할 수 있는 사회를 만들기 위한 대책

고령기에도 일을 계속 할 수 있는 사회를 만들기 위해서 기업은 어떤 대응을 해야 할까? 최근 고령자 고용을 위한 법률 개정을 보면, 2004년 〈고연령자고용안정법〉 개정 (2006년 4월 시행) 에 따라 고용주는 단계적으로 65세까지 고용보장 조치의 의무를 지게 되었다. 구체적으로는 ① 정년 연장, ② 계속고용제도의 도입, ③ 정년제의 폐지 중 하나를 시행하지 않으면 안 된다. 그리고 2012년 개정에 따라 계속고용 대상자를 한정할 수 있는 제도가 폐지되어, 원칙적으로 희망자 전원을 65세까지 고용하도록 의무화되었다. 후생노동성 (2014) 의 조사에 따르면, 고용보장 조치를 강구한 기업의 81.7%가 계속고용제도를 운용하고 있다.[30]

    2006년 시행 이후 60대 전반의 취업률은 크게 상승하여 2003년에는 50.7%였지만 2015년에는 62.6%가 되었다. 2015년 60대 후반의

---

[30] 후생노동성 (2014), 〈2014년 고연령자의 고용상황 집계결과〉, 2014년 10월.

취업률은 41.5%, 70세 이상은 13.7%였다.

이와 같이 65세까지의 고용이 정착되고 있지만, 고령자 고용에는 여러 문제가 있다. 첫째, 계속고용제에서 피고용자는 정년 후 급여가 대폭 감소하므로 근로의욕을 유지하기 어렵다. 노동정책연구·연수원(2014)의 조사에 따르면, 계속고용제에서 피고용자 임금은 정년 도달 시의 68.3%이다. 한편, 계속고용제에서 피고용자의 90.9%는 계속고용 후에도 일의 내용이 동일하다고 응답하였다.

또 근무일수·시간도 정년 전과 비교해 바뀌지 않았다는 응답이 86.0%였다.[31] 이렇게 일의 내용이나 노동시간도 정년 후에 별로 바뀌지 않았으나 급여만 큰 폭으로 하락하고 있다. 이것은 고령 노동자 입장에서는 불합리하게 느껴질 것이다. 실제로 계속고용 후 60대 전반의 60%는 일의 내용에 만족하고 있으나 급여에 대한 만족도는 30% 정도에 그쳤다.[32]

일본형 고용관행에서는 생활급여를 포함한 연공임금을 유지해 왔으나 65세까지의 고용을 전제로 하지 않았다. 그래서 계속고용 시에는 고용계약을 비정규직으로 전환하여 임금을 대폭 하락시키고 있다. 문제는 능력과 무관하게 연령만 기준으로 삼아 일률적으로 비정규직으로 전환한다는 점이다. 개인의 능력에 상응한 처우를 하려면 직무를 한정시켜 그 직무에 맞는 임금을 지급하는 직무형 정규직으로

---

31 (독) 노동정책연구·연수원(2014), 26~27p.
32 (독) 노동정책연구·연수원(2012), 32~33p.

바꿔 나갈 필요가 있다. 하마구치(2014)가 지적한 바와 같이 중장년 기에 직무형 정규직 트랙으로 전환할 수 있도록 인사체계의 변화가 필요하다.[33]

둘째, 다양한 근무방식의 추진이다. 건강한 고령자라도 풀타임으로 일하는 것이 어려운 사람도 있을 것이고 그런 업무형태를 희망하지 않는 사람도 있다. 주 3일 근무나 단시간근무, 플렉스 타임제 등 다양한 근무방식을 제공하는 것이 필요하다.

4) 취업이 곤란한 생활곤궁자를 위한 사회안전망 확충

취업이 곤란한 생활곤궁자에게는 안전망을 확실히 보장해야 한다. 취업이 어렵고 빈곤에 빠져 있는 고령자에게는 일본 헌법 제 25조에서 보장하는 '건강하고 문화적인 최저한도의 생활'을 실현하기 위해서 생활보호제도에 따른 구제가 필요하다.

OECD 조사에 따르면 2010년 일본 고령자의 상대적 빈곤율은 19. 4%였다. 이것은 OECD 34개국 중 8번째로 높은 수준이다. 다른 주요 선진국의 상대적 빈곤율을 보면, 프랑스 5. 4%, 캐나다 7. 2%, 영국 8. 6%, 독일 10. 5%, 이탈리아 11. 0%, 미국 19. 9%였다.[34] 일본 고령자의 상대적 빈곤율은 미국과 거의 같은 정도이다. 일본의

---

[33] 하마구치 게이치로(濱口桂一郎, 2014), 209~210p.
[34] OECD(2013), Pension at a Glance, 165p.

고령자는 '부유한 고령자'라고 불려 왔으나 저소득층 비율이 높다는 점을 인식할 필요가 있다. 그리고 4장에서 지적한 바와 같이, 고령자 중에서도 1인가구의 빈곤율이 높다.

향후 일본의 저소득 고령자를 구제하기 위해 고령자를 대상으로 특별한 공적부조제도(생활보호제도) 도입을 검토해야 한다. 고령자 대상의 공적부조제도는 미국, 영국, 독일, 프랑스 등 주요 선진국에서도 도입하여 운영되고 있다. 나라마다 제도의 내용은 다르지만, 일반 공적부조제도에 비해 자산조사를 완화하고, 급여수준을 높게 설정한 점 등이 특징이다.[35]

또 일본의 생활보호제도는 유럽이나 미국에 비해 부양의무자의 범위가 넓다. 이 때문에 빈곤상태의 고령자 중에서는 복지사무소에서 부양의무자 조회를 통해 다른 친척에게 생활보호신청이 알려질까 두려워서 신청을 하지 않는 사람들도 있다.[36] 후생노동성에 따르면, 일본에서는 배우자, 부모·자식, 형제·자매 그리고 8촌 이내 친족에게 부양의무가 부과되고 있다.[37] 한편 영국, 프랑스, 스웨덴의 부양의무 범위는 배우자와 미성년 자녀의 부모이다. 고령기의 빈곤을 막기 위해서는 고령자 전용 공적부조제도를 설치하는 것과 함께 부양의무자의 범위도 조정할 필요가 있다.

---

35 후지모리 가츠히코(藤森克彦, 2012).

36 마루야마 카츠라(駒村康平)·야마다 아츠히로(山田篤裕)·다나카 소우이치로(田中聰一郎)·마루야카츠라(丸山桂)(2015), 140~141p.

37 후생노동성(2016b).

5. 일을 계속 할 수 있는 사회의 실현을 위해

8장에서는 1인가구의 빈곤과 고립 방지를 위해 일을 계속 할 수 있도록 보장하는 사회적 대책에 대해서 살펴보았다. 구체적으로는 파트타임 근로자의 후생연금 적용 확대와 비정규직 노동자의 처우 개선 필요성을 지적하였다. 또 1인가구 예비군에서 많이 발생하는 개호이직과 그 방지책, 취업곤란자에 대한 중간적 취업 지원, 고령자의 취업 촉진에 대해서 검토하였다.

지금까지 살펴본 대책의 대부분은 1인가구 취업에 한정한 것이 아니라 그 이외의 사람들에게도 공통으로 필요한 대책이다. 1인가구는 동거인이 없기 때문에 빈곤이나 고립에 빠지기 쉬워 취업이 매우 중요하다. 하지만 취업을 위한 대책은 다른 가구 유형에 속해 있는 사람에게도 마찬가지로 적용될 수 있다.

일터의 미래를 생각해보면, 여러 다양한 상황에 놓인 사람들이 함께 일하는 시대가 될 것이다. 육아 중인 사람, 일할 의욕을 가진 고령자, 부모의 개호를 해야 하는 사람, 병이나 장애가 있는 사람, 은둔형 외톨이인 사람이나 발달장애가 있는 사람 등 현재보다 훨씬 다양한 사람들이 함께 일하는 시대가 될 것이다. 기업의 입장에서는 노동시간의 제약이 있는 것을 전제로 유연한 근무제도를 제공할 필요가 있다. 단시간근무, 플렉스 타임제 등에 더해 재택근무나 텔레워크를 폭넓게 활용해야 한다. 직무형 정규직이라는 새로운 근무형태의 선택지를 넓혀 나갈 필요가 있을 것이다.

경제활동인구가 감소하는 현실을 감안하면 사회 전체의 관점에서도 다양한 사람들이 함께 일할 수 있는 직장이 필요하다. 장애인을 배려한 배리어프리(*barrier free*) 도시가 정상인에게도 살아가기 좋은 환경인 것처럼, 여러 사정을 가진 사람이 일하기 좋은 직장은 모든 사람에게 일하기 좋은 직장일 것이다. 그리고 구성원의 다양성은 창의적인 아이디어를 창출해서 기업이 발전하는 데에도 원동력이 될 것이다. 성별 역할분담을 전제로 일만 하면 된다는 시대는 이제 두 번 다시 오지 않을 것이다. 여러 사정을 가진 다양한 사람들이 함께 일할 수 있는 풍요로운 시대를 만들어가는 것이 요구되고 있다.

제 9 장

친척이 없는 고령 독신자의
판단능력이 저하되었을 때

만약 고령자가 치매에 걸린다면 저금 등의 자산을 누가 관리해 줄 것인가? 또 치매에 걸린 고령자를 위한 의료, 개호서비스의 선택이나 계약을 누가 해줄 것인가? 또 치매에 걸린 고령자가 희망하는 생애말기 의료의 실행여부를 누가 결정할 것인가?

가족이 있다면 이와 같은 일에 대해서 심각하게 걱정할 필요가 없다. 당연히 가족이 재산 관리나 의료·개호의 선택과 계약체결을 해준다. 생애말기 의료에 대해서도 가족이 의료관계자에게 본인의 의향을 전달할 수 있을 것이다. 그러나 친척이 없는 고령 독신자에게는 이러한 일을 대신해 줄 가족이 없다.

고령 독신자는 반드시 가족이 없는 사람을 말하는 것은 아니지만, 향후 미혼의 고령 독신자는 증가할 것이다. 미혼인 고령 독신자는 배우자뿐만 아니라 자식도 없을 것이므로 다른 고령자와 비교해서 친척이 없는 고령자가 될 리스크가 높다. 물론 형제·자매 등의 친족이나 친구가 이러한 역할을 대신해 줄 수도 있지만 누구나 그런 친족이나 친구가 있기를 기대할 수는 없다.

이 장에서는 친척이 없는 고령 독신자가 판단능력이 저하될 경우 재산 관리나 개호사업자 등과의 계약, 나아가 생애말기 의료 대응에 대해 검토하고자 한다.

1. 치매 고령 독신자는 얼마나 증가할 것인가

먼저 판단능력이 떨어진 고령 독신자는 향후 얼마나 증가할 것인지에 대해 살펴보자. 판단능력 약화의 요인으로는 치매 이외에도 지적 장애, 정신장애 등을 생각할 수 있지만, 여기서는 치매 때문에 판단능력이 약화된 경우에 초점을 맞추겠다. 향후 고령화에 따라 치매 고령자가 급증할 것으로 추계되고 있기 때문이다. 구체적으로는 치매 고령자(65세 이상)를 고령자 전체, 고령 독신자, 미혼 고령자로 나누어 2012년과 2030년을 비교해 보자. 고령 독신자와 미혼 고령자에게 주목하는 것은 친척이 없는 고령자가 될 리스크가 다른 고령자에 비해 높기 때문이다.

먼저 니노미아(2015)에 따르면, 2012년 현재 치매 고령자는 462만 명으로 추계된다(〈도표 9-1〉). [1] 이는 65세 이상 고령자의 15.0%에 해당한다. 참고로 연령대가 높아지면 치매유병률은 높아진다. 예를 들면 2012년 65~69세에서 치매유병률은 남성 1.99%, 여성 2.44%로 낮은 수준이지만, 85세 이상에서는 남성 47.1%, 여성 58.9%에 이른다.[2]

각 연령대의 치매유병률은 향후에도 2012년과 다르지 않다고 가정하면, 2030년 치매 고령자는 744만 명(65세 이상 고령자의 20.2%)이 되어 2012년에 비해 282만 명 증가한 1.61배가 될 것으로 추계된다. 2030년 치매 고령자 중 독신자는 159만 명으로 2012년 89만 명 대비 1.8배(71만 명 증가)가 되고 치매 고령자 중 미혼자는 36만 명으로 2012년 15만 명 대비 2.4배(21만 명 증가)가 될 것으로 추계된다.

앞으로도 연령대별 치매유병률이 2012년과 같을 것이라는 가정하에 추계했지만, 니노미아(2015)는 각 연령대에서 치매유병률이 2012년 이후 상승하는 조건하에서 치매환자수의 장래추계도 실시하고 있다. 이것은 치매유병률이 당뇨병의 빈도와 유의한 관련이 있기 때문에 당뇨병 빈도의 증가율의 예측치를 토대로 성·연령대별 치매유병률을 계산한 것이다.[3]

2012년부터 2030년까지 유병률이 높아진다고 가정할 경우, 2030

---

[1] 니노미아 토시하루(二宮利治) 외(2015), 12p. 니노미아 외는 후쿠오카현 히사야마의 통시적 치매조사 기록을 활용하여, 65세 이상의 연령대별 치매유병률을 산출하고, 이를 사인연의 장래인구추계와 곱해서 미래의 치매 고령자수를 산출하였다. 또 아사다 리쿠(朝田陸, 2013)에서 전국조사로 보고되었던 추정치매수로 보정하였다.
[2] 니노미아 토시하루(二宮利治) 외(2015), 18p.
[3] 니노미아 토시하루(二宮利治) 외(2015), 21p. 2030년 추계유병률은 18p.

년의 치매 고령자수는 2012년의 1.80배(368만 명 증가)가 된다. 또 2030년의 치매 고령자 중 독신자수는 2012년의 2.01배(89만 명 증가), 2030년의 치매 고령자 중 미혼자수는 2.68배(25만 명 증가)가 될 것으로 추계되었다(〈도표 9-1〉).

〈도표 9-1〉 치매 고령자수(65세 이상)의 장래추계: 2012년과 2030년 비교

단위: 만 명

		2012년	2030년	증가율	증가수
합계		3,083	3,685	1.20배	602
2012년 이후 유병률이 일정한 경우	치매 고령자	462	744	1.61배	282
	치매 고령 독신자	89	159	1.80배	71
	치매 고령 미혼자	15	36	2.40배	21
2012년 이후 유병률이 높아진 경우	치매 고령자	462	830	1.80배	368
	치매 고령 독신자	89	177	2.01배	89
	치매 고령 미혼자	15	40	2.68배	25

주 1. 치매 고령자는 니노미야(二宮, 2015)의 추계. '유병률이 일정한 경우'와 '유병률이 2012년 이후 높아진 경우'로 나누어 치매 환자의 추정유병률과 치매 고령자수를 추계했다.
 2. 치매 고령 독신자수와 치매 고령 미혼자수는 니노미야(2015)에서 추계된 성·연령대별 추정유병률을 고령 독신자수와 고령 미혼자수와 곱해서 산출했다. 니노미야(2015)에서는 추계 치매 고령자수에 대해 아사다(朝田, 2013), 〈도시의 치매유병률과 치매의 생활기능 장애에 대한 대응〉에 의한 전국조사에서 보고된 추정치매수로 보정하고 있다. 필자도 '치매 고령 독신자'나 '치매 고령 미혼자'의 추계치에 97%를 곱해서 보정했다.
 3. '2012년 이후에도 유병률이 일정한 경우'에는 2030년의 유병률로 니노미야(2015)에서 제시한 2012년의 추계유병률을 이용했다. '2012년 이후 유병률이 높아질 경우'에는 2030년의 유병률로 니노미야(2015)에서 나타낸 2030년의 추계유병률을 이용했다.
 4. '2012년 이후 유병률이 높아질 경우'란 치매유병률은 당뇨병의 빈도와 유의한 관련성을 보였기 때문에 당뇨병 빈도의 증가율의 예측치를 기반으로, 성·연령대별 치매유병률을 계산한 것.

2. 고령 독신자의 판단능력이 약화한 경우에 대한 준비

치매 등에 의해서 판단능력이 떨어진 경우에 고령 독신자는 어떠한 준비나 대응을 하고 있을까? 아래에서는 65세 이상 고령 독신자를 대상으로 실시한 내각부(2015)의 〈2014년 독거 고령자에 관한 의식 조사〉에 따라 '치매가 걸릴 경우, 재산 관리를 누구에게 맡길 것인가', '생애말기 의료나 장례식, 납골·매장 등의 준비나 방식에 대해서 어느 정도 생각하고 있는가' 등에 대한 고령자들의 인식을 개관해 보겠다. 또 미혼인 고령 독신자의 의식이나 사고방식도 살펴보겠다.

1) 재산 관리

재산 관리와 관련하여 '만일 치매가 걸리는 등의 사정으로 재산의 적절한 활용에 불안이 생길 경우, 어떻게 대처하고 싶은가'의 질문에 대해 고령 독신자 전체의 응답은 '자녀나 다른 친족에게 재산 관리를 맡긴다' 67.0%, '자신의 재산이므로 어떤 경우라도 자신이 관리한다' 16.4%, '변호사 등 신뢰할 수 있는 3자에게 재산 관리를 맡긴다' 6.5%, '모르겠다' 10.1%로 나타났다(〈도표 9-2〉).

미혼의 고령 독신자에서는 자녀나 친족에게 재산 관리를 맡긴다 (40.0%)는 응답이 고령 독신자 전체보다 27% 낮았다. 이는 재산을 자녀에게 맡길 선택지가 없기 때문일 것이다. 또 어떤 경우라도 자신이 관리한다(25.6%)는 응답은 고령 독신자 전체에 비해 9.2% 높다.

미혼인 고령 독신자는 판단능력이 부족하더라도 가급적 자신이 관리하고 싶다는 인식이 강하다. 그러나 판단능력이 떨어진 경우에 구체적으로 어떻게 자신이 관리를 할 것인지의 대책은 불분명하다. '변호사 등 신뢰할 수 있는 3자에게 재산 관리를 맡긴다(16.9%)는 응답도 고령 독신자 전체보다 10.4% 높다. 이 수치는 필자의 예상보다 낮았는데, 아마도 변호사 등 전문가에게 의뢰하면 비용부담이 발생하고 전문가이긴 하지만 전혀 모르는 3자에게 자신의 재산을 맡기는 것에 부담을 느낀 것으로 볼 수 있다.

미혼의 고령 독신자의 응답을 성별로 나누어 보면, 여성은 남성보다 가족에게 재산을 맡긴다는 인식이 강한 반면, 자신이 관리하겠다는 응답은 낮게 나타났다.

2) 생애말기 의료

'생애말기 의료 준비나 방법에 대해서 어느 정도 생각하고 있는가'의 질문에 대한 응답을 살펴보면, '생각하고 있다' 53.4%, '생각하지 않고 있다' 41.8%로 나타났다(〈도표 9-3〉). '생각하고 있다'는 응답이 50%를 넘는데 이 중 '구체적으로 생각하고 있다'는 응답은 16.6%에 지나지 않았다.

미혼인 고령 독신자의 경우, 구체적으로 생각하고 있다는 응답은 13.5%로 고령 독신자 전체 응답과 큰 차이가 없었다. 미혼의 남녀로 나누어보면, 미혼 여성 21.6%가 '구체적으로 생각하고 있다'고 응답

〈도표 9-2〉 재산 관리에 대한 고령 독신자의 인식

	n	자식이나 친족에게 위임한다	자신의 재산이므로 자신이 관리한다	신뢰할 수 있는 3자에게 위임한다	모르겠다
합계	1,480	67.0%	16.4%	6.5%	10.1%
미혼	230	40.0%	25.6%	16.9%	17.4%
남성	119	31.1%	31.1%	17.6%	20.2%
여성	111	49.5%	19.8%	16.2%	14.4%
이별	306	58.5%	21.2%	16.1%	5.7%
사별	913	76.3%	12.9%	3.1%	7.7%
유배우	31	74.2%	3.3%	16.2%	6.4%

주 1. '만일, 인지장애에 걸리는 등 재산의 적절한 관리나 활용에 불안이 생긴 경우, 어떻게 대처하고 싶은가'라는 질문에 대한 응답.
　　2. 조사대상은 전국의 65세 이상 독신 남녀. 유효응답수 1,480(56.4%).
자료. 내각부(2015), 〈2014년 독거 고령자에 관한 의식 조사 결과〉

〈도표 9-3〉 생애말기 의료 준비나 방법에 대한 고령 독신자의 인식

	n	생각하고 있다(계)	구체적으로 생각하고 있다	생각하지 않고 있다. (계)	모르겠다
합계	1,480	53.4	16.6	41.8	4.8
미혼	230	44.8	13.5	47.4	7.8
남성	119	31.9	5.9	61.4	6.7
여성	111	58.6	21.6	32.4	9.0
이별	306	54.2	16.0	41.2	4.6
사별	913	55.2	17.4	40.6	4.2
유배우	31	58.0	19.4	38.7	3.2

주 1. '향후 당신에게 일어날지도 모르는 생애말기 의료 준비나 방법에 대해서 어느 정도 생각하고 있는가'라는 질문에 대한 응답.
　　2. 조사대상은 전국 65세 이상 독신 남녀. 유효응답수 1,480(56.4%).
　　3. '생각하고 있다'는 '구체적으로 생각하고 있다' '조금은 생각하고 있다'의 합계. '생각하지 않고 있다'는, '그다지 생각하지 않고 있다', '전혀 생각하지 않고 있다'의 합계.
자료. 내각부(2015), 〈2014년 독거 고령자에 관한 의식 조사 결과〉

해 미혼남성보다 15.7%나 높았다. 같은 미혼의 고령 독신자의 경우에도 여성이 남성보다 생애말기 의료에 대해 구체적으로 생각하는 경향이 있었다.

3) 장례식 등의 준비에 대한 인식

'장례식 준비나 방법에 대해서 어느 정도 생각하고 있는가'라는 질문에 대한 응답은 '생각하고 있다' 61.2%, '생각하지 않는다' 35.6%로 나타났다(〈도표 9-4〉). 이 중 '구체적으로 생각하고 있다'는 응답은 28.6%로 약 30%의 고령 독신자가 장례에 대해서 구체적으로 생각하고 있었다. 생애말기 의료(16.6%) 보다 높은 수준이다.

성별 인식의 차이를 보면, '구체적으로 생각하고 있다'는 비율이 미혼 남성에서는 10.9%인데 미혼 여성에서는 42.3%로 약 4배나 높은 수준으로 나타났다.

마지막으로 '무덤의 준비나 방법에 대해 어느 정도 생각하고 있는가'의 질문에 대한 응답은 '생각하고 있다' 60.8%, '생각하지 않고 있다' 36.6%로 나타났다(〈도표 9-4〉). 이 중 '구체적으로 생각하고 있다'는 응답은 42.1%로 장례식(28.6%) 보다 훨씬 높았다. 성별로 보면, 구체적으로 생각하고 있다는 응답은 미혼 독신남성은 21.%인데 미혼 독신여성은 51.4%로 나타나 2배 이상의 차이가 있다.

이상과 같이 고령 독신자 중에서 각 항목에 대해 구체적으로 생각하고 있는 사람의 비율은 무덤(42.1%), 장례식(28.6%), 생애말기 의료(16.6%)의 순으로 나타났다. 미혼의 고령 독신자 중 여성은 남성보다 생애말기 의료, 장례, 무덤에 대해 구체적으로 생각하고 있다는 비율이 압도적으로 높아 장례나 무덤의 준비 등에 대한 인식에서 성별 차이가 크게 나타났다.

〈도표 9-4〉 장례나 무덤의 준비나 방법에 대한 고령 독신자의 의식

단위: %

	n	장례식에 대해서				무덤에 대해서			
		생각하고 있다(계)	구체적으로 생각하고 있다	생각하지 않고 있다 (계)	모르겠다	생각하고 있다(계)	구체적으로 생각하고 있다	생각하지 않고 있다 (계)	모르겠다
합계	1,480	61.2	28.6	35.6	3.2	60.8	42.1	36.6	2.6
미혼	230	55.2	26.1	39.1	5.7	56.5	35.7	38.7	4.8
남성	119	35.3	10.9	57.1	7.6	39.5	21.0	53.8	6.7
여성	111	76.6	42.3	19.8	3.6	74.8	51.4	22.5	2.7
이별	306	57.5	25.1	37.9	4.6	61.4	36.6	34.6	3.9
사별	913	63.9	30.2	34.0	2.1	61.5	45.3	36.7	1.8
유배우	31	61.3	35.5	35.5	3.3	64.5	51.6	35.5	0.0

주 1. '향후 당신에게 일어날지도 모르는 장례식이나 무덤의 준비나 방법에 대해서 어느 정도 생각하고 있는가'라는 질문에 대한 응답.
　2. 조사대상은 전국 65세 이상 독신 남녀. 유효응답수 1,480(56.4%).
　3. '생각하고 있다'는 '구체적으로 생각하고 있다' '조금은 생각하고 있다'의 합계. '생각하지 않고 있다'는, '그다지 생각하지 않고 있다', '전혀 생각하지 않고 있다'의 합계.
자료. 내각부(2015), 〈2014년 독거 고령자에 관한 의식 조사 결과〉

3. 판단능력이 약화된 고령자에 대한 지원, 보호: 성년후견제도

다음으로는 판단능력이 약화된 고령자에 대한 지원제도를 살펴보자. 판단능력이 약화된 사람을 지원하는 '성년후견제도'의 내용과 그 과제에 대해 논의하고자 한다.

1) 성년후견제도란

성년후견제도란 치매 등으로 인해 판단능력이 부족한 사람을 후견인 등이 지원하는 제도이다. 2000년 공적개호보험제도와 동시에 시행되었다. 동시 시행의 배경에는 개호보험이 도입되어 개호서비스가 조치에서 계약으로 바뀌게 됨에 따라, 판단능력이 약화된 사람이 적절한 계약을 체결할 수 있도록 한 것이다.

성년후견제도에는 3가지 이념이 있다. 첫째, 가능한 한 본인의 의사를 존중하는 자기결정의 존중, 둘째, 본인의 남아있는 능력을 가능한 한 활용하되 부족한 부분을 후견인 등이 지원하도록 하는 잔존능력의 활용, 셋째, 장애가 있는 사람이라도 비장애인과 구별 없이 그들과 같은 사회생활을 하는 노멀라이제이션(*normalization*)의 실현이다.[4]

---

4 이와마 노부유키(岩間伸之) 외 편(2012), 55p.

성년후견인이 관여하는 구체적인 보호와 지원은 부동산이나 저금 등의 재산을 관리하고 개호사업자나 병원과 계약을 체결하거나 신상 감호, 사기 등의 불리한 법률행위를 취소하는 활동 등을 들 수 있다. 한편, 성년후견인의 직무는 본인의 재산 관리나 계약 등의 법률행위에 관한 사항으로 한정된다. 식사 지원이나 실제의 개호는 성년후견인의 직무가 아니다. 의료행위의 동의도 후견인의 직무로서 인정되지 않고 있다. [5]

성년후견제도에는 법정후견과 임의후견의 2가지 제도가 있다. 법정후견이 피후견인의 판단능력이 약화된 후에 대응하는 것이라면, 임의후견은 판단능력이 있을 때 준비하는 제도이다.

2) 법정후견: 피후견인의 판단능력이 이미 약화된 경우

법정후견은 피후견인의 판단능력이 약화된 후에 본인, 배우자, 4촌 이내의 친족, 지방자치단체의 장, 검사 등이 가정재판소에 법정후견을 신청하면 절차가 시작된다. 가정재판소는 후보자의 적격성 등을 조사하여 성년후견인을 선정한다. [6] 심판이 확정되면 성년후견인의 재산 관리권 등이 효력을 갖는다(〈도표 9-5〉).

법정후견은 피후견인의 판단능력 정도에 따라 3가지 유형으로 분

---

5 법무성 민사국(2015), 5p.
6 도쿄가정재판소 다치카와지부(2014), 8p.

〈도표 9-5〉 법정후견과 임의후견의 프로세스

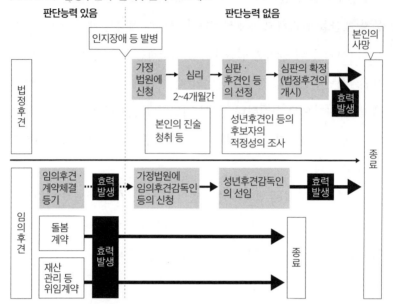

주. 임의후견(이행형)에서 '돌봄계약'이나 '재산 관리 등 위임계약'은 임의의 위임계약이고, 임의
   후견계약이 유효해지면 종료되어 임의후견계약 안에서 대응해간다.
자료. 법무성민사국(2015) 등을 참고로 작성.

〈도표 9-6〉 성년후견인과 본인과의 관계(2015년)

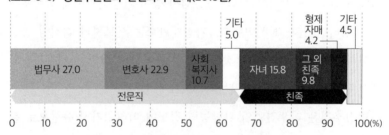

주 1. 후견개시, 보좌개시, 보조개시 및 임의후견감독인을 선임한 종국사건을 대상으로 하였다.
  2. 신청인이 해당하는 관계의 수를 집계한 것이고, 모수는 34,920건이다.
  3. 전문직은 변호사, 법무사, 사회복지사, 사회복지협의회, 세무사, 행정사, 정신보건복지사를
     말한다. 친족이란 자녀, 형제·자매, 기타 친족(배우자와 부모 포함)을 말한다.
자료. 최고재판소사무총국가정국(2016), 〈성년후견관계사건의 개황〉, 자료 10.

류된다. 즉, 본인 재산을 관리·처분할 수 없을 정도로 판단능력이 낮은 사람은 성년후견, 재산을 관리·처분하기에는 항상 지원이 필요한 정도의 사람은 보좌, 재산을 관리·처분하기에는 지원이 필요한 경우가 있는 사람은 보조의 대상이 된다. 2015년 12월 말 기준 이용자 전체에서 법정후견 3유형과 임의후견의 비율을 보면, 성년후견이 80%이다.7 잔존능력 정도에 상관없이 '성년후견'이 되는 경우가 있는 것은 아닌지 우려되고 있다.

그런데 성년후견인에게 특별한 자격이 필요한 것은 아니다. 가정재판소의 심판에 따라 권한을 부여받으면 성년후견인이 된다. 바꿔 말하면, 본인의 친족이라는 것만으로 권한을 부여하는 것은 아니다. 실제로 2015년의 성년후견인과 본인과의 관계를 보면, 자녀나 형제·자매 등의 친족후견인이 29.8%, 법무사, 변호사, 사회복지사 등 전문직 후견인이 65.6%를 차지하고 있다(〈도표 9-6〉).8 참고로 성년후견제도 도입 1년 후인 2001년에는 친족후견인이 90.9%, 변호사가 4.6%였다.9 이후에 친족후견인의 비율은 계속 줄어들어 2013년에 전문직후견인이 친족후견인의 수를 넘어섰다.

후견인에게는 판단능력이 약화된 피후견인의 재산 관리나 신상감호에 관한 대리권이나 동의권 등이 부여되므로, 만에 하나 후견인이

---

7 최고재판소(2015), 11p. 성년후견 79.8%, 보좌 14.5%, 보조 4.6%, 임의후견 1.2%였다.

8 임의후견인도 포함한 수치.

9 최고재판소(2011), 〈성년후견관계사건의 개황(2000년 4월~2001년 3월)〉, 자료 10.

권한을 남용하면 피후견인은 큰 불이익을 입게 된다. 더구나 판단능력이 약화된 피후견인은 후견인에게 항의하기 어렵다. 따라서 제3자가 후견인을 감독할 필요가 있다. 법정후견의 경우 후견인을 감독하는 것은 기본적으로 가정재판소이지만, 가정재판소의 판단에 따라 필요하다고 인정되면 후견감독인이 배치된다.

3) 임의후견: 충분한 판단능력이 있을 때 미래를 대비할 경우

임의후견은 피후견인에게 충분한 판단능력이 있을 때, 장래에 판단능력이 약화될 경우에 대비하여 본인이 미리 선택한 대리인(임의후견인)에게 재산 관리나 신상감호에 관한 대리권을 부여하는 제도이다.[10] 임의후견인으로는 친족이나 지인 외에도 사회복지법인 등의 단체를 선택할 수도 있다. 피후견인의 판단능력이 남아 있을 때 자신의 의지로 신뢰할 수 있는 사람을 후견인으로 하여 계약을 체결할 수 있다는 점에서 자기결정의 존중에 적합한 제도라고 할 수 있다.

  구체적인 절차는 판단능력이 약화되기 전에 임의후견인과 지원내용이 정해진 시점에서 본인과 임의후견인이 공증사무소에서 공정증서로 임의후견계약을 체결한다. 그리고 법무국에서 임의후견계약 내

---

10 임의후견인에게는 대리권이 있지만, 법정후견의 지원자(성년후견인, 보좌인, 보조인)과 달리 동의권이나 취소권은 없다. 구체적으로는 본인에게 불리한 법률행위를 취소할 수 없다.

용의 등기가 이루어진다. 임의후견인에 대한 보수의 유무나 그 금액에 대해서는 본인과 임의후견인의 사이에서 체결하는 임의후견계약으로 정한다. 친족이 임의후견인을 맡게 되는 경우에는 무보수로 하는 경우가 많다.

임의후견계약이 효력을 발휘하는 것은 본인의 판단능력이 약화되고 난 후이다. 구체적으로는 본인, 배우자, 4촌 이내의 친족, 임의후견인 중 누군가가 가정재판소에 임의후견감독인의 선임을 신청하고 가정재판소가 임의후견감독인을 선임한 후에 임의후견계약이 효력을 가진다.

임의후견감독인은 판단능력이 불충분한 본인을 대신하여 임의후견인이 적절히 재산 관리나 신상감호를 하고 있는지를 점검하는 권한을 가진다. 예를 들어, 임의후견감독인은 임의후견인에게 재산목록 등의 제출을 요구할 수 있다. 임의후견감독인은 변호사나 사법서사 등의 전문직이 선임되는 일이 많고, 임의후견감독인의 보수는 가정재판소가 결정한다.[11]

임의후견계약을 보완하는 위임계약

그런데 본인의 판단능력이 약화되기 전에 본인의 신체가 불편해지고 재산 관리나 병원이나 개호시설과의 계약을 할 수 없는 상황도 발생할 수 있다. 이런 경우에 임의후견계약을 보완하기 위해서 일반적인

---

[11] 이와마 노부유키(岩間伸之) 외 편(2012), 57p, 68~70p.

위임계약을 임의후견계약과 동시에 체결하는 경우가 많다.

예를 들면 정기적인 연락이나 방문 등에 대해 계약하는 개호계약이나 금융기관과의 예금 거래 등 재산 관리에 관한 특정한 법률행위를 위임하는 재산 관리 등 위임계약, 본인이 사망한 후의 수속이나 장례, 납골, 매장 등의 사후사무 위임계약 등이 있다. 판단능력이 떨어지기 전에 피후견인을 보살피거나 재산 관리와 같은 사무 등 일상생활을 지원하다가, 나중에 판단능력이 떨어진 후에는 임의후견인으로서 재산 관리나 신상감호를 수행한다. 이를 '이행형 임의후견계약'이라고 부른다. 이외에도 위임계약을 맺지 않고 임의후견계약만을 체결하는 '장래형' 임의후견계약이나 임의후견계약을 체결한 직후에 가정재판소에 임의후견감독인 선임 신청을 하는 '즉효형' 임의후견계약이 있다.

4. 성년후견제도의 이용 현황

1) 성년후견제도의 이용자수 추이

성년후견제도는 얼마나 많은 사람들이 이용하고 있을까.

성년후견제도의 이용자수(법정후견과 임의후견의 합계)는 2015년 현재 19.1만 명이다.[12] 2011년 12월 말(15.3만 명)에서 2015년 12월 말 (19.1만 명)까지 24.8% 증가했다(〈도표 9-7〉). 임의후견계약도 증가하고 있어 계약에 필요한 공정증서의 작성건수는 2005년에 4,800 건이었지만, 2015년에는 1만 건을 돌파했다.[13]

성년후견제도의 이용자수는 증가했으나 성년후견제도의 잠재적 수요를 고려하면 그 이용자수는 아직 한정적이라고 할 수밖에 없다. 치매 고령자는 전국적으로 462만 명(2012년)으로 추계되고 있는 것에 반해 성년후견인의 이용자수는 19.1만 명이다. 또 국제적인 논의에 서는 성년후견제도 이용률은 인구의 1% 정도가 타당하다고 보고 있 다.[14] 일본은 120만 명의 이용자가 있다고 해도 이상하지 않다. 이 점에서 보면, 성년후견제도 도입 후 약 16년이 경과했지만 잠재적인 수요를 고려하면 아직 이용이 저조하다.

2015년 임의후견제도 이용자수는 2,245명으로 전체의 1.2%에

---

12 최고재판소(2011), 앞의 글, 11p.
13 〈일본경제신문〉(2016년 9월 28일).
14 세이케 사토미(清家里美, 2010), 115p 참조.

<도표 9-7> 성년후견제도 이용자수 추이

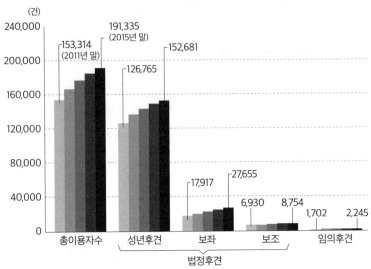

자료. 최고재판소사무총국가정국(2016), 〈성년후견 관계사건 개황〉, 2015년, 자료 11.

<도표 9-8> 성년후견제도 신청건수 추이

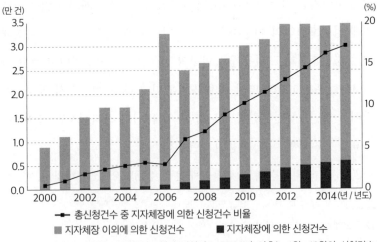

주. 2006년까지는 연도별 4월~익년 3월의 신청건수. 2008년 이후는 1월~12월의 신청건수.
자료. 최고재판소사무총국가정국, 〈성년후견관계사건의 개황〉, 2000년~2015년 판 참고.

지나지 않는다. 임의후견제도 이용도 잠재적 수요를 감안하면 저조한 실정이다.

2) 성년후견제도 신청건수 추이

다음으로 성년후견의 연간 신청건수를 보면 제도가 도입된 2000년부터 2015년까지 약 3. 9배 증가했다(〈도표 9-8〉).

신청건수에서 주목해야 할 것은 최근에는 지자체장에 의한 신청건수가 증가하고 있다는 점이다. 2015년 전체 신청건수 중에서 지자체장에 의한 신청이 17. 3%를 차지하였다. 이것은 자녀에 의한 신청(30. 2%)에 이어 두 번째로 높다(〈도표 9-9〉).

이러한 경향의 배경 중 하나로 근처에 의지할 수 있는 친족이 없는 고령 독신자가 증가하는 것을 이유로 들 수 있다. 지자체장에게는 치매 등으로 인해 판단능력이 약화된 사람 중에서 근처에 의지할 수 있는 친족이 없는 경우에 친족을 대신하여 가정재판소에 성년후견 신청을 하는 권한이 부여되고 있다.[15]

또 지자체장에 의한 신청은 지역주민이나 개호헬퍼 등을 통하여 다행히 치매 환자의 상황이 지자체에 전달된 경우이고, 빙산의 일각이라는 주장이 있다. 본인이 고립되었다면 주위 사람이 판단능력이 불

---

[15] 법무성민사국(2015), 4p.

〈도표 9-9〉 성년후견제도 신청인과 본인의 관계(2015년)

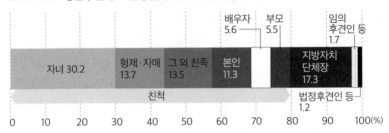

주 1. 후견개시, 보좌개시, 보조개시 및 임의후견감독인 선임사건의 종국사건을 대상으로 했다.
  2. 신청인이 해당하는 관계의 수를 집계한 것으로 모수는 34,623건이다.
  3. 기타 친족이란 배우자, 부모, 자식 및 형제·자매를 제외한 4촌 이내의 친족을 말한다.
자료. 최고재판소사무총국가정국, 〈성년후견 관계사건의 개황〉, 2015년, 자료 4.

충분한 것을 인식하지 못하고 방치되는 경우도 적지 않다고 할 수 있
다. 전술한 것처럼, 고령 독신남성 중 대화빈도가 2주일에 1회인 사
람이 16.7%에 이른다(〈도표 4-5〉). 주위와의 교류가 부족한 고령
독신자는 치매에 걸려도 주위에서 알아채지 못하는 것이 우려된다.

3) 성년후견신청의 동기

성년후견신청은 어떤 이유로 이루어지는 것일까? 2015년 신청건수
중 높은 비율을 차지한 상위 5개(복수응답)를 보면, ① 저금 등의 관
리, 해약 83.7%, ② 개호보험 계약 33.6%, ③ 신상감호 25.9%,
④ 부동산 처분 18.8%, ⑤ 상속수속 17.3%였다. [16]

---

[16] 총신청건수(3만 4,496건) 중 각 동기의 비율. 또, 신청 동기는 복수응답이기 때문에
  모든 동기의 비율을 더해도 100%가 되지 않는다. 최고재판소(2011), 앞의 글, 7p.

성년후견 신청의 동기로는 저금 등의 관리, 해약이 80%를 넘는데 이는 금융기관에 의한 본인 확인 등으로 인해 많은 것으로 추정된다. 신청동기 중 (시설 입소 등을 위한) 개호보험 계약, 신상감호는 30% 전후 수준에 그치고 있다. 성년후견제도는 판단능력이 약화된 사람이 개호보험서비스 계약을 적절하게 체결하기 위해 도입되었지만, 개호보험 계약이나 신상감호가 주요 동기인 사람의 비율은 재산 관리에 비해 아직 낮다.

5. 왜 성년후견제도 이용이 확대되지 않는가

잠재적인 수요가 있음에도 불구하고 성년후견제도 이용이 활성화되지 않는 이유는 무엇일까?[17]

첫째, 성년후견제도에 대한 이해가 확산되지 않고 있는 점을 들 수 있다. 성년후견제도가 본인의 권리옹호를 위한 제도라는 점을 이해하지 못하고, 가족에게 맡겨두면 괜찮다는 생각이나 타인에게 의지하고 싶지 않다는 인식이 더 보편적이다.

하지만 가족이나 친족이 반드시 본인의 의사에 따른 재산 관리나 신상감호를 한다고는 볼 수 없다. 가족은 장래 상속인이 될 가능성이

---

17 내각부 성년후견제도이용촉진위원회 (2016) 각종 자료 및 니시타 지유키 (西田ちゆ き, 2014), 345~346p 등을 참고했다.

있으므로 재산 관리에 대한 이해관계자가 되는 경우도 있을 수 있다. 또, 신상감호와 관련해서도 개호시설에 입소할지 여부에 대해 본인과 가족의 의사가 대립하는 일도 적지 않다.

자기결정의 존중이라는 원칙에 따르자면, 성년후견제도 중에서도 임의후견이 중요하지만 일본에서는 그다지 활발히 이용되지 않고 있다. 특히, 향후 친척이 없는 고령자가 증가할 것으로 예상되기 때문에 판단능력이 있을 때, 재산 관리나 신상감호에 관한 의사를 신뢰할 수 있는 사람에게 전달하고 임의후견계약을 맺는 것이 점점 더 중요해지고 있다.

둘째, 성년후견제도에 드는 비용이 높은 점을 들 수 있다. 먼저 법정후견 개시의 신청비용은 신청인이 부담하지만, 수천 엔 정도로 그렇게 큰 부담은 아니다. 다만, 필요에 따라서 의사에 의한 감정을 실시하기도 해서 감정료가 필요한 경우가 있다.[18] 감정료는 각 사안에 따라 다르지만, 5~10만 엔 정도가 일반적이다. 또, 임의후견계약의 공정증서에 필요한 비용은 1만 5천 엔 정도이다.[19]

한편, 법정후견인이나 임의후견감독인의 보수는 본인이 부담하고, 보수액은 가정재판소가 사안에 따라 본인의 재산 등을 고려하여 결정한다. 친족이 후견인인 경우는 사안에 따라 감액이 되거나 무보

---

18 2015년 감정을 실시한 것은 전체의 약 9.6%이다. 내각부 성년후견제도이용촉진위원회사무국(2016), 6p, 9p.

19 법무성민사국(2015), 6~7p.

수로 결정되는 경우도 많지만, 변호사 등 전문직이 후견인이나 후견 감독인인 경우는 보수를 지불할 필요가 있다. 특히 친척이 없는 고령 독신자의 판단능력이 떨어진 경우에는, 친족이 없기 때문에 전문직이 후견인이 되어 보수를 지불할 필요가 발생한다.

성년후견인의 보수기준은 통상 후견사무(관리재산이 1,000만 엔 이하)의 경우, 월 2만 엔이다. 관리재산이 1,000만~5,000만 엔의 경우에는 월 3만~4만 엔, 5,000만 엔을 초과할 경우에는 월 5만~6만 엔이다. 한편, 성년후견감독인이나 임의후견감독인의 보수기준은 관리재산액이 5,000만 엔 이하의 경우에는 월 1만 엔, 관리재산액이 5,000만 엔을 초과할 경우에는 월 2.5만 엔~3만 엔이다.[20] 저소득 고령자는 물론 통상의 연금생활자에게 후견인이나 후견감독인에게 지불할 보수는 부담이 된다. 성년후견제도 이용을 주저하는 원인 중 하나라고 생각된다.

저소득 고령자의 경우 후생노동성의 '성년후견제도 이용 지원사업'에 의한 신청에 드는 경비와 후견인 등의 보수 전부 또는 일부에 대해서 지원금을 받을 수 있다. 하지만 모든 지자체에서 이 사업을 시행하고 있는 것은 아니다. 2015년 4월 1일 현재, 전체 지자체의 78.6%가 동 사업을 실시하고 있다.[21] 또 지자체장이 신청하는 건에 지원하는 경우가 많다.

---

20 도쿄가정재판소 다치카와지부(2013).
21 내각부 성년후견제도이용촉진위원회사무국(2016), 17p.

셋째, 성년후견신청 시 서류작성이나 후견개시 후의 사무절차가 번거로운 점이다. 예를 들어 가족이 후견인이 될 경우, 동일 가구에 살고 있어도 가계수지 등을 분리 관리해서 가정재판소에 보고해야 한다.[22] 피후견인의 재산 관리를 위해서는 필요한 것이지만, 행정절차의 번거로움은 성년후견제도 이용을 주저하게 만드는 원인이 되고 있다.

넷째, 성년후견제도에 대한 불신이다. 후견인이 고령자의 재산을 착복하거나 횡령하는 등 부정 이용이 지적되고 있다. 대부분은 친족 후견인의 후견사무에 대한 이해 부족에서 비롯하는 것이지만, 최근에는 변호사나 법무사 등 전문직에 의한 부정도 보고되고 있다. 예를 들면, 성년후견인의 부정은 2014년에는 831건(총피해액 56.7억 엔), 2015년은 521건(동 29.7억 엔)이었다.[23]

이러한 부정을 방지하기 위해서 2012년에 후견제도지원신탁이 시작되었다. 이것은 판단능력이 약화된 고령자의 재산 중에서 일상적인 지불을 하는 데 필요한 금전을 후견인이 예금통장에서 관리하고 통상적으로 사용하지 않는 금전은 신탁은행에 신탁하는 제도이다. 신탁한 재산에 대해서 환급하거나 신탁계약을 해약하기 위해서는 사전에 가정재판소가 발행한 지시서가 필요하다. 또 신탁은행은 수탁

---

[22] 도쿄가정재판소 다치카와지부(2014), 13p. 오가와 히로타케(尾川宏豪, 2016), 14p 참조.
[23] 내각부 성년후견제도이용촉진위원회사무국(2016), 41p.

자로서 선한 관리자의 주의 의무를 바탕으로 관리하므로 제3자에 의한 인출 등으로 신탁재산의 손해를 보는 일은 없다.

2012년에 시작된 후견제도지원신탁은 급속하게 확대되어 2015년에는 이용자가 6,563명, 신탁재산은 약 2,109억 엔에 달했다. 제도 시행 이후 누적신탁재산 총액은 3,363억 엔에 달한다.[24]

6. 생애말기 의료와 성년후견제도

다음으로 생애말기 의료를 포함한 의료행위에 대한 판단 능력이 불충분하고, 친척이 없는 고령자를 위한 제도를 검토해 자. 일본에서는 의료행위에 대한 동의의 권한은 대리가 인정되지 않는 '일신전속권(一身專屬權)'에 속한다. 그렇게 때문에 성년후견인의 의료동의권은 법률적으로 인정되지 않는다. 법률상 명확한 근거가 없음에도 불구하고 사실상 본인을 대신하여 가족의 동의를 구하여 의료행위가 이루어지고 있다.[25]

나루모토(成本, 2016)는 의료현장에서는 의사가 동의능력이 약화된 환자 본인을 대신하여 가족이나 친족에게 동의를 얻고자 하여도 소재를 확인할 수 없어서 의료 결정에 곤란한 상황이 있다는 점을 지

---

24 최고재판소(2016).
25 진노 레이사이(神野礼齊, 2016), 242p, 245p.

적한다. 26

　이러한 상황에서 후생노동성은 '인생의 최종단계에서 의료 결정 프
로세스에 관한 가이드라인'을 발표했다. 여기에서는 환자 본인의 의
사를 확인할 수 없고 가족이 없는 경우에는 다전문직종 의료종사자로
구성된 의료·개호팀이 '환자에게 최선의 치료방침'을 채택하는 것을
기본으로 한다고 명시하였다. 27

7. 영국의 성년후견제도

해외에서는 판단능력이 불충분한 고령자 등에 대하여 어떤 제도로 대
응하고 있을까? 아래에서는 〈2005년 의사결정능력법〉을 제정하여
2007년부터 시행하고 있는 영국의 사례를 살펴보고자 한다. 이 법은
판단능력이 약화된 사람의 의사결정을 지원하는 제도이고 판단능력
이 없는 경우라도 본인에게 최선의 이익(*best interests*)를 추구하는 원
칙 등을 제시하고 있어 주목받고 있다. 28

---

26 나루모토 진(成本迅, 2016), 11p.
27 여기에서 '가족'은 환자가 신뢰하고, 생애말기 환자를 지원하는 존재를 의미하고, 법
　적인 의미의 친족보다 넓은 개념이다. 후생노동성(2015b).
28 Department for Constitutional Affairs(2007), Mental Capacity Act 2005 Code of
　Practice, 19p. 임의후견제도도 이 법에서 규정하고 있다.

1) 영국의 성년후견제도와 이용 현황

영국에는 판단능력이 약화된 사람에 대하여 재산 관리(*property and affairs*)와 신상감호(*personal welfare*)를 지원, 보호하는 제도로서 법정후견(*deputy*)과 임의후견(*Lasting Powers of Attorney*: LPA)이 있다. [29]

일본과 크게 다른 것은 임의후견이 활발히 이용되고 있다는 점이다. 영국의 임의후견인은 누계 100만 명이나 등록되어 있고, 법정후견인 누계 53,000명보다 매우 많다. [30] 전술한 바와 같이 일본의 성년후견제도 이용자수(법정후견과 임의후견의 합계)는 약 19만 명(2015년 말)이고, 그중 임의후견제도 이용자수는 겨우 2,245명(2015년 말)에 지나지 않는다.

영국의 임의후견인수와 일본의 임의후견제도 이용자수를 직접 비교할 수는 없지만, 영국의 임의후견 이용자수가 일본과 비교해 현격하게 많다는 것은 틀림없다. 참고로 영국의 총인구는 약 6,500만 명

---

[29] 영미권 국가에서는 임의계약은 위임자의 판단능력의 상실에 따라 종료되었기 때문에 판단능력 상실 후에도 대리권이 존속한다는 '지속적 대리권 제도'가 도입되었다[이와마 노부유키(岩間伸之) 외 편(2012), 68p 참조]. 'Lasting Powers of Attorney'는 위임계약에 기초한 '지속적 대리권 제도'를 의미한다. 영국의 임의후견제도에 대해서는 "Make, Register or End a Lasting Power of Attorney"(https://www.gov.uk/power-of-attorney/print, 2016년 7월 4일 열람) 참고.

[30] 일본변호사연합회(2015), 70p, 74p 참조. 또, Ministry of Justice와 Office of the Public Guardian의 보도자료(2014년 8월 21일)는 LPA가 100만 명 이상이라고 밝히고 있다. https://www.gov.uk/goverment/news/lasting-powers-of-attorney-applications-to-be-made-simpler-and-easier, 2016년 7월 4일 열람.

(2015년)으로 일본 인구의 절반 수준에 불과하며 영국의 고령화율은 17.8%(2015년)로 일본(26.3%)에 비해 낮다. **31**

2) 영국에서 임의후견제도 이용이 활발한 이유

임의후견제도는 본인의 판단능력이 있을 때, 본인이 신뢰할 수 있는 사람을 임의후견인으로 선택할 수 있는 제도이다. 자기결정의 존중이라는 점에서 임의후견제도가 적극적으로 활용되고 있는 것은 긍정적으로 평가해야 한다. 그럼 영국에서는 왜 임의후견제도가 활발히 이용되고 있을까?

첫째, 영국 정부나 자선단체가 사전준비의 중요성을 호소하는 캠페인을 시행한 효과가 있다. 특히 치매와 관련된 자선단체는 시민들과 긴밀하게 연계되어 있어서 캠페인 효과가 크다. **32**

둘째, 비용부담이 적다. 영국에서 임의후견인에 대한 감독은 법무성 산하의 후견청(Office of the Public Guardian: OPG)이 담당한다. **33** 따라서 임의후견감독인에 대한 보수비용이 발생하지 않는다. 또 전문직이 임의후견인인 경우를 제외하고, 친족이나 지인 등을 임의후견인으로 하면 보수가 불필요한 경우도 많을 것이다.

재산 관리 혹은 신상감호에 대한 임의후견계약 등록수수료는 110

---

31 사인연(2016), 20p, 36p 참조.
32 일본변호사연합회(2015), 6~7p.
33 Department for Constitutional Affairs(2007), 134p.

파운드(14,300엔, 환율 1파운드=130엔으로 환산)에 불과하다. 두 가지 모두에 대해 혹은 둘 중 하나에 대해서만 계약할 수 있다.

셋째, 임의후견제도에 관한 신청수속이 용이하다. 예를 들면, 임의후견신청서는 영국 정부 사이트에서 쉽게 구할 수 있다. 판단능력이 있을 때 본인이 신뢰할 수 있는 사람(복수도 가능)을 기입하여 대리인의 의사결정이 발생하는 시기나 임의후견인이 기억하기를 바라는 본인의 의향 등을 기입한다. 또 신청서에는 본인이나 임의후견인의 서명과 함께 본인이 강요받아 임의후견신청을 한 것이 아니라는 것을 증명하는 제3자의 서명 등이 필요하다. **34** 후견청에 서류를 제출하면 대략 10주 이내에 등록된다.

임의후견계약 등록사무는 법무성 산하기관인 후견청이 관할한다. 후견청은 성년후견의 등록과 후견인의 감독을 함께 담당하고 있다. 등록이나 감독과 같은 업무의 실행은 재판소보다 행정기관이 신속하고 효율적으로 할 수 있다는 지적이 있다. **35**

자기책임을 중시하는 영국의 임의후견제도

주의할 점은 영국에서는 후견청이 임의후견인에 대한 감독기능을 담당하고 있지만, 후견청에 의한 감독기능이 불충분하다는 비판이 있

---

34 Office of the Public Guardian(2016), Form LP1F.
35 일본변호사연합회(2015), 81p. 또, 영국에서는 의사결정능력이 없는 사람에 대한 법정후견인의 선정이나 임의후견의 유효성의 판단 등 후견제도에 관련한 사법판단은 '보호재판소'라는 후견을 전문적으로 다루는 재판소가 담당한다.

다는 점이다. 예를 들면, 영국에서는 방대한 임의후견계약의 등록신청에 대해 후견청의 점검이 철저하게 이루어지지 않고 있다는 점이 지적되고 있다. **36**

영국에서 일본만큼 엄중한 감독이 이루어지지 않는 배경에는 임의후견계약은 본인이 판단능력이 있을 때 체결한 계약이므로 국가나 재판소가 관여할 것이 아니라 본인의 자기책임을 중시해야 한다는 관점이 깔려 있다. **37** 즉, 후견청에 의한 임의후견인의 점검이 허술하다 해도 본인이 신뢰할 수 있는 사람을 선정하지 않은 것은 자기책임이라고 인식하는 것이다. **38**

3) 영국의 생애말기 의료에 대한 의사결정

다음으로 영국에서 생애말기 의료를 포함하여 의료행위에 대한 판단능력이 없어진 경우를 대비하여 어떤 제도가 시행되는지를 살펴보자. 앞에서 언급한 〈2005년 의사결정능력법〉이 의료동의에 대해서도 규정하고 있다.

---

36 일본변호사연합회(2015), 75p, 82p.

37 일본변호사연합회(2015), 74p.

38 이는 미국에서도 유사한 것으로 보인다. 미국에서는 '지속적 대리권(*durable power of attorney*)'이 있어서 '본인 스스로 신뢰할 수 있는 사람을 지명하여 일정행위에 대해서 대신할 수 있도록 하는 위임장을 말하며, 그것을 지속적인 것이라고 명기한다면', 법적 효과가 인정된다. 말하자면 재판소를 통하지 않는 '자신의 후견제도'라는 것이다. 히구치 요시오(樋口美雄, 2015), 79, 89p.

〈2005년 의사결정능력법〉과 생애말기 의료

영국에서 시행되고 있는 〈2005년 의사결정능력법〉에서는 18세 이상의 사람이 판단능력이 약화된 경우를 대비하여 사전에 장래의 특정치료에 동의하거나 거절하는 것을 인정하고 있다. 장래의 치료를 거절하는 사전 의사결정은 향후에도 유효해야 하고 현재에도 적합한 것이어야 한다.

장래를 대비하여 사전에 내린 결정은 판단능력이 있을 때 내린 결정과 같은 효과를 가진다. 의료전문가는 그 결정에 따라야 한다. 의료전문가는 유효한 사전 의사결정이 존재하고, 그것이 현재에도 적합하다고 믿기에 충분하다면, 그 결정에 따라 치료를 그만두어도 법적 책임을 묻지 않는다. 39

신상감호의 임의후견인이 있는 경우, 본인이 임의후견인에게 의료동의를 인정하지 않는 것이 계약에 명기되어 있는 경우를 제외하고, 임의후견인이 본인을 위한 의료나 치료에 동의하거나 거절할 수 있다. 다만, 연명치료(life-sustaining treatment)에 대해서는 임의후견계약에 본인이 임의후견인에게 동의, 부동의의 권한을 부여하고 싶다는 특별한 기술이 있는 경우에만 임의후견인이 연명치료에 동의하거나 거절할 수 있다. 40

---

39 Department for Constitutional Affairs(2007), 158~159p.
40 Department for Constitutional Affairs(2007), 122~123p.

독립의사대변인 제도: 판단능력을 잃은 사람이 고립된 경우

그럼, 친척이 없는 고령 독신자가 임의후견계약을 체결하지 않고 판단능력을 잃은 경우는 어떠할까?

영국의 〈2005년 임의결정능력법〉은 독립의사대변인(Independent Mental Capacity Advocate: IMCA)이라는 제도를 규정하고 있다. 독립의사대변인은 의사결정능력이 없는 당사자의 의사결정을 지원하는 전문직이다.

의사결정능력이 약화되었다고 판단된 사람에게 주위에 본인을 잘 알고, 그 의향을 대변할 수 있는 적절한 사람이 없는 경우에 독립의사대변인이 중대한 의료조치나 장기거주장소의 선택에 대해서 본인의 최선의 이익을 추구하여 의사결정을 한다. 따라서 독립의사대변인에게는 강력한 정보공개청구권이 부여되고 있다.

독립의사대변인은 조사권을 사용하여 본인의 의사나 선호하는 것이 어떤 것이었는지를 독립된 입장에서 조사한다. [41] 예를 들면, 본인이나 친족, 지인, 관여해 온 복지관계자로부터 사정을 듣고, 본인에게 '최선의 이익'을 추구한다. 독립의사대변인이 되려면 독립의사대변인으로서의 업무를 하는 사업소에서 일을 하고, 현장 연수를 받을 필요가 있다. [42]

---

41 일본변호사연합회(2015), 2~3p, 17~18p, 80~81p. Department for Constitutional Affairs(2007), 178~179p.

42 일본변호사연합회(2015), 21p.

데스카페에서 생애말기 의료를 생각한다.

영국의 〈2005년 의사결정능력법〉은 의사결정능력이 약화된 사람의 의사결정을 지원하는 제도이다. 그럼 구체적으로 본인이 생애말기 의료에 대해 내린 의사결정은 어떻게 실현될까? 최근 영국의 사례를 살펴보자.

영국에서는 질 높은 생애말기 의료를 제공하기 위해서 사회에서 죽음을 금기시하는 풍조나 인식을 바꾸고 생애말기에 대한 관심을 높이는 것이 중요하다는 공감대가 형성되었다. **43** 그리고 사람들이 생애말기에 대해 계획을 세울 수 있도록 공공기관과 시민이 함께 사회에서 죽음에 대해 대화할 수 있는 분위기를 만드는 독특한 활동이 이루어지고 있다. **44**

그중 하나는 '데스카페'(*Death Café*) 이다. 데스카페란 지금까지 금기시되어 왔던 죽음에 대하여 자유롭게 대화하는 카페로서 영국, 미국에서 퍼져가고 있다. 2011년에 런던에서 시작된 이래 31개국에서 개최되어 수천 명의 사람들이 죽음에 대해 대화했다고 한다. **45** 예를

---

43 Department of Health (2008), 11~12p. Dying Matter 홈페이지, About us

44 완화의료나 생애말기 의료 등을 주관하는 국가완화의료위원회(National Council for Palliative Care: NCPC)는 영국 보건성의 지원을 받아 2009년에 임종관련연합 (Dying Matters Coalition)을 설립했다. 이 단체의 목적은 모든 사람들에게 질 높은 생애말기 의료를 전함과 동시에 죽음이나 생애말기에 대한 사회의 분위기를 바꾸는 것이다. Dying Matters 홈페이지(2016), End of Life Care Strategy, 2016년 6월 6일 열람. 〈아사히신문〉(2015년 11월 23일), 다나카 미호(田中美穗, 2015a), "죽음에 대해 이야기하자: 영국의 Dying Matters (8)" 참조.

들면 '어디에서 죽음을 맞이하고 싶은가', '좋은 죽음을 맞이하기 위해서 무엇을 해야 좋을까', '사람들이 자신을 사후에 어떻게 기억해주길 원하는가'와 같은 주제에 대해 대화한다.

데스카페의 주최자는 다양한 비영리단체이다. 참가비는 원칙적으로 무료이다. 카페 등을 일시적으로 빌려 홍차를 마시고, 쿠키를 먹으며 모르는 사람들과 죽음에 대해 이야기한다. 참가자 주도로 대화가 전개되며, 결론을 내는 것은 아니다. 카페의 목적은 죽음에 대한 인식을 높이고, 유한한 인생을 최대한 풍요롭게 살도록 하는 것에 있다. 그리고 각자가 원하는 생애말기 의료를 실현하려면 그 의사를 의료, 개호를 담당하는 전문직과 공유해야 한다.

이를 위해 영국정부는 전자완화의료조정시스템(*Electronic Palliative Care Co-ordination Systems*: EPaCCS)을 도입하기 시작했다. 이것은 생애말기를 보내고 싶은 장소, 생애말기 치료에 대한 동의 혹은 거절 의사, 심폐소생 구급조치에 대한 의향 등을 진단정보와 함께 미리 기록하는 시스템이다. 46 시스템 등록이나 정보공유 시에는 당연히 본인의 동의가 필요하다.

---

45 〈*The Guardian*〉(2015. 8. 29.), Harriet Sherwood, Anyone for tea and sympathy? Death cafés embrace last taboo.
46 Public Health England(2015), National End of Life Care Intelligence Network: Palliative Care Co-ordination: Core Content. Summary Record Keeping Guidance, 6~7p.

고령 폐암 환자의 사례

여기에서는 한 고령자가 의료, 개호전문가와 정보를 공유하여 스스로가 원하는 생애말기를 실현한 사례를 보자. **47**

폐암에 걸린 한 고령자는 퇴원 후 남겨진 나날을 자택에서 보내기로 결심했다. 담당의사가 EPaCCS에 그의 진단정보나 생애말기 희망사항 등을 입력하였다. 재택개호에서는 통증을 완화하는 약제를 받고, 설명도 들었다. 또, 의료 · 개호팀이 연계하여 월 1회 개호에 대해 협의하였다. 최후의 시간이 왔을 때 담당 직원은 EPaCCS에서 확인한 본인의 의향에 따라 구급차를 부르지 않고, 담당의사나 방문간호사에게 연락했다. 전문팀의 협조하에 본인의 희망대로 평온하게 자택에서 사망하였다.

EPaCCS에 의한 정보공유의 효과는 크고, EPaCCS가 도입된 지역에서는 생애말기를 맞은 사람의 80%가 희망하는 장소에서 사망했다고 한다. 이 제도의 개선을 위한 과제로는 EPaCCS의 도입률이 낮은 것이 지적되고 있다. **48** 또 자택에서는 통증완화 개호가 불충분하다는 의견도 많다. **49**

---

47 National End of Life Care Programme (2014), 19p.

48 The Choice in End of Life Care Programme Board (2015), p. 26.

49 자택의 경우, 통증완화개호가 불충분했다는 의견이 53%로, 병원의 32%, 호스피스의 13%와 비교해서 매우 높다. 생애말기를 보내는 장소로 자택을 희망하는 사람이 많지만, 완화의료가 과제가 되고 있다. NHS England (2014), 8p.

9. 향후의 재검토를 위해서

앞에서 본 것과 같이 영국에서는 임의후견제도의 이용자는 많지만 임의후견인에 대한 감독이 불충분하다는 등의 단점도 있다. 어느 나라의 제도도 완벽하지는 않다.

한편, 〈2005년 임의결정능력법〉이 의사결정능력이 없다고 판단된 당사자에 대해 최선의 이익을 추구하는 것을 원칙으로 삼은 점은 중요하다. 예를 들어 판단능력이 약화된 사람의 주위에 지인이 없는 경우에는 독립의사대변인이 중대한 의료조치나 장기거주장소의 선택에 대하여 본인에게 최선의 이익을 추구하여 의사결정을 하고 있다.

마지막으로, 영국의 제도를 참고해서 향후 일본의 검토과제를 지적하고자 한다.

첫 번째로 성년후견제도에 대한 사람들의 인식을 제고할 필요가 있다. 특히 자기결정의 존중이라는 원칙에 기초한다면, 판단능력이 약화될 경우에 대비하는 임의후견제도의 활용이 보다 활발해져야 한다. 향후 친척이 없는 고령자가 증가할 것이므로 정부에 의한 홍보캠페인을 포함하여 국민들에게 제도의 취지를 철저하게 알릴 필요가 있을 것이다.

두 번째로 판단능력이 약화된 고령 독신자의 재택생활을 지원하기 위해서는 생활의 전 영역을 보호·지원하는 방법이 필요하다. 성년후견인은 재산 관리와 신상감호 등의 법률행위에 역할이 한정되어 있어서 신원보증이나 개호서비스를 제공할 수 없고, 의료행위에 대한 동의권도 없다. 더욱이 본인 사망 후의 장례나 무덤의 관리도 별도의 위임계약을 하지 않으면 후견인이 결정할 수 없다.

하지만 친척이 없는 고령 독신자가 판단능력이 약화된 경우에는 법률행위뿐만 아니라 생활의 전 영역에 대한 지원 또는 그와 관련된 의사결정의 지원이 필요하다. 이에 대해 우에노(上野, 2015)는 '생명, 건강, 안전, 거주, 재산, 가족, 장례, 유언, 무덤에 이르는 일체의 의사결정을 본인의 의사에 따라 대행해 주는 시스템을 만들 수 없는 것인가? 이를 위해 개인이나 법인이 아닌 친족, 지인 그리고 전문직을 포함한 전담팀이 있다면 좋을 것'이라고 지적하였다. 그리고 전담팀의 케어를 '토털라이프매니지먼트(total life management)'라고 부르고, 정보공유와 상호감독을 핵심으로 하는 시스템을 제안한다. 토탈라이프매니지먼트는 본인을 중심으로 성년후견인, 의사, 케어매니저, 헬퍼, 방문간호사, 사회복지사, 지역사회의 자원봉사자, 변호사, 세무사 등으로 팀을 구성한다. 판단능력이 약화된 본인에게 최선의 이익을 고려해서 생애말기와 사후를 지원하는 사람들로 구성된 팀에게 의사결정의 대행을 위임하는 것이다. [50]

치매대책에 관한 간담회(2016)는 '한 명의 사회공헌형 후견인'과의 대리권 행사 계약이 아니라 본인의 이익을 대표하는 사회복지사가 친족, 이웃 등 관계자와의 협의와 합의에 의한 의사결정을 도모하는 제도가 합리적이라고 지적한다. 또 본인의 종합적 이익을 대표하는 사

---

[50] 우에노 지즈코(上野千鶴子, 2015), 215~217p.

회복지사의 기능은 공적이어야 하고, 공무원 또는 그에 준하는 자격을 갖출 필요가 있다고 주장한다. 51 판단능력이 약화된 사람을 위해서 지역에서 본인의 의사에 따른 의사결정대행시스템을 어떻게 구축할 수 있을까? 향후 검토해야 할 큰 과제이다.

세 번째로 성년후견제도 — 특히 임의후견제도 — 를 확대하기 위해서 현행제도를 이용하기 쉽도록 개선할 필요가 있다. 이를 위한 방안 중 하나는 전문직 후견인이나 임의후견감독인에 대한 비용부담의 경감이다. 저소득 고령자를 위한 성년후견제도 이용 지원사업이 도입되었으나, 일부 지자체에서만 운영되고 있어서 모든 지역에서 이용할 수 있도록 확대할 필요가 있다.

중간 소득계층의 고령자도 연금에서 한 달에 수만 엔의 보수를 지불하는 것은 쉽지 않다. 앞에서 제시했듯이 판단능력이 약화된 경우에 생활의 전 영역을 지원하는 시스템이 있다면, 매월 수만 엔의 비용을 부담하더라도 이용자는 증가할 것이다. 서비스 내용을 수요에 맞춰 개선해 가는 것이 이용자를 늘리는 하나의 방법일 것이다. 신청서류 준비나 후견개시 후의 행정절차가 번잡한 문제와 관련해서는 신청인이나 친족후견인이 용이하게 상담할 수 있도록 상담기관을 강화할 필요가 있다.

네 번째로 후견인에 대한 감독은 후견감독인뿐만 아니라 그 이외의 점검기능을 활용함으로써 부정방지를 위한 노력을 강화해야 한다.

51 인지증시책에 관한 간담회 (2016), 23~24p.

후견제도지원신탁을 적극적으로 활용함으로써 재산규모가 큰 고령자의 재산 관리에서 부정방지를 기대할 수 있다. 또 후견인으로 사회복지법인 등의 법인을 이용하는 것도 부정방지책이 될 수 있다. 법인후견인은 개인후견인보다 엄격한 상호감시가 가능하다. 또 후견인을 법률가나 복지전문가 등 지역의 네트워크 안에서 구성하면 최종적으로 후견인의 부정을 방지하는 효과를 기대할 수 있다.

다섯 번째로 생애말기 의료에 대한 인식의 제고도 중요하다. 데스카페와 같은 장소를 마련하여 엔딩노트(유언장과 같은 메모)를 작성하고 다 같이 이야기하는 기회가 있어도 좋을 것이다. 개호·의료 전문가와 정보공유를 하지 않으면 생애말기 의료에 관한 본인의 의사를 명확히 하더라도 그것을 실현하기 어렵다. 본인이 표시한 의사를 공유하는 시스템도 개발할 필요가 있다.

2016년 5월에 〈성년후견제도 이용촉진법〉이 제정되어 성년후견제도에 대한 재검토가 시작되고 있다. 성년후견제도를 이용하기 쉽게 하기 위해 판단능력이 약화된 사람에 대해 생활의 전 영역을 지원할 수 있는 제도의 설계, 수속의 간소화, 후견인에 대한 감시기능의 방식, 비용부담의 경감 등을 폭넓게 검토할 필요가 있다.

제 10 장

사회보장 기능 강화와
재원 확보의 필요성

10장에서는 사회보장 기능 강화와 재원 확보의 필요성에 대해 검토해 보겠다. 이미 이 책에서는 사회보장 기능 강화의 필요성에 대해서 지적해 왔다. 예를 들면, 독신세대 증가에 따라 가족개호에는 한계가 있으므로, 개호인력을 늘려야 할 필요가 있다. 이를 위해 개호인력의 처우를 개선해야 하고, 개호보험료를 올리는 등 재원을 확보해야 한다. 3부에서는 주거와 지역사회 만들기, 계속해서 일하는 사회, 판단 능력이 약화된 사람에 대한 지원제도 등에 대해서 검토해 왔다. 이러한 제도들의 실질적 운영을 위해서도 재원이 필요하다.

공적인 비용을 들여서 모두 '구제'하자는 것은 아니다. 지역사회 만들기를 위한 비용은 지역주민이 서로 지원하는 '상호부조'를 위한 기반 조성에 필요한 경비이다. 계속해서 일할 수 있는 사회를 만드는 데 필요한 비용도 비정규직 노동자나 개호이직자, 취업곤란자 등에 대한 지원으로서 자립할 수 있는 조건을 만들어 개인이나 지역이 주체적으로 대응하도록 하기 위한 재원이다.

사회보장에 필요한 비용의 약 90%는 사회보험에 이용되고 있다. 사회보험의 큰 목적은 고령, 질환, 개호필요라는 개인이나 가족의 힘만으로 대비하는 데 한계가 있는 리스크를 서로 협력해서 중간계층이 빈곤에 빠지는 것을 미연에 방지하는 것에 있다.[1] 말하자면, 두터운 중간계층을 육성하여 경제활동의 기반을 마련하는 제도이다.

하지만 세금이나 사회보험료 인상에는 반발이 심하다. 또 중앙정부나 지자체가 방대한 부채를 떠안고 있는 상황에서 사회보장 기능을 강화할 수 있는 여유가 있는지에 대한 논의도 있다. 사회보장 기능 강화는 경제성장의 걸림돌이 된다는 우려도 있어서 순조롭게 받아들여지는 상황이 아니다.

여기에서는 일본의 재정상황과 사회보장의 급여수준 등을 살펴보고 사회보장 기능 강화의 필요성을 확인하고자 한다. 그리고 사회보장 기능 강화가 실제로 경제성장의 걸림돌이 되는지에 대해 논의하겠다. 또 사회보장제도 개혁의 경위를 바탕으로 현재 고안 중인 사회보장제도 개혁의 내용과 과제를 검토하겠다.

---

1 겐조 요시카즈(權丈善一, 2015a), 16~19p.

1. 사회보장 기능 강화의 필요성과 일본의 과제

먼저 중앙정부나 지자체가 방대한 빚을 안고 있는 상황에서 사회보장 기능 강화의 여지가 있는지 검토해 보겠다. 필자는 부채를 더 이상 늘리지 않도록 재정의 건전화를 도모하면서 사회보장 기능 강화를 동시에 달성해야 한다는 입장이다. 언뜻 보면 재정의 건전화와 사회보장 기능 강화는 상반되는 것처럼 보이기도 한다. 2010년에 사회보장제도 개혁의 방향성을 결정한 전문가검토회의2는 다음과 같이 지적하고 있다.

사회보장 강화만 추구하고 재정 건전화를 뒷전으로 미뤄둔다면 사회보장제도도 머지않아 기능이 정지될 것이다. 그러나 재정 건전화만을 목적으로 한 개혁으로 사회보장의 질이 떨어진다면 사회의 활력을 끌어내지 못하고 재정 건전화가 목표로 하는 '지속가능한 일본' 그 자체가 실현되지 못한다. … 이 두 가지를 동시에 달성하는 것 외에 각각의 목표를 실현할 방법은 없다. 3

---

2 '사회보장 및 세제 일체 개혁'을 위해 2010년 10월 정부·여당 합동 사회보장개혁 추진본부가 설치되어 2010년 11~12월에 '사회보장개혁에 관한 전문가검토회의', 2011년 2~6월에 '사회보장개혁에 관한 집중검토회의'를 개최하였다. 그리고 2011년 6월 30일 정부·여당 합동 사회보장개혁검토본부에서 최종안이 결정되어, 7월 1일에 각의보고가 이루어졌다.
3 내각관방(2010), 12~13p.

아래에서는 재정의 건전화와 사회보장 기능 강화의 두 가지 목표를 실현해야 하는 일본의 현실을 개관해 보자.

1) 재정의 건전화

먼저 일반정부 — 중앙정부, 지방지자체, 사회보장기금을 포괄 — 의 채무잔액을 보자. 일본의 채무잔액은 1990년대 중반부터 크게 상승하여 2016년에는 GDP 대비 채무잔액의 비율이 232%에 달할 전망이다. 일본의 채무잔액은 주요 선진국 중에서 최악의 수준이다(〈도표 10-1〉).[4]

일반정부의 채무잔액에서 큰 비중을 차지하고 있는 것은 중앙정부의 부채이다. 공채잔액(보통국채)이 2016년 말에는 838조 엔(당초 예산 기준), GDP 대비 161%에 달할 전망이다. 국민 1인당 약 664만 엔의 부채를 안고 있는 셈이다.[5]

국채비는 사회보장관계비(33%, 32조 엔)에 이어 높은 비율로 일반회계 세출의 4분의 1을 차지한다. 사회보장관계비는 사회보장에 사용되므로 국민생활 향상에 기여하지만, 국채비는 부채 상환에 쓰이므로 국민생활 향상에 직접 도움이 되지는 않는다. 다만 838조 엔에

---

4 일반정부의 총채무잔액에서 정부가 보유한 금융자산(공적연금의 적립금 등)을 제외한 순채무잔액이 GDP에서 차지하는 비율은 독일(41.5%), 캐나다(41.0%)와 비교하기 어려울 정도이다. OECD(2015), *Economic Outlook*, No. 98.

5 재무성(2016a), 5~6p.

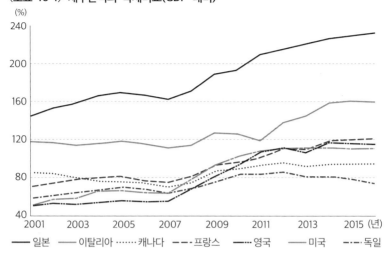

〈도표 10-1〉 채무잔액의 국제비교(GDP 대비)

주. OECD, Economic Outlook 98에 따라 2015년 11월 시점의 데이터를 활용하였고, 2016년
도 예산의 내용을 반영한 것은 아니다.
자료. 총무성(2015), 〈일본의 재정현황〉, 2015년 12월, 11p.

〈도표 10-2〉 일반회계 세출의 구조 변화

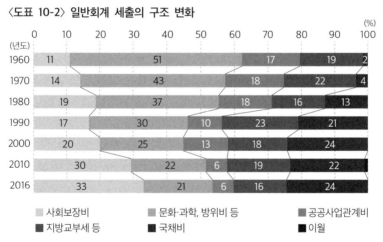

주. 2010년도까지는 결산, 2016년도는 편성예산에 따름.
자료. 총무성(2016), 〈향후 일본을 위한 재정을 생각한다〉(2016년 4월) 및 〈일본의 재정 관계
자료〉(2010년 3월, 2011년 3월, 2016년 4월)에 따라 작성.

달하는 방대한 국가 공채잔액에서 보면 23.6조 엔의 국채비는 아직 낮은 수준이라고도 말할 수 있다. 이 정도의 국채비로 수습되고 있는 것은 장기금리가 낮기 때문이다. 2015년 말 보통국채의 금리(가중평균)는 1.08%로, 비교가능한 1975년 이후로 최저수준이다. 덧붙여 말하면, 1975년 이후 보통국채 금리의 최고치는 1976년 말의 7.64% 였다. 6

하지만 장기금리가 상승한다면 공채잔액이 방대한 만큼 국채비는 단숨에 상승한다. 국채비의 원리금상환은 최우선이고 채무초과는 용납되지 않기 때문에, 장기금리가 상승할 경우 사회보장관계비 등의 세출을 큰 폭으로 삭감해야 할 것이다. 대규모 증세도 하지 않을 수 없을 것이다. 사회보장 예산의 대규모 삭감과 대폭적인 증세는 저소득층의 생활은 물론이고 국민생활 전체에 큰 타격을 미칠 것이다. 방대한 부채를 떠안고 있는 일본 정부의 재정상황은 취약하고, 무엇보다 무서운 것은 금리의 상승이다.

이미 이러한 상황은 재정파탄으로 힘들어하는 그리스 등에서 볼 수 있다. 물론 그리스와 일본을 같은 사례로 논할 수는 없다. 예를 들면, 그리스는 외국인투자자의 국채보유율이 42%로 높은 것에 비해 일본은 풍부한 국내저축이 있는 등의 이유로 외국인투자자의 국채 보유율이 10.6%로 낮다(2015년 12월 말). 7 그리고 국채가 국내에서 보유되

---

6 재무성, "보통국채의 이율가중평균의 연도별 추이(1975년 말 이후)". http://www. mof. go. jp/jgbs/reference/appendix/zandaka05. htm, 2016년 8월 17일 열람.

고 있다는 전제에서는 국채관리책이나 재정규율에 대한 확신이 있다. 그러나 확신을 잃는다면 국내자금이 국채에서 이탈할 수도 있을 것이다.

2013년 4월부터 일본은행이 이차원(양적·질적)의 대규모 금융완화를 추진하며 대량의 국채를 매입하고 있는 것도 장기금리의 하락에 큰 영향을 미치고 있다. 2016년 3월 말 일본은행의 국채보유잔액은 364조 엔으로 전체 국채잔액 중 일본은행의 보유비율은 33.9%로 역대 최고이다.[8] 하지만 일본은행이 국채의 매입을 계속하는 데에는 한계가 있다. 향후 출구전략에 대한 금융시장의 반응이 우려된다. 금융시장에서 금리가 언제, 무엇을 계기로 반응할지는 누구도 예측할 수 없다. 현재 초저금리라고 해도 장래에 어떻게 변화할지는 누구도 장담할 수 없다. 거액의 재정 적자에는 큰 리스크가 잠재되어 있다는 점을 반드시 유념해야 한다.

국가의 공채잔액과 사회보장의 관계

그런데 사회보장관계비는 앞에서 본 국가의 공채잔액과 어떤 관련이 있을까? 이를 위해 사회보장관계비가 어떻게 운용되고 있는지를 살펴보자.

먼저 2014년도 예산 기준으로 연금, 의료, 개호 등 사회보장제도

---

7 재무성(2016a), 29p.
8 일본은행(2016), 자금순환통계(2016년 1분기), 2016년 6월.

를 통하여 국민에게 제공된 급여액의 합계(사회보장급여비)는 115. 2
조 엔(GDP 대비 23. 0%)이다(〈도표 10-3〉). **9** 이 중 90% 이상은 사
회보험료와 국고부담으로 충당하고 있으며 부족분은 적립금 운용수
입 등으로 충당하고 있다.

이러한 재원 중에서 국가 부채잔액과의 관계에서 문제가 되는 것은
국고부담이다. 국고부담은 세수입뿐만 아니라 공채(부채) 수입으로
충당되고 있기 때문이다. 따라서 사회보장급여비가 증가하면 국고부
담 증가로 국가의 부채가 늘어나는 구조이다. 구체적으로 보면, 2014
년 사회보장급여비를 충당하는 국고부담(42. 9조 엔)은 중앙정부 부담
(31. 1조 엔)과 지자체 부담(11. 9조 엔)**10**으로 나뉜다. 이 중에서 중앙
정부 부담의 대부분은 국가의 일반회계 세출의 사회보장관계비(30. 5
조 엔)에서 지출되고 있다.

사회보장급여비와 사회보장관계비는 유사한 용어이지만, 사회보
장급여비는 1년간 사회보장제도를 통하여 국민에게 재화나 서비스로
지불되는 급여액의 합계이다. 이에 반해 사회보장관계비는 국가의
일반회계예산에서 지출되는 사회보장비이고, 사회보장급여비 재원
의 일부이다.

---

9 사회보장급여비란 연금, 의료, 복지 등 사회보장제도를 통해 1년 동안 국민에게 지급
하는 금전이나 서비스의 합계액이고 자기부담을 제외한다. 덧붙여 사회보장급여비에
는 지방이 단독으로 실시하는 사회보장관련서비스가 포함되지 않았다.
10 중앙정부와 지자체에서 재무수지(현금흐름)나 장기채무(스톡)을 비교하면, 상대적
으로 국가가 지방보다 어려운 재정상황이라고 지적되고 있다[재무성(2016a), 23p].

2014년 일반회계 예산의 세입을 보면, 공채수입이 세입 전체의 43.0%나 차지하고 있다(〈도표 10-3〉). 사회보장관계비의 40% 이상이 공채수입으로 충당되고 있다고 간주할 수 있다. 세출을 살펴보면, 사회보장관계비는 일반회계 세출 중에서 31.8%를 차지하여 최대의 지출 항목이다. 그렇기 때문에 재정적자에 대한 영향도 크다.

또 지자체 부담(11.9조 엔)도 그 일부는 부채로 충당되고 있다. 2014년 지방재정계획을 보면, 광역지자체와 기초단체의 전체 세입

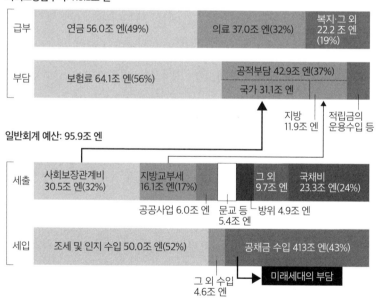

〈도표 10-3〉 사회보장급여비와 채무잔액과의 관계(2014년)

자료. 사회보장급여비는 후생노동성, 〈사회보장의 급여와 부담의 현황(2014년 예산 기준)〉〔후생노동성(2014), 《사회보장제도개혁의 전체 현황》, 7p〕. 2014년 일반회계 예산은 재무성, 〈일본의 재정관계자료: 2014년 10월〉, 1~2p를 기초로 작성.

(83.4조엔) 중 지방채가 12.7%를 차지하고 있다.[11] 또 일반회계에서 중앙정부의 지방교부금도 지방체 부담의 일부를 충당하고 있다.

　이상과 같이 사회보장급여비의 증가는 공적비용 부담을 가중시켜 중앙정부, 지자체의 부채가 증가하는 구조이다.

2) 사회보장 기능 강화의 필요성

재정의 건전화만을 목적으로 한다고 가정한다면, 사회보장급여비를 삭감한다는 선택도 할 수 있다. 그러나 일본의 현 상황에서는 사회보장 기능 강화도 필요하다. 왜냐하면, 일본의 65세 이상 인구는 2015년 3,383만 명(총인구 대비 26.3%)에서 2030년에는 9% 증가하여 3,685만 명(총인구 대비 31.6%)이 된다고 추계되고 있다.[12] 고령화의 진전에 따라 현행 사회보장제도를 유지하는 것만으로도 사회보장에 필요한 비용이 자연스럽게 증가한다. 한편, 사회보장비의 급여수준을 주요 선진국과 비교하면, 일본은 결코 높은 수준은 아니다. 일반적으로 고령화율이 높은 나라는 사회보장비 부담도 높아지는 경향이 있지만, 일본은 그렇지 않다.

　여기에서는 OECD 통계를 사용하여 사회보장급여비보다 넓은 개념인 사회지출[13](GDP 대비)과 고령화율을 교차시켜 일본의 사회보장

---

11 총무성(2014), 〈2014년도 지방재정계획 관계자료〉, 2014년 2월.
12 2015년의 65세 이상 인구는 총무성 〈2015년 국세조사〉, 2030년의 65세 이상 인구는 사인연(2012a), 〈일본의 장래추계인구〉에 기초함.

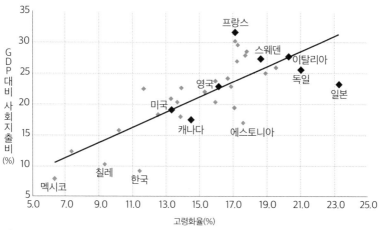

자료. OECD 통계자료에 따라 작성.

의 규모를 국제적으로 비교해 보겠다. 〈도표 10-4〉를 보면, 일본의 고령화율은 OECD 33개국 중 1위인데도 불구하고 사회지출(GDP 대비)의 비율은 회귀직선을 크게 밑돌고 있다. 고령화율도 감안한다면 저복지의 수준이다. 참고로 회귀직선을 크게 밑도는 국가는 멕시코, 칠레, 한국, 에스토니아 등이다.

일본이 저복지 수준을 유지할 수 있었던 것은 가족이 생활상의 어려움으로부터 안전한 생활을 보장하는 역할을 해왔기 때문이라고 볼 수 있다. 예를 들면, 공적 개호보험이 도입된 이후에도 자기 집에서

---

13 사회지출은 사회보장급여비(ILO 기준) 보다 넓은 개념으로서 ① 고령, ② 유족, ③장애·업무재해·질병, ④ 보건, ⑤ 가족, ⑥ 적극적 고용대책, ⑦ 실업, ⑧ 주택, ⑨생활보호를 포함한다(OECD, Social Expenditure Database, 2008 ed.).

개호필요자를 떠안는 가정의 70%는 주된 개호자가 가족이라고 응답하고 있다. 남편이 정규직 노동자로서 일하고, 아내가 전업주부로 개호나 육아를 담당하는 분업을 통해 가족이 생활의 안정을 보장하는 역할을 담당해온 것이다.

하지만 1인가구가 증가하는 등 가족 구성의 형태가 크게 변화하면서 생활리스크에 대한 가족의 보장 기능이 축소되고 있다. 또 기업도 글로벌 경쟁에 대응하기 위해 고정비용을 낮추고 낮은 임금으로 고용보장을 제공하지 않아도 되는 비정규직 노동자 고용을 늘리고 있다. 사택 등 기업의 복리후생은 이전보다 줄어들고 있다. 가족과 기업의 안전망이 약화되고 있는 상황에서 사회보장 기능 강화가 요구되고 있는 것이다.

3) 국민부담률의 국제비교

사회보장 기능 강화에는 재원의 확보가 필수적이다. 낭비요소를 줄이는 일은 당연하지만, 그것만으로 필요한 재원을 확보하기 어렵기 때문에 세금이나 사회보험료의 인상이 불가피하다.

일본의 세금이나 사회보험료의 부담 수준(국민부담률)을 국제비교하면, 주요 선진국에 비해 낮은 수준으로 다행히 인상의 여지는 남아있다(〈도표 10-5〉). 2013년 국민부담률(GDP 대비 조세와 사회보장부담 비율의 합계)은 프랑스(67.6%), 스웨덴(55.7%), 독일(52.6%), 영국(46.5%), 일본(41.6%), 미국(32.5%)의 순으로 높았다. 일본

의 국민부담률은 미국 다음으로 낮은 수준이다. **14**

국민부담률을 근로세대의 수입에서 차지하는 세금이나 사회보험
료 지출비율을 나타내는 것으로 오해해서는 안 된다. 국민부담률은
'(조세부담 + 사회보장부담) / 국민소득'으로 산출되는데 분모인 국민
소득에는 근로자 소득의 총액뿐만 아니라 기업활동으로 만들어진 재
산 등이 포함되어 있다. 한편, 분자의 조세부담은 개인의 소득세뿐만
아니라 소비세나 법인세 등을 포함한다. 사회보장부담은 사회보험료
부담을 의미한다. 사회보험료는 노사가 절반씩 부담하는 경우가 많
으므로 사회보장부담에는 피고용자뿐 아니라 고용주의 부담도 포함

〈도표 10-5〉 주요 선진국의 국민부담률(GDP 대비)의 국제비교(2013년)

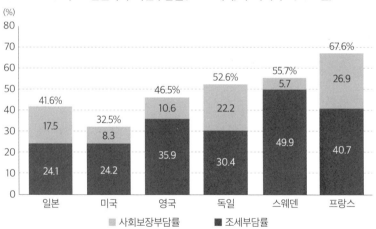

주 1. 국민부담률 = 사회보장부담률 + 조세부담률.
자료. 재무성(2016a), 17p에 따라 필자 작성.

---

14 재무성(2016a), 17p.

되어 있다. 실제로 2015년 일본의 국민부담률은 43.4%였지만, 2015년 근로세대의 실수입에 대한 세금, 사회보험료의 비율(실수입에 대한 비소비지출의 비율)은 18.7%이다.[15]

그리고 국민부담률에는 국채를 발행해서 미래세대에게 부담을 미룬 재정적자 부분이 포함되지 않는다. 2013년 주요 선진국의 재정적자(GDP 대비)를 보면, 일본 9.7%, 영국 7.7%, 프랑스 5.8%, 미국 4.7%, 스웨덴 2.1%, 독일 0.1%로 일본의 비율이 가장 높다.[16]

일본 사회보장 급여 수준은 고령화율을 감안하면 저복지 수준이지만 세금이나 사회보험료만으로는 사회보장비를 충당하지 못하고 다른 주요 선진국과 비교해서 높은 수준으로 빚을 지면서 세출을 충당해 왔다. 저복지에 맞는 부담조차 해오지 않은 것이다. 바꿔 말하면, 일본에서 재정적자가 커진 가장 큰 요인은 제대로 복지에 대한 부담을 해오지 않았기 때문이다. 이것은 낮은 국민부담률에서 확인할 수 있다.

또 일본이 '큰 정부'가 아니라는 점은 〈도표 10-4〉에 그대로 나타난다. 고령화율에 비해 사회지출(GDP 대비)의 수준이 낮다. 또 경제활동인구에서 공무원이 차지하는 비율도 국제적으로 보면 낮은 수준이다. 일본의 정부 규모는 결코 크지 않다. 물론 행정부서에서 불필

---

15 총무성(2016), 〈가계조사 연보(가계수지 편): 2015년 가계의 개황〉, 13p, 재무성 (2015), 〈국민부담률의 추계〉에 기초.
16 국민부담률(GDP 대비), 재정적자(GDP 대비)의 합계를 잠재적 국민부담률이라고 한다. 재무성(2016a), 17p.

요한 낭비를 줄이는 일은 영구적으로 지속해야 하지만, 행정부서에서의 낭비가 너무 많기 때문에 재정적자가 방대하게 늘어간다는 주장은 실상과 다르다. 현 시점에서 요구되는 것은 사회보장 기능 강화를 위한 재원 확보이다.

2. 일본의 사회보장은 어떤 방향으로 나아가야 하는가

전술한 바와 같이, 일본에서는 가족이 생활리스크에 큰 역할을 해왔기 때문에 사회보장이 비교적 작은 규모로 유지되어 왔다. 그러나 독신세대의 증가 등 가족 구성이 크게 변화하여 이전과 같은 역할을 가족에게 기대하기 어려워지고 있다. 일본의 사회보장은 어떠한 방향으로 진행될지 기로에 놓여 있다.

겐조(權丈, 2016)는 복지국가를 가족의존형(일본형), 시장의존형(미국형), 정부의존형(스웨덴형)의 3가지로 나누어서 분석하였다. 이어 일본이 미국형 복지국가를 지향하는 것으로 보인다고 지적하며 과연 이러한 지향성이 적절한지 문제제기하고 있다(〈도표 10-6〉). [17]

미국과 같은 시장의존형 복지국가에서는 의료, 교육, 연금, 보육 등의 서비스를 개인들이 주로 시장에서 조달한다. 정부의 역할이 작으므로 세금과 사회보험료의 부담은 적다. 그러나 시장으로부터 서

---

[17] 겐조 요시카즈(權丈善一, 2016), 88p.

<도표 10-6> 복지국가의 3유형과 일본의 기로

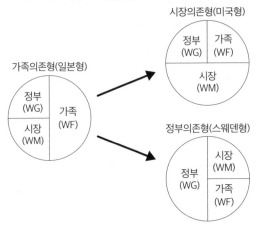

주 1. WF, WM, WG는 각각 가족, 시장, 정부가 생산하는 복지서비스
자료. 겐조 요시카즈(権丈善一, 2016), 89p. 원출처는 겐조 요시카즈(2004), 162p.

비스를 구입하는 것이 모두 자기부담이므로 저소득층은 물론 중간소득층도 서비스 구입의 부담이 크다. 예를 들면 개호를 필요로 하는 부모가 있는 경우에 가족개호로 대응해야 하는 사람들이 늘어서 개호이직자가 증가할 우려가 있다.

　북유럽의 정부의존형 복지국가는 세금이나 사회보험료 부담이 무겁지만, 정부의 역할이 크고 무료 또는 낮은 자기부담으로 사회보장서비스를 받을 수 있다. 예를 들면 개호를 필요로 하는 부모가 있는 경우에 저소득층이라도 공적인 개호서비스를 이용할 수 있다. 소득수준과 상관없이 필요에 따라 의료, 교육, 연금, 보육 등의 서비스를 평등하게 받을 수 있다.

1) 사회보험의 의의

중요한 것은 겐조(2016)가 지적한 대로 어떤 나라도 복지 수요를 나타내는 원의 면적은 같다는 점이다. 즉, 정부의 역할을 줄인다고 해서 사회적으로 복지 수요가 줄어드는 것은 아니다.**18** 세금이나 사회보험료의 부담을 지기 싫다고 해서 정부 서비스를 줄인다면, 개호를 필요로 하는 부모가 있는 사람들은 가족이 개호할 것인지 아니면 전액 자기부담으로 시장에서 개호서비스를 구입할 것인지 선택해야 한다. 정부의 역할을 줄인다고 하더라도 부담의 형식만 바뀔 뿐 부담해야 할 개호 수요 자체가 없어지는 것은 아니다. 세금과 사회보험료 부담이 경감한 것처럼 보여도 사실은 다른 형태로 부담을 짊어지는 것일 뿐이다.

따라서 개호가 필요한 부모가 있는 사람이 과중한 부담을 짊어지지 않도록 정부가 공적개호보험이라는 사회보험을 준비하는 것이 중요하다. 공적개호보험은 사전에 보험료를 납부하고, 개호가 필요하게 된 사람과 개호가 필요하지 않은 사람의 리스크를 모아서 모든 사회구성원이 서로 지원하는 구조이기 때문이다. 평생 개호가 필요하지 않은 사람도 만일 개호가 필요하게 될 경우 개호보험에 의지할 수 있기 때문에 안심하고 생활할 수 있게 되므로 보험의 혜택을 충분히 누릴 수 있다.

---

18 겐조 요시카즈(權丈善一, 2016), 87~88p.

2) 시장의존형 복지국가와 정부의존형 복지국가

시장의존형 복지국가와 정부의존형 복지국가의 차이는 결국 의료, 개호, 보육, 교육 등 복지서비스를 필요에 따라 이용할 수 있는 사회를 지향할 것인가 아니면 지불능력에 따라 이용할 수 있는 사회를 지향할 것인가에 달려있다. [19] 이것은 '어떠한 사회를 지향하는가'라는 가치관의 문제이다. 단적으로 말하면, 지불능력에 따라 복지서비스를 이용할 수 있는 사회에서는 질병 등으로 개호가 필요한 경우 고소득층은 양과 질 모두 충분한 의료·개호서비스를 시장에서 구입할 수 있지만 저소득층은 의료·개호서비스를 이용하기 어렵다. 시장이 가진 역동성도 중요하지만, 의료, 개호, 보육, 교육 등의 복지서비스는 소득의 수준이 아니라 필요의 수준에 따라 이용할 수 있도록 하는 것이 더 합리적이다.

북유럽과 같은 고복지, 고부담 국가를 지향하는 것은 부담이 과하다는 비판이 있을 수 있다. 그래서 겐조(2016)는 일본과 스웨덴 사이에는 그야말로 수많은 나라가 있고, 일본이 그중 어디에라도 안정적으로 정착한다면 훨씬 살기가 좋아질 것이라고 지적하며 결국 일본이 나아가야 할 방향은 '어느 정도 큰 정부'라고 역설한다. [20]

〈도표 10-5〉에서 본 것처럼, 일본의 국민부담률은 주요 선진국보다

---

19 겐조 요시카즈(權丈善一, 2016), 102p.
20 겐조 요시카즈(權丈善一, 2016), 89p.

낮으므로 세금과 사회보험료를 인상할 여지가 있다. 가족의 역할이 축소되는 점을 고려하면, 정부의 불필요한 낭비를 철저하게 제거하면서 '어느 정도 큰 정부'를 지향하는 것이 적절할 것으로 보인다.

3. 사회보장은 경제성장의 걸림돌인가

앞에서 지적한 것과 같이 사회보장 기능 강화가 필요하다. 하지만 사회보장 기능을 강화하려면 세금이나 사회보험료를 인상해야 하므로 경제성장의 걸림돌이 된다는 견해도 많다.

하지만 사회보장과 경제는 상호작용의 관계이다. 즉, 경제성장은 사회보장의 재정 기반을 지지하는 한편, 사회보장은 경제성장을 뒷받침하여 사회의 안정에 기여하는 기능과 효과가 있다. 구체적으로 보면, 사회보장은 안전망 기능(생활 안정, 노동력 보전, 소득 재분배)과 총수요 확대 기능을 가진다.[21] 아래에서는 이러한 기능에 주목하여 사회보장이 경제성장에 기여하게 되는 원리를 살펴보겠다.

첫 번째로 생활안정 기능이다. 현역세대는 공적연금제도가 있기 때문에 노후에 대비하여 과도하게 저축하지 않고 소비를 할 수 있다. 결국 사회보장 덕분에 장래 불안이 적어지면, 소비를 진작시켜 경제성장으로 이어지는 것을 생각할 수 있다.

---

21 교우고쿠 다카노부(京極高宣, 2007), 60~66p 및 후생노동성(2012), 225~227p.

특히, 중요한 것은 공적연금이 사망할 때까지 수급할 수 있는 종신 보험이라는 점이다. 만약 공적연금이 없으면, 장수할 경우의 생활비를 본인이나 가족이 스스로 마련해야 한다. 이것을 장수 리스크라고 한다. 노후에 월 10만 엔의 생활비가 필요하다고 가정할 때, 만약 공적연금이 존재하지 않는다면 75세에 사망하는 경우와 85세에 사망하는 경우에 대비해야 하는 저금액은 1,200만 엔이나 차이가 발생한다.

만약 매달 3만 엔을 저축한다고 가정했을 때, 1,200만 엔을 모으기 위해서는 33년이 소요된다. 가까스로 저축을 하더라도 85세를 넘어 장수한 경우에는 자금부족을 겪게 된다. 부유층이 아닌 이상 개인으로 장수 리스크에 대비하기는 어렵다. [22]

공적연금은 현역시절에 보험료를 모두 납부하고 빨리 사망한 사람과 장수하는 사람의 리스크를 흡수하는 보험이다. 종신으로 수급할 수 있는 공적연금이 있기 때문에 현역세대는 과잉저축을 하지 않아도 된다. 빨리 사망한 사람이 있다고 하더라도 손해만 본 것은 아니다. 현역시절에 '노후에는 종신으로 공적연금을 받을 수 있다'고 안심하며 생활할 수 있으므로 보험의 효용을 누린 것이다.

두 번째로 노동력 보전 기능이다. 만약 개호보험이 없다면, 개호가 필요한 부모를 모시는 현역세대는 일을 그만두고 가족개호를 하거나

---

[22] 이 예에서는 인플레이션 등의 영향을 고려하지 않았지만, 저축에만 의지하면 급격한 인플레이션으로 인해 저축의 가치가 없어져버릴 위험도 있다. 또 물가 상승이 크지 않더라도 저축의 가치는 차츰 하락할 수 있다. 부과방식으로 운영되는 공적연금은, 경제상황에 맞춘 실질적인 가치를 보장한 급여를 지급할 수 있다.

전액 자기부담으로 시장에서 개호서비스를 구입해야 한다. 개호이직이 증가하면 노동인구가 감소하여 경제성장에 악영향을 미친다.

이런 관점에서 보면, 공적개호보험은 고령자만을 위한 제도가 아니다. 현역세대도 개호이직을 방지한다는 점에서 혜택을 입는다. 사회보장은 가족개호 등의 사적 부양을 사회화한 것이므로 사회보장이 없어지면 사적 부양으로 돌아가게 된다. 개호가 필요한 사람과 필요하지 않은 사람의 리스크를 모두 흡수하기 위해 미리 사회보험료를 납부하도록 한다. 부모가 개호가 필요한 상황에 빠져도 보험을 통해 자녀가 과도한 부담을 지지 않고 빈곤에 빠지지 않도록 예방할 수 있다. 현역세대가 안심하고 일할 수 있는 기반을 구축하는 것이다.

세 번째로 소득 재분배 기능이다. 세금이나 사회보험료를 징수하고 사회보장급여를 지급하는 사회보장제도를 통해 상대적으로 소득이 높은 계층에서 낮은 계층으로 소득의 재분배가 이루어진다. 소득 재분배는 심한 소득격차를 조정하고 경제성장의 기반이 된다.

구체적으로 살펴보면, 고소득층은 소득의 일정 부분은 소비를 하고 그 이상은 저축을 한다. 반면, 저소득층은 저축할 여유가 없으므로 소득의 대부분을 소비하게 된다. 따라서 저소득층은 고소득층에 비해 소득 중 소비의 비율(소비성향)이 높다. 그리고 사회보장 기능을 강화하여 고소득층에서 저소득층으로의 소득 재분배가 크게 이루어지면, 저소득층이 소비에 쓸 수 있는 자금이 늘어나서 경제성장에 기여한다고 볼 수 있다. 소득의 재분배를 통해서 구매력을 가진 중간계층을 성장시키는 것이다. 현재 일본의 불황은 수요부족이 주요인인

데 소득 재분배는 수요를 진작시키는 효과가 있다. [23]

OECD에 따르면, 소득격차 확대는 경제성장을 억제한다. 불리한 상황에 처한 개인이 교육기회를 잃게 하고, 사회적 유동성을 위축시켜 기술개발을 저해하기 때문이다. 소득격차가 경제성장에 끼치는 악영향은 빈곤층뿐만 아니라 소득하위 40%의 계층에서도 나타난다. [24] 적절한 소득 재분배 정책은 일부 빈곤층을 구제할 뿐만 아니라 폭넓은 중산층을 키우는 효과도 기대할 수 있다.

네 번째로는 총수요 확대를 통한 고용창출의 기능이다. [25] 사회보장의 확충에 따라 의료, 개호, 육아 등의 분야에서 많은 고용이 창출되고 있다. 실제로 2000년부터 2015년까지 대부분의 산업분야에서 취업자수가 감소했음에도 불구하고 취업자수가 가장 많이 증가한 산업은 의료·복지분야로서 284만 명이나 증가했다(〈도표 10-7〉).

향후 전망을 보면, 일본의 경제활동인구는 2010년부터 2030년까지 연평균 70만 명이나 감소할 것이다. 한편, 개호인력은 매년 5.3만~7.7만 명씩 증가시켜야 할 필요가 있다. [26] 이를 위해 의료·복지

---

23 겐조 요시카즈(權丈善一, 2015a), 98p. 겐조 요시카즈(權丈善一, 2015b), 15~19p 참조.
24 OECD 고용노동사회정책국(2014), "소득격차는 경제성장에 손해를 끼치는가?". 출처는 OECD(2014), *Focus on Inequality and Growth.*
25 이외에 사회보장제도의 경제적 기능으로는 의약품이나 의료·개호기기 등의 재료나 기계 등의 구입을 통한 생산유발 기능, 적립금 등의 자금 집행에 따른 자금순환 기능 등을 들 수 있다.
26 사인연(2012a), 〈일본의 장래추계인구〉 및 후생노동성(2011), 〈의료·개호에 관한 장기추계〉.

분야 인력의 처우 개선이 필요하다. 처우 개선을 통해 이 분야의 고용이 발생하면 소비가 늘고, 경제성장으로 이어질 것이다.

경제성장의 관점에서 혁신에 의한 성장이 필요하다는 점은 두말할 필요가 없다. 사회보장분야의 경제성장에 대한 공헌은 혁신에 비하면 미미할 것이다. 하지만 저성장시대에는 이 '미미한 성장'마저 달성하기 어렵다. 지속가능하고 안심할 수 있는 사회보장제도는 미래 불안을 감소시키고 소비를 진작하여 경제성장의 기반이 된다.

〈도표 10-7〉 산업별 취업자수의 증감(2000~2015년)

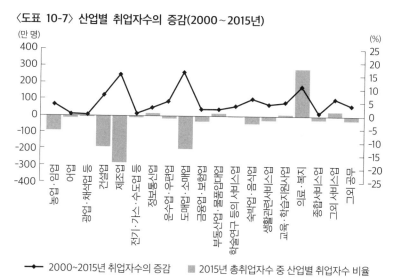

주 1. '전체 취업자 중 산업별 취업자 비율'에서는 '분류불가 산업'도 전체 취업자수에 포함하여 계산하였다.
　　2. 취업자는 15세 이상.
자료. 총무성 통계국(2016), 〈2015년 국세조사 추출속보집계〉 및 〈국세조사(시계열 데이터)〉에 따라 작성.

4. 사회보장개혁안의 내용

1) 사회보장 개혁의 경과

재정의 건전화와 사회보장의 기능 강화를 목표로 하는 개혁안은 어떤 내용일까? 먼저 현재까지의 사회보장개혁 경과를 돌아보면, 2008년 에 자민당, 공명당 연합정부하에서 개최된 사회보장국민회의(2008년 1~11월)가 현재의 사회보장개혁의 기점과 길을 만들었다. 이 회의는 사회보장제도의 지속가능성뿐만 아니라 기능 강화도 목표로 설정하 였고, 사회보장의 바람직한 형태를 달성하기 위해 필요한 추가 경비 를 산출했다. 27 이때까지는 지속가능성의 관점에서 어떻게 사회보장 비를 삭감할 것인가가 논의가 중심이었지만, 사회보장의 바람직한 형태를 달성하기 위한 추가 경비를 산출한 점은 획기적이었다. 이러 한 논의를 기반으로 2009년 〈세제개정법〉 부칙 제104호(2009년 3 월)에서는 소비세의 증세분은 모두 사회보장의 내실화와 안정화에 돌 린다는 것과 세제의 근본적 개혁을 위한 법률적 조치를 2011년도까지 강구할 것을 명시했다.

2009년에 수립된 민주당 정부도 기본적으로는 사회보장국민회의 의 방향성을 계승하였다. 2010년 10월 정부와 여당의 사회보장개혁 검토본부가 설치되었고, 2012년 2월 '사회보장 및 세제 일체 개혁방

---

27 사회보장국민회의(2008).

안'이 각의결정되었다. 그리고 그 내용을 실현하기 위해서 소비세율을 단계적으로 10%까지 인상하는 〈세제개혁관련법〉, 사회보장제도개혁국민회의의 설치를 결정한 〈사회보장제도개혁추진법〉 등 8개 관련 법안이 2012년 8월까지 마련되었다.

그리고 사회보장제도개혁국민회의(2012년 11월~2013년 8월)에서는 사회보장의 내실화를 위해 소비세 증세분을 의료와 개호에 대해 우선적으로 사용하는 방안을 논의해서[28] 2013년 8월에 〈사회보장제도개혁 국민회의 보고서〉를 발표하였다. 2013년 12월에는 사회보장개혁의 항목과 시행일정을 명시한 '사회보장개혁 프로그램'을 담은 법안이 통과되었다.

2) 사회보장과 세제 일체 개혁의 내용

그럼 소비세 증세분(5%, 14.0조 엔)은 구체적으로 어떤 사회보장개혁에 사용될 예정인가? 아베 정권에서는 두 번에 걸쳐서 소비세 증세를 연기하였기 때문에 계획대로 사회보장개혁이 진행된 것은 아니다. 하지만 여기에서는 소비세율이 10%로 인상되었을 경우를 기준으로 살펴보겠다.

앞에서 언급한 대로 소비세 증세분 5%는 모두 사회보장에 사용하는 것으로 결정되었다. 하지만 소비세 증세분 5% 중에서 사회보장의

---

28 겐조 요시카즈(權丈善一, 2015a), 282p.

내실화를 위해 사용되는 것은 1% 정도(2.8조 엔)이고, 남은 4% 정도(11.2조 엔)은 사회보장의 안정화에 사용된다(〈도표 10-8〉). 사회보장의 안정화는 기초연금의 국고부담(1/2)의 영구화와 차세대 부담으로 넘긴 부분 등 지금까지 안정적 재원이 확보되지 않은 채로 사회보장급여로 지출된 부분으로, 이것이 소비세 증세분 3%에 해당한다. 여기에 덧붙여 소비세율 인상에 따라 발생하는 사회보장비의 지출 증가에 대응하는 경비로서 0.8조 엔이 예정되어 있다. 따라서 소비세 증세분 5% 중 4%는 주로 재정 건전화를 위한 자금이고, 사회보장의 내실화를 위한 것은 아니다.

소비세율을 5% 인상해도 실제로 사회보장의 내실화에 쓸 수 있는 것은 겨우 1%에 그치기 때문에 너무 적다고 생각할 수 있다. 하지만 이것은 일본의 재정이 얼마나 악화되어 있는지를 나타내고 있다. 만약 사회보장을 한층 더 강화하고자 한다면, 소비세율을 더욱 인상하는 방안 등을 검토할 수밖에 없다.

3) 사회보장 기능 강화의 내용

그럼 소비세 증세분 1%를 이용하여 추진하는 사회보장 기능 강화는 어떠한 내용일까? 사회보장과 세제의 일체 개혁안에서는 사회보장의 내실화를 위해 사회보장비를 증액하는 부분과 중점화, 효율화를 통해 사회보장비를 절감하는 부분이 모두 명시되어 있다. 그리고 내실화를 위한 비용에서 중점화, 효율화의 비용을 제외하고 전체적으로

〈도표 10-8〉 소비세 인상분 5%의 용도

사회보장의 내실화 약 1% (약 2.8조 엔)	사회보장 재정의 건전화 약 4% (약 11.2조 엔)
자녀·육아 지원의 내실화(약 0.7조 엔) 자녀·육아지원제도 실시에 따른 유아교육, 보육, 지역의 육아지원 통합적 추진 내실화, '대기아동해소가속플랜' 실행 등	**기초연금국고부담률 1/2의 영구화** **(약 3.2조 엔)**
의료·개호의 내실화(약 1.5조 엔) 병상 기능분화·연계, 재택의료 추진, 지역 포괄케어시스템의 구축, 의료보험제도 재정 기반의 안정화, 보험료 관련 국민부담 공정성 확보, 신경난병 및 소아만성특정질병 관련 공평성 확보 및 안정적 제도 확립 등	**차세대로 미루는 부담의 경감(약 7.3조 엔)** 고령화에 따른 자연 증가를 포함한 안정적 재원이 확보되지 않은 기존의 사회보장비 **소비세 인상에 따른 사회보장 경비 증가** **(약 0.8조 엔)** 진료보수, 개호보수, 육아지원 등에 대한 물가상승에 따른 지출 증가
연금제도의 내실화(약 0.6조 엔) 저소득 고령자·장애인 등에게 복지적 급부, 수급자격기간의 단축 등	

주. 〈세제근본개혁법〉에 따라 2015년 10월 소비세율이 10%로 인상된 것을 전제로 한 것.
자료. 후생노동성 홈페이지(2014), 사회보장제도개혁의 전체 현황

약 2.8조 엔의 추가적인 공적비용 투입을 필요로 한다(〈도표 10-8〉).
추가로 필요한 비용 약 2.8조 엔을 소비세율로 환산하면 거의 1%의
인상분에 상당한다.

추가로 필요한 비용을 분야별로 보면, 육아분야에는 소비세 증세
에 따른 7,000억 엔을 새로 투입하고, 최종적으로는 세제개혁 이외
의 재원도 포함하여 1조 엔을 넘는 증액을 검토하고 있다.

또 의료·개호분야에서는 재택의료나 개호시설 통합 등의 내실화
를 위해 약 2.4조 엔이 투입된다. 한편, 평균 입원일수 감소나 외래
진료의 적정화, 시설개호에서 재택개호로의 전환 등의 중점화, 효율

화에 따라 약 1.2조 엔까지 예산을 절감할 수 있다고 보고 있다. 그 결과, 전체적으로는 약 1.5조 엔의 공적 비용이 추가로 투입될 전망이다.

연금분야를 보면, 저소득 고령자나 장애인의 복지적 급여나 수급자격기간의 단축 등 최저보장기능의 내실화를 위해 약 6,000억 엔이 추가될 예정이다.

사회보장과 세제 일체 개혁에 대한 평가

사회보장과 세제 일체 개혁의 방향성이나 취지는 대체로 긍정적으로 평가할 수 있다. 즉, ① 재정의 건전화와 사회보장 기능 강화를 동시에 달성한다는 목적, ② 그 재원으로서 2010년대 중반까지 소비세율을 단계적 인상한다고 명시한 것, ③ 사회보장정책에 대하여 내실화와 중점화, 효율화를 모두 검토하여 전체적으로는 사회보장비의 총액을 증가시키는 방향으로 개혁한다는 것은 모두 적절하다고 볼 수 있다.

특히 사회보장의 유지와 강화를 위해서 소비세율의 인상 일정 (2014년 4월에 8%, 2015년 10월에 10%로 인상) 을 명시적으로 표명한 것도 중요하다. 물론 향후에도 낭비를 줄이는 것에 주력해야 하지만, 낭비를 줄이는 것만으로 사회보장 기능 강화와 재정 건전화를 실현하기는 어렵다.

4) 왜 소비세 증세인가?

그럼 각종 조세 중에서 왜 소비세율의 인상을 통해 재원을 확보하는 것인가? 소비세의 특징 중 특정 세대에 치우치지 않고 폭넓게 모든 세대가 부담하는 재원이라는 점과, 경기에 좌우되지 않고 안정된 세수입을 얻기 쉽다는 이유를 들 수 있다. 또 소비세는 소득세와 법인세와 같은 기간세이지만, 현행 일본의 소비세율 8%는 주요 선진국과 비교하여 꽤 낮은 수준이고, 인상의 여지가 있다. [29]

한편 소비세의 문제점으로 저소득층일수록 상대적으로 부담이 커지는 역진성이 지적되고 있다. 그러나 사회보장은 소득 재분배이고 거시적으로 보면 사회보장급여를 통해 사회적 부가 고소득층에서 저소득층에게 흐르도록 한다. 사회보장의 재원을 늘리는 것은 재분배를 확대하기 때문에 급여도 포함해서 생각하면 저소득층에게 혜택이 더 크다고 할 수 있다.

그리고 소비세 인상이 경기에 미치는 영향에 대해서는 과거의 사례로부터 증세나 부담 증가가 반드시 경기후퇴를 초래하지는 않는다는 것과, 소비세 증세분을 사회보장에 투입하면 사회보장제도에 대한 미래 불안이 불식됨에 따라 경제에 미치는 영향은 작아진다는 점 등이

---

[29] 2016년 1월 현재 주요 선진국의 부가가치세율(표준세율) 수준을 보면, 스웨덴 25%, 영국 20%, 이탈리아 22%, 프랑스 20%, 독일 19%, 캐나다 5%이다(재무성홈페이지, "부가가치세율(표준세율 및 식료품에 대한 적용세율)의 국제비교").

지적되고 있다. **30**

소득세 누진과세 강화와 공적연금공제의 재검토

그리고 재원이 부족한 가운데 증세해야 할 세목은 소비세뿐만이 아니다. 소득세는 1984년, 1987년, 1989년, 1999년에 누진과세를 약화하는 방향으로 개정되어 왔다. 그 후 2007년, 2015년에 누진과세를 강화하는 방향으로 개정되었다. **31** 향후에는 소득세 누진과세를 한층 강화할 필요가 있다. 소득세 누진성 강화를 통해 전체 세금 부담의 면에서 소비세의 역진성을 완화할 수도 있다. 또 고소득층의 고령자도 적절한 부담을 하도록 공적연금공제를 포함한 연금과세 여부에 대해서도 논의할 필요가 있다. 더욱이 사회보험은 사회보험료가 주요 재원이 된다. 저소득층에게 보험료 경감 조치를 강화하고 전체적으로는 사회보험료를 인상할 필요가 있다.

---

30 요시카와 히로시(吉川洋, 2011), 자료 3-2.

31 소득세율의 추이를 보면, 1983년까지는 10%(최저세율)에서 75%(최고세율)의 19단계로 구분되어 있었지만, 1984년, 1987년, 1989년, 1999년에 감세가 이루어져서 1999년에는 10%에서 37%의 4단계로 되었다. 그 후, 2007년, 2015년에 소득세 인상이 이루어져 2015년에는 5%에서 45%의 7단계로 구분되었다(재무성 홈페이지, "주요국의 소득세율 추이", http://www.mof.go.jp/tax_policy/summary/income/234.htm, 2016년 10월 3일 열람)

5. 소비세 인상 연기에 대하여

소비세 인상에 대해서는 〈세제근본개혁법〉(2012년) 에 따라 2014년 4월부터 8%, 2015년 10월부터 10%로 2단계로 인상하는 것이 예정되어 있었다. 그러나 아베 정권은 2단계에서 예정되었던 소비세 인상을 두 번 연기했다. 2015년 10월에 예정되었던 10%로의 인상을 2017년 4월로 연기하였고, 2017년 4월부터의 인상도 2019년 10월까지 2년 6개월 연기하였다. 그리고 2016년 7월 참의원선거에서는 모든 주요 정당이 소비세 인상 재연기에 찬성했다.

소비세 증세 연기에는 납득하기 어려운 점이 있다. 분명히 동일본 대지진이나 리먼 쇼크 등 큰 규모의 경기악화 요인이 있으면 소비세 증세 연기도 어쩔 수 없다. 그러나 두 번에 걸친 연기는 그 정도의 상황이 아니다.

고령화의 영향에 따라 사회보장비는 지속적으로 증가하는데 증세 시기를 늦추면 국가의 채무는 커져간다. 경기는 순환하는 것인 데 비해 고령화에 따른 사회보장비 증가는 구조적인 문제이다. 눈앞의 경기를 고려한다고 구조적 문제에 대한 대응을 연기하는 것은 합리적이지 않다. 또 재정 건전화를 이루는 데 경제성장이 중요하지만, 소비세 증세를 연기한다고 해서 경제가 성장한다고 보증할 수 없다. 소비세 증세 연기에 따라 사회보장비 삭감이 예상되므로 미래에 대한 불안을 가진 국민들이 소비를 억제하고 저축을 하는 경향이 강해질 수도 있다.

소비세 증세 연기의 영향

그리고 소비세 증세 연기는 다음과 같은 영향이 있을 것이다.

첫 번째로 증세의 부담을 뒤로 미루는 것은 채무잔액을 늘리기 때문에 사회보장 기능을 강화할 여지가 한층 적어진다는 점이다. 계획대로 소비세 증세를 실시한다고 해도 증세분 5% 중 사회보장 내실화에는 1%밖에 쓰이지 않는다. 그렇지 않아도 재정상황이 어려운데 소비세 증세를 연기하면 그동안 국가의 채무가 한층 더 증가하여 재정건전화에 더욱 많은 재원을 쏟아야 한다. 그렇게 되면 국민에게는 증세 부담만 남고, 사회보장 내실화에 따른 장점은 실감할 수 없게 될 것이다.

두 번째로 예정되어 있던 사회보장 내실화 대책의 연기이다. 특히 저소득 고령자에 대한 개호보험료의 경감 강화가 보류되었다. 개호보험료가 높아지고 있는 상황에서 저소득층에 대한 보험료 경감조치는 우선순위가 높은 시책인데, 안타깝게도 보류되고 있다. 이외에도 저연금자에 대한 급여금도 보류되었다. 한편, 육아 지원의 내실화는 다른 곳에서 재원을 확보하여 2017년에 추진될 전망이다. 또 국민건강보험에 대한 재정지원 확충은 증액폭을 줄여 실시하게 되었다.[32]

세 번째로 재정 건전화가 한층 늦어질 가능성이 있다는 점이다. 정부의 재정운영전략(2010년 6월 22일 각의결정)에서는 2020년까지 국가와 지방의 기초재정수지를 흑자화한다는 목표를 세우고 있었지만,

---

32 〈아사히신문〉 (2016년 12월 18일), "소비증세 연기의 사회보장에 대한 영향은?".

재정 건전화로의 걸음이 늦어지고 있다.

　내각부에 따르면 명목 3%, 실질 2% 이상의 경제성장이 실현된 경우에도 2020년도 국가와 지방의 기초재정수지는 5.5조 엔(GDP 대비 1.0%)의 적자가 될 전망이다(〈도표 10-9〉).

〈도표 10-9〉 국가 · 지방의 기초재정수지(GDP 대비)

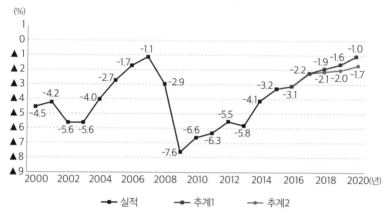

주 1. 소비세율을 10%로 인상하는 시기가 2019년 10월에 변경될 것을 전제로 함
　2. 경제재건 케이스란 중장기적으로 실질경제성장률이 2% 이상, 명목경제성장률이 3% 이상인 것을 전제로 한 추계.
　3. 베이스라인케이스란, 중장기적으로 실질경제성장률이 약 1%, 명목경제성장률이 1% 중반 수준인 것을 전제로 한 추계
자료. 내각부(2016), 〈중장기 경제재정에 관한 시산〉(2016년 7월 26일, 경제재정자문회의 제출, 자료 1-1) 및 재무성(2016a), 33p.

6. 일본 1억 총활약플랜의 재원

아베 정권은 2016년 6월에 '일본 1억 총활약플랜'을 발표하였다. 여기에는 저출산의 전개가 노동공급의 감소뿐만 아니라 미래에 경제규모의 축소나 생활수준의 하락을 초래하여 경제의 지속가능성을 위협한다고 하여 '저출산·고령화에 필사적으로 대응하지 않는 한, 해외투자가들의 일본에 대한 지속적인 투자는 기대할 수 없다'는 문제의식이 담겨 있다. **33**

그리고 아베노믹스의 2단계는 저출산·고령화의 문제에 정면 승부한다는 취지에서 ① 전후 최대의 명목 GDP 600억 엔, ② 희망 출생률 1.8, ③ 개호이직 제로(0) 라는 목표를 내걸었다.

세 가지 목표를 향해서 ① 혁신과 근무방식 개혁, 잠재 수요 발굴 등 '희망을 만들어 내는 강한 경제', ② 안심하고 아이를 낳아 기를 수 있는 사회를 만드는 '꿈꾸는 육아 지원', ③ '안심으로 이어지는 사회보장'이라는 3개의 화살을 쏘겠다고 했다.

또 이 계획에는 성장과 분배의 선순환 메커니즘이 그려져 있다. 더 구체적으로 말하면, 육아나 개호 등의 사회보장 강화가 일하는 사람을 증가시키고 소비를 향상시켜 경제를 강하게 만드는 선순환이다(〈도표 10-10〉).

이것은, 이 장 3절에서 검토한 바와 같이 사회보장 강화가 성장의

---

33 각의결정(2016), 2p.

〈도표 10-10〉 1억 총활약사회 실현을 위한 성장과 분배의 선순환모델

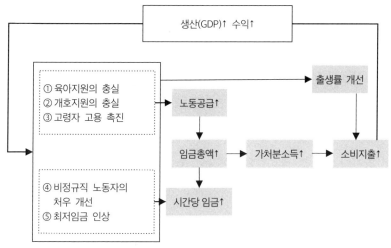

자료. 각의결정(2016), 6p에서 시산수치를 제외하고 전재.

걸림돌이 아니라 오히려 경제성장의 기반이 될 수 있다는 관점을 반영한 것이다.

하지만 보육사나 개호서비스 인력의 처우 개선을 포함하여 육아와 개호의 내실화에는 재원이 필요하다. 위 계획에는 아베노믹스의 성과 활용이라는 표현이 있지만, 재원에 대한 구체성이 부족하다. 향후에도 저출산·고령화가 이어질 것을 고려하면, 육아와 개호의 내실화를 지속적으로 추진할 필요가 있다. 일시적인 재원이 아닌 영구적이고 안정적인 재원의 확보가 요구되는 것이다.

앞서 언급한 대로 사회보장제도개혁국민회의가 소비세 증세를 안정적 재원으로 하는 것을 전제로 사회보장개혁안을 제시한 것은 2013

년이었다. 국민회의보고서에는 이번 계획과 중복되는 내용이 적지 않다. 하지만, 아베 정권은 두 번이나 소비세 증세를 연기했다. 소비세 증세의 일부는 50만 명에 대한 보육서비스 공급과 저소득층에 대한 개호보험료 경감을 위한 재원이 될 예정이었다.

그럼에도 불구하고 2013년부터 2014년까지 21.9만 명분의 보육을 제공하는 대책은 전개되었다. 여성의 취업률 상승에 따라 보육시설 이용신청자가 증가하여, 2015년부터는 대기 아동이 증가하고 있는 상황이다. 한편, 개호필요고령자의 증가와 가족 구성의 변화로 인한 개호수요를 개호공급이 따라가지 못하고 있다. 이로 인한 가족의 부담은 높아지는 경향이다.

향후 2030년까지 일본의 경제활동인구는 연평균 약 70만 명 감소할 전망이다. 한편 개호이직자는 연간 약 10만 명에 달하고 있다. 자녀를 보육시설에 맡기지 못해서 일을 하고 싶어도 할 수 없는 부모도 많다. 육아나 개호의 공적 서비스를 확충하지 않으면 노동력 확보를 기대하기 어렵다.

정부가 추진해야 할 계획은 이미 제시되어 있다. 그것을 실행하기 위한 안정적 재원을 확보하는 것이 문제이다. 여기에서 문제를 대하는 정부의 진정성을 판가름할 수 있을 것이다.

7. 10장을 마치면서

앞에서 논의한 대로 소비세율을 5% 인상해도 실질적으로 사회보장 기능 강화에 사용되는 것은 1%이다. 그만큼 일본의 재정은 악화되어 있다는 현실을 직시해야 한다.

원래 계획에 따르면 더 빨리 세금이나 사회보험료를 인상하고 재정 악화를 방지해야 했다. 하지만 경기가 좋을 때에는 지금 증세를 하면 경기가 악화될 것이라 하고, 경기가 나쁠 때에는 지금은 증세를 할 시기가 아니라는 주장을 일본 국민들은 지지해 왔다. 고령화에 따라 사회보장비는 계속해서 증가하는데 그것에 대한 재정적인 준비를 해오지 않았고, 그 영향이 지금 돌아오고 있다.

이대로 부담을 계속해서 뒤로 미룬다면, 채무잔액이 증가하고 사회보장을 강화할 여지는 더욱 적어질 것이다. 그리고 일단 장기금리가 상승하면, 증세와 사회보장의 삭감을 동시에 실시할 수밖에 없게 되어 국민생활은 큰 타격을 받게 될 것이 예상된다. 그때는 지금의 단계에서 증세를 하는 것보다 더욱 큰 고통을 겪게 될 것이다.

사회보장 기능 강화와 재정 건전화를 동시에 달성하는 것은 분명히 험난한 길이다. 그러나 다행히 일본의 세금과 사회보험료 부담 수준은 주요 선진국에 비해 낮은 수준이다. 세금이나 사회보험료를 인상할 여지가 아직 남아있다.

자연재해를 인간의 힘으로 막는 것은 어렵다. 반면 재정위기를 회피하고 사회보장 기능 강화를 통해 사람들의 생활을 지키는 것은 인간의 힘으로 이루어낼 수 있다. 일본의 고령화는 단순히 65세 이상 인구가 증가하는 것뿐만 아니라 75세 이상 후기고령자 증가, 1인가구 증가, 미혼 증가를 동반하고 있으므로 '서로 돕는 사회'를 구축하는 것이 더욱 더 필요하다.

지금 해야 할 일은 재원을 제대로 확보하는 것과 사회보장제도를 강화하는 것이라고 생각한다.

그것은 다른 누구를 위해서가 아니다. 누구나 1인가구가 될 가능성이 있으므로, 만약 무슨 일이 생겨도 안심하고 생활할 수 있는 여건을 만들기 위한 준비인 것이다. 또 적절하게 소득 재분배 정책을 실시하여 '서로 돕는 사회'를 구축하는 것은 중산층을 폭넓게 육성하는 것과도 연결되므로 경제성장의 기반을 다지는 것이기도 하다.

맺음말

이 책의 전편인 《單身急增社會の衝擊》(1인가구 급증사회의 충격)을 출판한 지 7년이 지났다. 그 동안 생활곤궁자 자립 지원에 종사하는 NPO 등 민간단체나 국가, 지자체 관계자 등 많은 사람들과 만날 수 있었다. 지원 현장도 몇 번이나 시찰했다.

그곳에는 어쩔 수 없는 현실이 너무나도 많았다. 사회의 밑바닥이 뚫려 있다는 생각이 들었다. 고립의 공포가 가슴에 와 닿았다. 고립된 처지에서는 아무리 작은 걸림돌이라도 큰 문제가 된다. 누군가에게 더 빨리 말을 건네거나 상담을 받는다면 그렇게까지 심각한 상황에 빠지지는 않았을 것이라고 생각했다.

현대사회에서 빈곤은 단순히 경제적 곤란뿐만 아니라 사회적 고립도 함께 초래한다. 모든 가구가 마찬가지이지만, 특히 1인가구는 다른 가구에 비해 경제적 곤란과 사회적 고립에 빠지기 쉽다.

하지만 세상은 여전히 살 만하다는 것을 재확인했다. 어느 지역포괄지원센터의 보건사는 대규모단지에서 '혼자 사는 노후를 생각하는 모임'을 월 1회 개최하여 혼자 살더라도 서로 돕는 지역사회를 만들고자 노력했다. 또 생활곤궁자를 지원하는 한 단체에 속한 사람은 노숙자에게 지속적으로 다가가 신뢰관계를 구축하고, 노숙자의 생활 자립을 돕고자 노력했다. 그는 '사람과의 만남이 인생을 바꾼다'고 말했는데, 정말 그와의 만남으로 인생이 바뀐 곤궁자가 있었다. 또 한 지자체 직원은 세금이나 공공요금 체납자와 상담하고 구청 내외의 전문가와 연계하여 생활곤궁자를 지원하는 방법을 생각해냈다.

이러한 하나하나의 소소한 활동이 희망이다. 지원현장에서 개개인의 실천이 사회의 시스템이 되는 것처럼 필자의 역할은 실태를 분석하여 사회에 제안하는 것이라고 생각했다.

오랫동안 일본에서는 정규직으로 일하는 남편, 아내 그리고 자녀들이 있는 가구를 '표준가구'로 설정하고, 여러 생활리스크에 대응해왔다. 일본형 고용관행 아래에서 생활비를 포함한 연공임금이 지급되었고, 가족 내에서 남녀 역할을 분담해서 부모의 개호나 육아를 해왔다. 하지만 표준가구에 속하는 사람은 확실히 줄어들고 있다.

지금 가족과 함께 사는 사람을 포함하여 누구나 혼자 살게 될 가능성이 있다. 따라서 사회적 차원에서 생활리스크에 대응할 수 있도록 하는 것이 좋다. 사회적인 대응력이 강화되면 경제적 이유나 부모의 개호를 위해 결혼을 포기한 1인가구나 1인가구 예비군이 다른 선택을 할 수도 있다. 현실이 답답하더라도 미래는 스스로 바꿀 수 있다.

《1인가구 사회: 일본의 충격과 대응》이라는 제목에 담긴 의도를 어느 정도 달성했는지는 독자의 판단을 기다릴 수밖에 없다. 이 책에서는 필자의 전문분야를 넘어서 1인가구가 가진 실태를 분석하고, 대책을 강구했다. 여러 입장의 의견과 비판을 기꺼이 듣고자 한다.

이 책을 집필하며 많은 분들에게 지원을 받았다. 신세를 진 한 사람 한 사람의 이름을 기재하지 못하지만 진심으로 감사한 마음을 전하고 싶다. 노자키 히로코(野崎裕子) 씨는 통계처리부터 그래프 작성까지 많은 도움을 주었다. 그녀의 헌신적인 도움이 없었다면 이 책은 완성하지 못했을 것이다.

더욱이 간행의 기회를 주시고, 졸고를 참을성 있게 기다려준 일본경제신문출판사의 시라이시 겐 편집부장, 호리에 겐이치 씨, 나가하시 후미코 씨에게 진심으로 감사의 말씀을 전한다.

이렇게 많은 분들의 협력이 있었음에도 이 책에 부족한 점이 있다면, 그것은 모두 필자의 부족함에 의한 것이다. 미력하지만 1인가구 증가 추이를 확인하고 향후 사회보장 대책을 고민하는 데 이 책이 조금이나마 참고가 된다면 좋겠다.

마지막으로 지방에 혼자 살고 계시는 어머니와, 집필기간에 필자를 지지해 주신 가족에게 이 책을 선물하고 싶다.

참고문헌

제1장

上野千鶴子(2015), 《おひとりさまの最期》, 朝日新聞出版.

_____(2007), 《おひとりさまの老後》, 法研.

國立社會保障・人口問題研究所(2016), 〈人口統計資料集2016〉, 厚生勞働統計協會.

_____(2014), 〈日本の世帶數の將來推計(都道府縣別推計)〉(2014年4月推計).

_____(2013a), 〈日本の地域別將來推計人口〉(2013年3月推計).

_____(2013b), 〈日本の世帶數の將來推計(全國推計)〉(2013年1月推計).

_____(2012a), 〈日本の將來推計人口〉(2012年1月推計).

_____(2012b), 〈平成22年わが國獨身層の結婚觀と家族觀—第14回出生動向基本調査〉, 厚生勞働統計協會.

厚生勞働省(2006), 《平成18年度〈婚姻に關する統計〉の槪況》.

佐藤博樹(2010), 〈結婚の 壁 はどこに存在するのか?〉, 佐藤博樹・永井曉子・三輪哲 編著, 《結婚の壁—非婚・晩婚の構造》, 勁草書房.

津谷典子・樋口美雄編(2009), 《人口減少と日本経濟》, 日本経濟新聞出版社

內閣府(2015), 〈一人暮らし高齡者に關する意識調査〉, 2015年3月.

藤森克彦(2010), 《單身急增社會の衝擊》, 日本経濟新聞出版社.

山內昌和(2012), "單獨世帶の動向と今後の見通し", 〈李刊家計経濟硏究〉, 94号, 2012年4月.

제2장

小池司朗・山內昌和(2014), "2010年の國勢調査における '不詳'の發生狀況:5年の居住地を中心に", 〈人口問題研究〉, 第70卷 第3号, 2014年9月.

國土交通省(2006), 〈都市・地域レポート2006〉.

國立社會保障・人口問題研究所編(2014), 〈日本の世帶數の將來推計(都道府縣別推計)〉(2014年 4月 推計), 2010年~2035年.

_____(2013), 〈日本の地域別將來推計人口〉(2013年3月推計).

高塩純子(2007), "40歲代未婚者の家族と暮らし—2005年 國勢調査結果第一次基

本集計及び第二次基本集計結果から", 〈統計〉, 第58巻 第4号.

內閣府(2008), 《平成20年版 高齡社會自書 》.

內藤莞爾(1985), "日本の伝統的核家族", 〈立正大學人文科學研究所年報〉, 第23
　　　巻.

藤森克彦(2010), 《單身急增社會の衝擊》, 日本経済新聞出版社.

南日本新聞(2011), 〈平成24年度新聞協會賞応募作　ひとりの時代　鹿兒島で生き
　　　る〉, 2012年

山內昌和(2012), "單獨世帯の動向と今後の見通し", 〈季刊家計経濟研究〉, 第94
　　　号, 2012年春.

제3장

阿部彩(2014a), "包攝社會の中の社會的孤立 ─ 他縣からの移住者に注目して ─",
　　　〈社會科學研究〉, 第65巻 第1号, 2014年5月.

_____(2014b), 〈相對的貧困率の動向〉, 貧困統計 HP. https://www. hinkonstat.
　　　net.

奥田知志・稻月正・垣田裕介・堤圭史郎(2014), 《生活困窮者への伴走型支援》,
　　　明石書店.

河合克義・菅野道生・板倉香子(2013), 《社會的孤立問題への挑戰─分析の視座
　　　と福祉實踐》, 法律文化社.

玄田有史(2013), 《孤立無業(SNEP)》, 日本経済新聞出版社.

厚生勞働省(2016), 〈平成26年(2014年) 所得再分配調査報告書〉.

_____(2014), 〈平成25年 國民生活基礎調査の概況〉.

國立社會保障・人口問題研究所(2014), "2012年社會保障・人口問題基本調査生活
　　　と支え合いに關する調査報告書", 〈調査研究報告資料〉, 32号, 2014年3月.

內閣府(2014), 〈'絆'と社會サービスに關する調査結果の概要〉.

藤森克彦(2016), "社會的孤立4類型からみた單身世帯における孤立の實態分析",
　　　國立社會保障・人口問題研究所, 〈生活と支え合いに關する調査(2012年)
　　　二次利用分析報告書(平成27年度)〉, 所內研究報告, 第66号, 2016年3月.

_____(2012), "單身世帯の生活と生きがい", 〈年金と経済〉, 第31巻 第1号, 財団
　　　法人年金シニアプラン總合研究機構, 2012年4月.

_____(2010), 《單身急增社會の衝擊》, 日本経済新聞出版社.

제4장

阿部彩(2014a), "包攝社會の中の社會的孤立—他縣からの移住者に注目して—", 〈社會科學研究〉, 第65卷 第1号, 2014年5月.

_____(2014b), 〈相對的貧困率の動向〉, 貧困統計HP   https://www.hinkonstat.net.

厚生勞働省(2016), 〈平成26年(2014年)所得再分配調査報告書〉.

_____(2013), 〈予防給付の見直しと地域支援事業の充實〉(第51回社會保障審議會介護保險部會)(2013年10月30日, 資料1).

_____(2011), 〈医療・介護に係る長期推計〉.

國立社會保障・人口問題研究所(2014), "2012年社會保障・人口問題基本調査生活と支え合いに關する調査報告書", 〈調査研究報告資料〉, 32号, 2014年3月.

高齢者が一人でも安心して暮らせるコミュニティづくり推進會議(2008), 〈高齢者等が一人でも安心して暮らせるコミュニティづくり(孤立死ゼロを目指して)報告書〉, 2008年3月.

齊藤雅茂・冷水豊・武居幸子・山口麻衣(2010), "大都市高齡者の社會的孤立と一人暮らしに至る経緯との關連", 〈老年社會科學〉, 第31卷 4号, 2010年1月.

東京都監察医務院, 〈東京都監察医務院で取り扱った自宅住居で亡くなった單身世帶の者の統計〉(各 年版).

東京都監察医務院(2010), 〈東京都23區における孤獨死の實態〉.

內閣府(2015), 〈一人暮らし高齡者に關する意識調査〉.

_____(2014), 〈平成26年版 高齡社會白書〉.

藤森克彦(2016), "社會的孤立4類型からみた單身世帶における孤立の實態分析", 國立社會保障・人口問題研究所, 〈生活と支え合いに關する調査(2012年)二次利用分析報告書(平成27年度)〉, 所內研究報告, 第66号, 2016年 3月.

_____(2015), "子どもの有無別・所得階層別にみた一人暮らし高齡者の貧困・要介護・孤立への不安感", 〈新情報〉, 103卷, 一般社団法人新情報センター, 2015年11月.

_____(2014), "日本の人口・世帶'將來推計'—後期高齡者化, 單身世帶化, 未婚化への對応が急務", 〈週刊 エコノミスト〉, 2014年4月29日号.

_____(2010), 《單身急增社會の衝撃》, 日本経済新聞出版社.

제5장

公益財団法人 年金シニアプラン總合研究機構(2016), 〈第4回獨身者(40~50代)の老後生活設計ニーズに關する調査〉.

神戶市, 〈同居親族要件の取り扱いについて〉(第5回安心な住生活部會, 2010年7月2日, 資料 2).

國立社會保障・人口問題研究所(2016), 〈人口統計資料集2016〉, 厚生勞働統計協會

千保喜久夫(2011), "獨身女性の老後生活に對する意識について", 財団法人年金シニアプラン總合研究機構, 〈第3回獨身女性(40~50代)を中心とした女性の老後設計ニーズに關する調査〉.

高山憲之(2016), "〈〈くらしと仕事に關するインターネット調査〉, からみた中年未婚男性の生活實態と意識：調査結果の概要", WEB Journal 〈年金研究〉, 第3号, 2016年6月.

長野誠治(2016), "第4回獨身者(40~50代)の老後生活設計ニーズに關する調査：調査の目的と方法", WEB Journal 〈年金研究〉, 第3号, 2016年6月.

西文彦(2015), 〈親と同居の壯年未婚者2014年〉(http://www.stat.go.jp/training/2kenkyu/pdf/zuhyou/parasi11.pdf).

藤森克彦(2016), "中年未婚者の生活實態と老後リスクについて─親などと同居する2人以上世帶'と'單身世帶'からの分析", WEB Journal, 〈年金研究〉, 第3号, 2016年6月.

_____(2010), 《單身急增社會の衝擊》, 日本経済新聞出版社.

丸山桂(2016), "中年未婚者の就業狀況と老後の所得保障", WEB Journal 〈年金研究〉, 第3号, 2016年6月.

제6장

國立社會保障・人口問題研究所(2013), 〈日本の世帶數の將來推計(全國推計)〉(2013年1月推計).

內閣府(2016), 〈高齡者の生活と意識──第8回國際比較調査結果報告書〉.

藤森克彦(2016), "單身高齡世帶(一人暮らし高齡者)の生活と意識に關する國際比較─4か國比較", 內閣府, 〈高齡者の生活と意識─第8回國際比較調査結果報告書〉.

_____(2010), 《單身急增社會の衝擊》, 日本経濟新聞出版社.

제 7 장

イギリス医療保障制度に關する研究會編(2016), 〈イギリス医療保障制度に關する調査研究報告書2015年度版〉, 医療経濟研究機構, 2016年3月.

今泉靖德(2016), "八王子市シルバーふらっと相談室館ヶ丘の取り組み", 〈みずほ情報總研イノベーションフォーラム發表資料〉, 2016年3月22日.

今泉靖德(2015), 〈館ヶ丘団地での學生ボランティア活動(八王子市)〉, 法政大學教職課程センター 多摩シンポジウム, 《多摩でかたらう 2014》, 2014年11月26日 講演冊子.

上野千鶴子, "家族に反對されても, '自宅で死にたい' と言いなさい", 〈週刊 東洋経濟〉, 2016年9月24日号.

木村淸一(2016a), "長壽社會のまちづくり(柏プロジェクトの實踐)", 〈電機連合NAVI〉, 2016年春号.

_____(2016b), 〈柏市の生きがい就勞と地域包括ケアの構築に向けた取り組み(基調講演資料)〉〈みずほ情報總研イノベーションフォーラム, 2016年3月22日〉.

權丈善一(2015), 《医療介護の一体改革と財政—再分配政策の政治経濟學VI》, 慶應義塾大學出版會.

建設省建築研究所(1993), 〈えぴすとら〉, 第2号, 1993年10月.

一般財団法人高齡者住宅財団(2014), 《デンマーク高齡者住宅視察報告書》.

國土交通省(2016), 〈平成28年度サービス付き高齡者向け住宅整備事業について〉, 2016年7月.

國土交通省HP, 〈平成27年住宅経濟關連データ〉(http://www.mlit.go.jp/common/001134005.pdf, 2016年10月5日閱覽)

國立社會保障・人口問題研究所(2012), 〈日本の將來推計人口〉(2012年1月推計).

小林秀樹(2015), "住宅政策の展開と居住支援協議會への期待", 〈住宅〉, 2015年11月号, 一般社団法人 日本住宅協會.

コレクティブハウス, "コレクティブハウスかんかん森 in 日暮里コミュニティ", 〈一般見學會資料〉, 2016年6月12日.

篠原聰子・空間研究所・アサツーディ・ケイ(2015), 《多緣社會》, 東洋経濟新報社.

白川泰之(2014), 《空き家と生活支援でつくる '地域善隣事業'》, 中央法規出版.

社會保障制度改革國民會議(2013), 〈社會保障制度改革國民會議報告書〉, 2013年
　　8月.

田中滋監修(2014), 《地域包括ケア　サクセスガイド》, メディカ出版.

東京大學高齢社會總合研究機構編(2014), 《地域包括ケアのすすめ》, 東京大學出
　　版會.

豊四季台地域高齢社會總合研究會(2014), 《在宅医療・介護多職種連携柏モデル
　　ガイドブック》.

內閣府(2014), 〈平成26年版高齢社會白書〉.

二木立(2015), 《地域包括ケアと地域医療連携》, 勁草書房.

野村總合研究所(2015), 《地域包括ケアシステム構築に向けた在宅医療・介護連
　　携の推進における, 實踐的な市町村支援ツールの作成に關する調査研究事
　　業》(平成26年度老人保健事業推進費等補助金・老人保健健康増進等事業,
　　2015年3月).

平山洋介(2016), "結婚遠のく住宅事情", 〈週刊 東洋経濟〉, 2016年5月14日号.

＿＿＿(2014), "持ち家社会と住宅政策", 〈社會政策〉, 第6巻 第1号, 2014年9月.

＿＿＿(2009), 《住宅政策のどこが問題か》, 光文社新書.

藤森克彦(2016), "中年未婚者の生活實態と老後リスクについて―親などと同居す
　　る2人以上世帶'と'單身世帶'からの分析", Web Journal 〈年金研究〉, 第3
　　号, 2016年6月.

三菱UFJリサーチ&コンサルティング(2013), 〈持續可能な介護保險制度及び地域
　　包括ケアシステムのあり方に關する調査研究事業報告書〉(平成24年度厚生
　　勞働省老人保健事業推進費等補助金, 2013年3月)

TBSラジオ(2016), "高齢者を支える'館ヶ丘団地'の取り組み", 2016年7月9日(http:
　　//www.tbsradio.jp/51896, 2016年9月26日閲覽).

제8장

インクルージョンネットかながわ(2016), 《生活困窮者支援での就勞体験・就勞訓
　　練活用マニュアル》(平成27年度厚生勞働省社會福祉推進事業)

閣議決定(2016), 〈ニッポン一億總活躍プラン〉, 2016年6月2日.

金明中(2015), "非正規雇用増加の要因としての社會保險料事業主負担の可能性",

〈日本勞働研究雜誌〉, 659号, 2015年6月.

權丈善一(2015), 《年金, 民主主義, 經濟學—再分配政策の政治經濟學Ⅶ》, 慶應
　　義塾大學出版會.

權丈英子(2016a), "同一勞働同一賃金の論点⑦—オランダ, 勞使合意で推進(經濟
　　教室)", 〈日本經濟新聞〉, 2016年10月7日.

＿＿＿(2016b), "高齡者雇用からみたダイバーシティを活かせる社會の創設", 〈季
　　刊家計經濟研究〉, 111号, 2016年夏号.

厚生勞働省HP(2016a), 〈認定就勞訓練事業所の認定狀況(2016年9月30日時点)〉
　　(http://www. mhlw. go. jp/file/06-Seisakujouhou-12000000 - Shakaieng
　　okyoku-Shakai/0000142045. pdf, 2016年12月2日閲覽).

＿＿＿(2016b), 〈諸外國の公的扶助制度の比較〉(http://www. mhlw. go. jp/stf/
　　houdou/2r98520000004c72-att/2r98520000004ca7. pdf, 2016年7月26日閲覽)

＿＿＿(2016c) 〈一緒に檢証！公的年金～所得代替率の見通し〉(http://www.
　　mhlw. go. jp/nenkinkenshou/verification/index. html, 2016年9月30日閲覽).

厚生勞働省(2015a), 《企業における仕事と介護の兩立支援實踐マニュアル》.

＿＿＿(2015b), 〈生活困窮者のための就勞訓練事業を考えてみませんか〉(http://
　　www. mhlw. go. jp/file/06-Seisakujouhou-12000000-Shakaiengok-oku-Shak
　　ai/syuro_pamph. pdf, 2016年8月2日閲覽).

＿＿＿(2015c), 〈平成26年就業形態の多樣化に關する總合實態調查の槪況〉.

＿＿＿(2014a), 〈國民年金及び厚生年金に係る財政の現況及び見通し—平成26年
　　財政檢証結果〉(第21回社會保障審議會年金部會資料1-1, 2014年6月3日).

＿＿＿(2014b), 〈短時間勞働者に對する被用者保險の適用擴大〉(第24回社會保障
　　審議會年金部會資料, 2014年9月18日).

＿＿＿(2014c), 〈平成26年度高齡者虐待の防止, 高齡者の養護者に對する支援等
　　に關する法律に基づく對応狀況等に關する調查結果〉.

＿＿＿(2013), 〈平成25年度勞働時間等總合實態調查結果〉.

駒村康平・山田篤裕・四方理人・田中聰一郎・丸山桂(2015), 《社會政策—福祉
　　と勞働の經濟學》, 有斐閣.

生涯現役社會の實現に向けた雇用・就業環境の整備に關する檢討會(2015a), 〈生
　　涯現役社會の實現に向けた雇用・就業環境の整備に關する檢討會報告書〉,
　　2015年6月5日.

＿＿＿(2015b), 〈生涯現役社會の實現に向けた雇用・就業環境の整備に關する檢

討會報告書—參考資料〉.

鈴木隆雄他(2006), "日本人高齢者における身体機能の縦断的・横断的変化に關する研究", 〈厚生の指標〉, 第53卷 第4号, 2006年4月.

內閣府(2015), 〈日本経済 2015~2016〉.

日本年金機構(2016), 〈事業主の皆さまへ—短時間勞働者に對する適用擴大が始まります〉.

濱口桂一郎(2014), 《日本の雇用と中高年》, ちくま新書.

_____(2013), 《若者と勞働》, 中公新書ラクレ.

_____(2011), 《日本の雇用と勞働法》, 日本経済新聞出版社.

_____(2009), 《新しい勞働社會》, 岩波新書.

藤森克彦(2013), "生活困窮者に對する就勞支援の投資効果について", 〈みずほ情報總研研究レポート〉, 2013年5月.

_____(2012), "低所得高齢者の實態と求められる所得保障制度", 〈年金と経済〉, 第30卷 4号, 2012年1月.

福田志織(2015), "中間的就勞のあり方を考える—イタリア・イギリスの事例を參考に", 〈みずほ情報總研レポート〉, 第9号.

三菱UFJリサーチ&コンサルティング(2013), 〈仕事と介護の兩立に關する勞働者アンケート調査〉(平成24年度厚生勞働省委託調査).

(獨)勞働政策研究・研修機構(2014), "改正高年齢者雇用安定法の施行に企業はどう對応したか", 〈JILPT調査シリーズ〉, 121号, 2014年5月.

(獨)勞働政策研究・研修機構(2012), "高年齢者の繼續雇用等, 就業實態に關する調査", 〈JILPT調査シリーズ〉, 94号, 2012年3月.

OECD(2013), Pension at a Glance, 2013.

제9장

朝田隆(2013), 〈都市部における認知症有病率と認知症の生活機能障害への對応〉(厚生勞働科學研究費補助金 認知症對策總合研究事業).

上野千鶴子(2015), 《おひとりさまの最期》, 朝日新聞出版.

岩間伸之・井上計雄・梶田美穂・田村滿子編(2012), 《市民後見人の理念と實際》, 大阪市成年後見支援センター監修, 中央法規出版.

尾川宏豪, 一般社団法人全國地域生活支援機構(2016), 《日常生活支援から始ま

る成年後見事業〉, きんざい.

香川美里, 〈FPが知っておきたい高齢者の財産管理に關する各種制度と留意点〉, 《KINZAIフィナンシャル・プラン》, 2016年4月.

厚生勞働省(2015a), 〈人生の最終段階における医療の決定プロセスに關するガイドライン〉, 2015年3月改訂.

_____(2015b), 〈人生の最終段階における医療の決定プロセスに關するガイドライン解説編〉, 2015年3月改訂.

國立社會保障・人口問題研究所(2016), 《人口統計資料集2016》.

_____(2012), 〈日本の將來推計人口〉(2012年1月推計).

兒島明日美・村山澄江(2013), 《今日から成年後見人になりました》, 自由國民社.

最高裁判所(2016), 〈後見制度支援信託の利用狀況等について～2015年1月から2015年12月〉.

_____(2015), 〈成年後見關係事件の概況—平成27年1月～12月〉.

終末期医療に關する意識調査等檢討會(2014), 〈人生の最終段階における医療に關する意識調査報告書〉, 2014年3月.

神野礼齊(2016), 〈医療行爲と家族の同意〉(《廣島法科大學院論集》, 第12号, 2016年).

清家里美(2010), "成年後見人の職務と報酬—專門職後見人の擴充を目指して", 〈立命館法政論集〉, 第8号.

內閣府成年後見制度利用促進委員會事務局(2016), 〈成年後見制度の現狀〉, 2016年9月23日, 參考資料6.

內閣府(2015), 〈一人暮らし高齢者に關する意識調査〉.

西田ちゆき(2014), 〈成年後見制度の申立て過程における阻害要因に關する一考察〉, 日本社會福祉學會　第62回秋季大會.

二宮利治他(2015), 〈日本における認知症の高齢者人口の將來推計に關する研究　平成26年度總括・分担研究報告書〉(厚生勞働科學研究費補助金　厚生勞働科學特別研究事業), 2015年3月.

認知症施策に關する懇談會(2016), 〈認知症と共生する社會に向けて〉, 2016年3月

田中美穂(2015a), "死について話し合おう　英國のDying Matters(8)", 〈朝日新聞アピタル〉, 2015年11月23日.

_____(2015b), "尊嚴死法案を考える(12)", 〈朝日新聞アピタル〉, 2015年12月23日.

東京家庭裁判所立川支部(2014),〈成年後見申立ての手引〉, 2014年3月.

_____(2013),〈成年後見人等の報酬額のめやす〉, 2013年1月1日.

成本迅(2016),《認知症の人の医療選択と意思決定支援》, クリエイツかもがわ.

日本弁護士連合會(2015),〈イギリスMCA視察報告書〉(日本弁護士連合會第58回
　　人權擁護大會, シンポジウム 第2分科會基調報告書, 2015年10月1日).

樋口範雄(2015),《超高齢社會の法律, 何が問題なのか》, 朝日新聞出版.

法務省民事局(2015),〈成年後見制度　成年後見登記〉, 2015年9月.

The Choice in End of Life Care Programme Board(2015), What's Important to
　　Me-A Review of Choice in End of Life Care.

Department for Constitutional Affairs(2007), Mental Capacity Act 2005 Code of
　　Practice, TSO.

Department of Health(2008), End of Life Care Strategy.

Dying Matters HP(2016), End of Life Care Strategy(www. dyingmatters. org),
　　Last accessed on 31th May 2016.

Gov. UK HP, Make, Register or End a Lasting Power of Attorney(https://
　　www. gov. uk/power-of-attorney/print), Last accessed on 4th July 2016.

Harriet Sherwood, Anyone for Tea And Sympathy? Death Cafés Embrace Last
　　Taboo, 〈*The Guardian*〉, 29th Aug. 2015.

National End of Life Care Programme(2014), Making The Case For Change-
　　Electronic Palliative Care Co-ordination Systems, PB0050A 10 12, Oct.
　　2014.

NHS England(2014), Actions for End of Life Care: 2014~16

Office of the Public Guardian(2016), Lasting Power of Attorney-Financial
　　Decisions, Form LP1F.

Public Health England(2015), National End of Life Care Intelligence Network:
　　Palliative Care Co-ordination: Core content. Summary Record Keeping
　　Guidance, Aug. 2015.

Ministry of Justice and Office of the Public Guardian, Press Release‐Lasting
　　Powers of Attorney Applications to Be Made Simpler and Easier
　　(https://www. gov. uk/government/news/lasting-powers-of-attorney-appli
　　cations-to-be-made-simpler-and-easier) 21 August 2014, Last accessed
　　on 4th July 2016).

제 10 장

閣議決定, 〈ニッポン一億總活躍プラン〉, 2016年6月2日.

京極高宣(2007), 《社會保障と日本經濟》, 慶應義塾大學出版會.

權丈善一(2016), 《ちょっと氣になる社會保障》, 勁草書房.

_____(2015a), 《医療介護の一体改革と財政―再分配政策の政治経濟學Ⅵ》,   慶應義塾大學出版會.

_____(2015b), 《年金, 民主主義, 経濟學―再分配政策の政治経濟學Ⅶ》, 慶應義塾大學出版會.

_____(2004), 《年金改革と積極的社會保障政策―再分配政策の政治経濟學Ⅱ》, 慶應義塾大學出版會.

厚生勞働省(2012), 《平成24年版厚生勞働白書》.

_____(2011), 〈医療・介護に係る長期推計〉.

社會保障國民會議(2008), 〈社會保障國民會議最終報告〉, 2008年11月4日.

社會保障制度改革國民會議(2013), 〈社會保障制度改革國民會議報告書〉, 2013年8月6日.

政府・与党社會保障改革檢討本部(2011), 〈社會保障・稅一体改革成案〉, 2011年6月30日.

財務省(2016a), 〈日本の財政關係資料〉, 2016年4月.

_____(2016b), 〈これからの日本のために財政を考える〉, 2016年4月.

內閣官房(2010), 〈社會保障改革に關する有識者檢討會報告〉, 2010年12月.

寺澤泰大(2016), "消費稅率引上げ再延期による社會保障への影響", 〈立法と調査〉, 第378号, 2016年7月.

藤森克彦(2011), "社會保障・稅の一体改革'を考える", 〈みずほ情報總研レポート〉, 第2卷, 2011年11月.

吉川洋(2011), 〈社會保障・稅一体改革の論点に關する研究報告書 說明資料(第Ⅱ部)〉(政府・与党社會保障改革檢討本部, 資料3-2, 2011年5月30日)

OECD(2014), Focus on Inequality and Growth - December 2014, https://www.oecd.org/social/Focus-Inequality-and-Growth-2014.pdf.

_____(2015), Economic Outlook, No. 98.

찾아보기

ㄱ